Die kühne Reisende

Isabelle Eberhardt (1877–1904), geboren und aufgewachsen in Genf, war die *fille illégitime* einer russischen Adligen und des anarchistischen Hauslehrers der Familie. 1897 reiste sie mit ihrer Mutter nach Algerien, wo sie zum Islam übertrat. Nach dem Tod der Mutter 1898 kauft sie sich ein Pferd und reitet der Sahara entgegen. Sieben Jahre dauert ihr Wanderleben durch die Wüsten von Tunesien, Algerien und Marokko. Mit siebenundzwanzig stirbt sie in einer Sturzflut, mitten in der Wüste. Ihre Tagebücher, Briefe und Erzählungen geben Zeugnis von ihrem ekstatischen, zerrissenen Leben – und sind zugleich eine Liebeserklärung an eine faszinierende Landschaft.

Julia Schoch wurde 1974 in Bad Saarow geboren. Sie studierte Literatur und lebt als Schriftstellerin und Übersetzerin in Potsdam. Sie übersetzte u. a. Fred Vargas, Georges Hyvernaud, Saint-Exupéry, Daniel Anselme und Eugène Dabit. Sie erhielt zahlreiche Auszeichnungen, darunter den Preis der Jury beim Ingeborg-Bachmann-Wettbewerb 2005 und den André-Gide-Preis 2010. Zuletzt erschien ihr Roman *Schöne Seelen und Komplizen* (2018) bei Piper.

Susanne Gretter studierte Anglistik, Romanistik und Politische Wissenschaft in Tübingen und Berlin. Sie lebt und arbeitet als Verlagslektorin in Berlin. Sie ist Herausgeberin der Reihe Die kühne Reisende.

Isabelle Eberhardt

Nomadin war ich schon als Kind

Meine algerischen Tagebücher 1900–1903

Aus dem Französischen und mit einem Vorwort von Julia Schoch

ERDMANN

Isabelle Eberhardt (1877–1904)

»Lauf! Geh!
Nur zum Platzen hält die Wolke inne,
und nur zum Weinen bleibt der Abenteurer stehn!«

Jean Richepin

Inhalt

Vorwort

Wäre Isabelle Eberhardt eine Zeitgenossin von uns, könnte man sie dem Club 27 zurechnen: Ein Legende, von vielen gekannt, aber ein zutiefst einsamer Mensch, der mit 27 Jahren unter spektakulären Umständen nach einem intensiven, durchaus exzentrischen Leben stirbt. Und als wäre sie eine Vorgängerin der medialen Stars unserer Gegenwart gewesen, gibt es ein Bild von ihrem Tod! Ein für die damalige Zeit recht außergewöhnlicher Zufall. Noch dazu in Aïn Sefra, einer Wüstenstadt im Südwesten Algeriens, wo Isabelle Eberhardt am 21. Oktober 1904 ums Leben kam.

Nur wenige Stunden zuvor hatte sie sich gegen den Rat des Arztes selbst aus dem Krankenhaus entlassen und war, noch in geschwächtem Zustand, in die Hütte zurückgekehrt, die sie am Ufer eines ausgetrockneten Flussbettes gemietet hatte. Dann geschah wie aus dem Nichts eine Naturkatastrophe. Bei schönstem Wetter kam plötzlich mit tsunamiartiger Geschwindigkeit Wasser durch das Wadi getost und riss eine Brücke, viele Häuser und Menschen mit sich. Auf dem Foto, das damals gemacht wurde, tragen Einheimische ihren Leichnam auf einer Bahre aus den Schuttmassen. Was auf ebenso wundersame Weise geborgen werden konnte, waren ihre Manuskripte – Erzählungen, Reisetexte, ihre Tagebücher. Sie wurden wenige Jahre nach ihrem Tod in Paris herausgebracht. Isabelle Eberhardt selbst wurde dort, in Aïn Sefra, nach islamischem Ritual beerdigt, vor allem aber: in der Wüste, wie es immer ihr Wunsch gewesen war.

Wenn es so etwas wie Heimat für eine Ruhelose wie Isabelle Eberhardt gegeben hat, war es eine landschaftliche Form: die der Sahara. Der konturlose, unendliche Raum der Wüste zog sie magisch an.

Was bereitet jemanden auf ein Nomadenleben vor?

Isabelle Eberhardt war die Tochter von Nathalie de Moerder, einer durch Geburt und Heirat adligen Russin, die 1871 zusammen mit dem Hauslehrer ihrer drei Kinder Russland verließ und sich am Genfer See niederließ. Dieser Hauslehrer mit Namen Trofimowski, ein ehemaliger russisch-orthodoxer Priester armenischer Abstammung mit anarchistischen Ideen, offenbar eine Mischung aus Gelehrtem und Guru, wurde später der Vater eines weiteren Kindes und von Isabelle, die 1877 in einem Landhaus in der Nähe von Genf, der *Villa Neuve*, geboren wurde. Das Haus findet in Isabelles Tagebüchern oft Erwähnung. Wenn sie von ›dort‹, dem ›Norden‹ oder von ›jenseits des Meeres‹ spricht, ist immer jene Familien-Enklave gemeint, eine Art *huis clos*, in der sie aufwuchs.

Vielleicht kam ihr Fernweh, auf jeden Fall aber ihre Neugier daher, dass sie als Kinder das Grundstück nicht verlassen durften. So verfügte es der Vater, in ihren Tagebüchern ›Wawa‹, ›der Denkergreis‹ oder auch ›der alte Mann‹ genannt. Aus Angst vor der Ansteckung mit der Krankheit Zivilisation versuchte er, auf dem Grundstück die Utopie einer Selbstversorger-Kommune zu verwirklichen. Die Kinder waren frei und sich selbst überlassen, wurden gleichzeitig aber auch zur Garten- und Landarbeit herangezogen. Zur Schule ging Isabelle nie, Trofimowski unterrichtete sie. Besonders viel lag ihm an Botanik und Naturkunde, Philosophie und den Sprachen, darunter Arabisch, Russisch, Latein, Griechisch und Deutsch. Bereits als junges Mädchen soll Isabelle Arabisch gesprochen und geschrieben haben. Über Bücher und Brieffreundschaften macht sie Bekanntschaft mit der orientalischen Welt, die für die Franzosen der damaligen Zeit auch Nordafrika mit einschloss und speziell auf Schriftsteller und Maler eine große Faszination ausübte.

Antiautoritäre Erziehung und Strenge, soziale Abgeschottetheit bei gleichzeitigem Studium der Sprachen der Welt, ein grundsätzlich privilegiertes Leben, in dem aber das Glück der Besitzlosigkeit gepredigt und gelebt wurde (die Villa war äußerst spartanisch eingerichtet) … Es ist diese Ambivalenz, die Isabelles ganzes Leben durchziehen wird.

Ihr beständiges Schwanken zwischen Gefühlen, aber auch zwischen Orten und Menschen ist das, was beim Lesen ihrer Tagebücher am stärksten auffällt. Schon auf den ersten Seiten unterzieht sie sich einer Selbstanalyse, in der sie das Hohelied auf die Einsamkeit singt und diese gleichzeitig verdammt. Und genauso liegen ihre ruhelosen Reisen sowohl in einer Neugier begründet als auch in einer Ausweglosigkeit. Der Mut zur Unabhängigkeit, ihre Einsamkeit, aus der sie Kraft bezog, rühren auch von diesen frühen Erfahrungen.

Fakt ist: Isabelle *musste* unterwegs sein. Dabei haben wir es nicht etwa mit einer reichen, »emanzipierten« Touristin zu tun, die einer Modewelle folgend »den Orient« bereiste. Ihr Mut ist oft der Mut der Verzweiflung. Der Hintergrund all ihres Tuns ist auch die Erfahrung von Entbehrung, Leid und Tod.

Zusammen mit ihrer Mutter schifft sie sich 1897 nach Bône (Annaba) in Algerien ein, wo die beiden sich von der Kolonialgesellschaft weitestgehend fernhalten und zum Islam konvertieren. Doch kaum ein halbes Jahr später stirbt Nathalie de Moerder dort. Isabelle, die sie nach ihrem Tod zärtlich »Weißer Geist« nennt, beerdigt sie auf dem muslimischen Friedhof. Auf sich allein gestellt, beginnt sie zu reisen. Verkleidet als arabischer Student oder Gelehrter und oft unter einem Pseudonym zieht sie mit Soldaten, Fremdenlegionären und Nomaden durch das Land. Nachdem ihr Bruder

Wladimir sich 1898 das Leben genommen hat und Trofimowski erkrankt, kehrt sie nach Genf zurück. Dort pflegt sie ihren Vater bis zu dessen Tode 1899. Nur zu Augustin, ihrem älteren Bruder, der nach Jahren bei der Fremdenlegion in Marseille lebt, hat sie danach noch eine (innere) Verbindung.

Allein und mittellos, da die Erbschaftsangelegenheiten sich schwierig gestalten, bricht sie erneut Richtung Afrika auf – um nie wieder zurückzukehren. Durchaus im Sinne ihrer Erziehung drückt Eberhardt in ihren Texten an verschiedenen Stellen ihre Abneigung gegenüber ihrer Heimat, der Bourgeoisie sowie gegenüber der Zivilisation im Allgemeinen aus, während sie Afrika in ihren Tagebüchern immer wieder als »Wahlheimat« oder »Adoptivland« bezeichnet.

Ende des 19. Jahrhunderts ist in Westeuropa noch kein Platz für allzu unkonventionelle Lebensformen. Nur ganz vereinzelt flüchten – mutige – Europäer nach (Nord-)Afrika, aus Liebeskummer, auf der Suche nach einem »ursprünglicheren« Leben, auch Todessehnsüchtige, Menschen jedenfalls, die kaum etwas zu verlieren haben. Im Grunde sucht auch Isabelle Eberhardt als ein Hippie avant la lettre etwas in der »Fremde«, was Europa ihr zu jener Zeit, da es dort noch keine wirklichen Alternativkulturen gibt und mit verschiedenen Naturbewegungen sich erst zaghaft ein paar Enklaven herauszukristallisieren beginnen, nicht bieten kann.

Wie magisch angezogen, zieht sie sich in die leeren Weiten der Sahara zurück. Die Wüste wird ihr zur Seelenlandschaft, eine Projektionsfläche für ihre Selbstvergewisserung, die in ihren Schriften bezeugt ist. Denn darin liegt die Kraft der *Journaliers* von Isabelle Eberhardt: Es sind auch Selbstüberzeugungs- und Selbstermächtigungsschriften einer ewig einsamen, zuweilen überforderten jungen Frau. Auf den ersten Blick berichten sie über das Glücklichsein in bestimmten Landschaftsräumen, sprechen sie vom Ankommen im »richtigen« Raum. Das Seltsame dabei ist: Die Wüste befreit sie nicht von ihrem Zustand der inneren Zerrissenheit, im Gegenteil, sie verstärkt ihn oft sogar. Das Fernweh ist nichts, was irgendwann aufhört. Es macht aus den Tagebüchern zugleich das Panorama einer Krankengeschichte, die Geschichte einer ewig Rastlosen, auf der Suche nach einem Ort, der, sobald sie ankommt, schon wieder aufgegeben wird. Der Fernblick, die sich immer wieder entziehende Landschaft, ist ihr bevorzugtes Sehmodell. Deshalb sind es auch so oft Erinnerungen, sowohl vergangene wie auch zukünftige, die im Mittelpunkt ihres Schreibens stehen. »Wiederfinden« – ein Wort, das eine große Rolle in den Texten von Isabelle Eberhardt spielt, ohne dass man sagen könnte, was genau und wo genau es wiedergefunden werden könnte.

Viele Jahrzehnte nach Isabelle Eberhardt hat eine andere große Unruhige und Tiefblickende der Literatur, Ingeborg Bachmann, erstaunlich ähnliche Landschafts- bzw. Seelenerfahrungen in ihren Briefen formuliert: »Immer denke ich an die Wüste … ein paar Tage lang habe ich dort gelebt, so wie ich leben möchte. (…) Dort war alles wahr, alles richtig, alles tödlich, alles gesund. Dort hat man keine Neurosen, immer denke ich an die Tage, wie die paar letzten Europäer zusammengebrochen sind (sehr gesunde, junge), und ich habe es ausgehalten, ich war plötzlich gesund. (…) Ich will etwas unendlich Schönes und etwas unendlich Herrliches haben, und das habe ich in der Wüste gehabt.«

Die Suche nach einer utopischen Fluchtgegend mündet bei beiden Schriftstellerinnen in Ernüchterung. Beide müssen sie feststellen: Die Wüste heilt nicht, schon gar nicht auf ewig, sie bringt einem den eigenen Zustand nur klarer zu Bewusstsein.

Für eine Schriftstellerin nicht die schlechteste Erkenntnis.

Denn nichts anderes wollte Isabelle Eberhardt sein. Sie war keineswegs eine schreibende Reisende. Sie verstand sich als literarische Autorin. Schon als Jugendliche schickte sie ihre Geschichten an verschiedene Zeitschriften, die diese auch abdruckten. An ihrer Legitimation als Schriftstellerin arbeitete sie verbissen bis zu ihrem Tod. Es ist der Wunsch, das Geschriebene auch zu veröffentlichen, der sie die Verbindung zur europäischen Welt halten lässt. Wenn sie nach Paris, Genf oder Algier reist, dann immer wieder auch, um Kontakte für ihre schriftstellerische Tätigkeit zu knüpfen. So trifft sie Victor Barrucand, der zunächst Chefredakteur der algerischen Tageszeitung *Les Nouvelles* und dann der Wochenzeitung *L'Akhbar* ist und für den sie ab 1902 Reportagen über das Landesinnere schreibt. Er wird nach ihrem Tod ihre Schriften (ein Konvolut von ca. 2000 Seiten) in dem Pariser Verlag Eugène Fasquelle herausgeben.

In ihren Texten, insbesondere den Tagebüchern, verbietet sich Isabelle Eberhardt ein explizit weibliches Bewusstsein. Sie spricht von sich unterschiedslos in der weiblichen und männlichen (grammatikalischen) Form, sicherlich auch, weil es zum damaligen Zeitpunkt so wenige schreibende/reisende Frauen gab, die ihr als Vorbild hätten dienen können. Zudem scheint für sie das Spiel mit den verschiedenen Identitäten selbstverständlicher als für ihre Umwelt gewesen zu sein, die sie immer wieder daran »erinnert«, dass ihr Auftritt ganz und gar ungewöhnlich ist. Ihre Verkleidungen hat sie nie kokett oder snobistisch zur Schau getragen. Sie verhalfen ihr zu einer Freiheit, die auch ganz konkret zu nehmen ist: Beim Reiten und Reisen ist die typisch arabische männliche Kleidung einfach bequem, wie sie immer wieder betont. Natürlich nehmen viele an einem solchen Selbstverständnis Anstoß. In den Tagebüchern klagt sie häufig über die Indiskretion, den Tratsch und die Verleumdungen, denen sie sich ausgesetzt fühlt. Dabei sind es oft gar nicht die Männer, sondern die einheimischen Frauen, die sie nicht bloß als unterdrückt wahrnimmt, sondern als perfide Weibsbilder, die ihre Rolle innerhalb der Gesellschaft spielen und mit ihrer Lust an Gerüchten und der Ausgrenzung an Isabelles Vertreibung mitgewirkt haben, wo immer sie sich gerade befand.

Vor allem nimmt man Anstoß an der »wilden Ehe« mit ihrem Geliebten Slimène Ehnni, einem Unteroffizier, den sie 1900 in El Oued kennenlernt. Er ist ein sogenannter Spahi, ein Einheimischer mit französischer Staatsbürgerschaft, der der französischen Armee in den Kolonialgebieten angehört. Isabelle folgt ihm nach Batna, wo er stationiert ist. Zusammen versuchen sie ein anderes Beziehungsmodell als das damals herrschende zu leben. Unterwerfen kann bzw. will sich Isabelle Eberhardt einem Ehemann nicht, wie sie selbst schreibt, und er hat es von ihr auch nicht verlangt, wie es scheint.

Auch wenn sie später, sechzig, siebzig Jahre nach ihrem Tod, zu einer Gewährsfrau der Feministinnen wurde, hat sie sich selbst nicht als eine solche verstanden. »Feministin« – das war damals ein Schimpfwort. Die arabischen Frauen bemitleidet sie, sie findet sie schlicht langweilig, das freie Leben der Nomaden hingegen zieht sie an, da warten die Abenteuer.

Im selben Jahr, 1900, wird sie in die Bruderschaft der Qadiriyya aufgenommen, die eigentlich nur Männern vorbehalten ist. Dieser ganz und gar außergewöhnliche Vorgang beweist, wie tief Isabelle Eberhardt sich mit den Einheimischen und ihrer Kultur verbunden fühlte, wie genau ihre Kenntnis und ihr Verständnis von Religion und Sufismus waren, es war nicht der »exotische Blick«, den sie auf die dortige Welt warf.

Isabelle Eberhardt war sich bewusst, dass diese Zugehörigkeit ein Privileg war, eine Freiheit, die sie immer zu schützen versucht hat. Der Preis dafür ist Einsamkeit. Und ein Leben unter Extrembedingungen, denen sie sich immer wieder bewusst aussetzt. In bitterster Armut lebend, vom Kifrauchen und von einer oft mangelhaften Ernährung ausgezehrt, hält sie doch an ihrem Leben in der Wüste fest. Sie lebt schwankend zwischen den Polen: Einerseits wird sie verfolgt und gemaßregelt von einer moralisch disziplinierenden Welt und muss sich mit Gängelungen und Einschränkungen auseinandersetzen. Andererseits lebt sie, wenn auch arm, aber doch in einer vollkommen frei verfügbaren Zeit, ist niemandem untergeordnet und kann mit dem Pferd zu jeder Tages- und Nachtzeit durch die Dünen reiten. Sie ist zu Gast in Moscheen genauso wie in Bordellen, kennt die Armenviertel der Städte ebenso gut wie die Nomadenlager in der Wüste. Isabelle Eberhardt lebt in einer beständigen Widersprüchlichkeit, deren unmittelbarer Zeuge der Leser ihrer Tagebücher wird. Dabei kommen ihre Stimmungen, Selbstaufmunterungen und Gemütsumschwünge stets aus dem Nichts und können ebenso schnell wieder verschwinden. Angesichts der Pracht der Wüste gerät sie nicht nur ins Schwärmen, sondern jedes Mal auch in Schwermut, sie will den Geliebten sehen, strebt aber auch immer wieder von ihm weg, um allein im Galopp über die Dünen zu jagen. Ihrem Unabhängigkeitsdrang steht immer wieder der Wunsch nach einem Rhythmus gegenüber, einem Rahmen, der ihr das Arbeiten erleichtern würde. Beständig sehnt sie sich nach einem festen Heim, einem Zuhause, das ihr Antrieb geben würde, während sie schon ihre nächste Reise plant …

Die Entbehrungen des Wüstenlebens nimmt sie auch deshalb in Kauf, weil sie ihr immer noch besser erscheinen als ein Dasein in Europa, das sie als verdorben und auf eine falsche Weise zivilisiert wahrnimmt. Doch 1901 ist sie gezwungen zurückzukehren. Am 29. Januar kommt es zu einem Mordanschlag auf Isabelle, dessen Hintergründe bis heute nicht ganz geklärt sind. In dem Dorf Behima, wo Isabelle

Eberhardt sich mit mehreren Reisenden aufhält, stürmt ein Mann mit einem Säbel in das Haus, in dem sie gerade mit der Übersetzung eines Geschäftsbriefes für einen Freund befasst ist. Eine zufällig dort hängende Wäscheleine fängt die Wucht des Hiebs ab. Trotzdem wird sie schwer an Kopf und Arm verletzt, doch sie überlebt. In dem späteren Prozess wird der Attentäter zu lebenslanger Zwangsarbeit verurteilt. Durch Isabelles Fürsprache wird das Strafmaß auf zehn Jahre herabgesetzt. Als Unruhestifterin und vermeintliche Spionin wird Isabelle nach diesem Vorkommnis des Landes verwiesen. Wieder muss sie ins verhasste Europa zurück, das sie in den Tagebüchern oft als »Land der Verbannung« beschreibt. Sie geht nach Marseille, wo sie für einige Monate bei ihrem Bruder Augustin und dessen Frau unterkommt. Der »Höllenaufenthalt« dort lässt ihre Sehnsucht nach Afrika nur noch größer werden. Nach ihrer Heirat mit Slimène Ehnni am 17. Oktober 1901 (der einzigen Gelegenheit, bei der sie Frauenkleider getragen haben soll) und der Aufhebung des Ausweisungsbefehls wendet sie sich endgültig von Augustin und damit auch der Alten Welt Europa ab. Im Januar 1902 kehren beide in ihr »Gelobtes Land« zurück, zunächst nach Bône, später lässt sich das junge Paar in der Casbah von Algier nieder, von wo aus Isabelle erneut zu verschiedenen Reisen Richtung Süden aufbricht, nach Bou Saada, El Hamel, Kenadsa und Aïn-Sefra.

Isabelle Eberhardt hat das Attentat auf sie als göttliches Zeichen interpretiert, ihr religiöser Eifer und ihre mystischen Neigungen scheinen sich danach noch zu vertiefen. In der konkreten Entbehrung sieht man deutlich die Funktion der Religion für diese Hungerkünstlerin: Mittellosigkeit, Krankheit und Ausgezehrtheit lassen die entsprechenden Tagebuch-Passagen wie die Visionen einer Mystikerin erscheinen. Dann ist sie nur noch in Landschaftseindrücken aufgelöster

Gedanke. Bei all ihrer religiösen Überzeugung verfolgt sie allerdings nie missionarische Absichten. Ihre persönlichen Erfahrungen bleiben auf sie selbst bezogen.

Bedingungslose Liebe und Kompromisslosigkeit kennzeichnen das Wesen von Isabelle Eberhardt, wie es in ihrem Seelenspiegel, den Tagebüchern, aufscheint. Es ist eine Erwartungshaltung, die immer wieder in Enttäuschungen münden muss. Sie bleibt ein zutiefst einsamer Mensch, der die Frage, wie man mit wem und wo leben soll, nur mit sich selbst klären kann. Sie weiß um ihre Unfähigkeit zur Zweisamkeit, sie ist sich bewusst, dass sie vor allem den Ausblick der Freiheit braucht. Dabei scheint der Plan zum Aufbruch oft noch wichtiger als der Aufbruch selbst. Gegenüber ihrem Geliebten und Ehemann wirkt sie seltsam reif und erwachsen. Man könnte sie eine Moderne in der Liebe nennen, wenn sie das enttäuschte Gefühl schon vorwegnimmt, indem sie ironisch Slimènes Naivität kommentiert, was die Dauer einer Liebe angeht. Ein solches Antizipieren der Enttäuschungen, ein Vorausdenken des Scheiterns in Liebesdingen ist laut Eva Illouz eigentlich ein Zeichen des 21. Jahrhundert. Es sind Versuche zur Selbstrettung. In einem Brief an ihren Mann schreibt Isabelle einmal, ihre Liebe sei in Wahrheit immer nur ein »heftiges Leiden« gewesen. Die Beziehung zwischen den beiden scheint sich abzukühlen, Isabelles Abwesenheit und Unabhängigkeitsbestrebungen lassen sie auseinanderdriften, und offenbar hat Slimène auch eine neue Freundin, jedenfalls hat sie nichts dagegen, sich geografisch wie innerlich immer weiter von ihren bisherigen Lebensmenschen zu entfernen.

1902 bricht sie Richtung Süden auf, in die Nähe der – nicht eindeutig festgelegten – Grenze zum Sultanat Marokko, um für die Zeitschrift *L'Akhbar* über den französischen Vorstoß in dieses Gebiet zu berichten, wo es immer wieder zu blutigen Zusammenstößen zwischen den dortigen Stämmen und den französischen Kolonialtruppen kam. Isabelle Eberhardt dürfte somit die erste Kriegsreporterin gewesen sein. Ihre Texte über die Einheimischen sind dabei aber nie mit dem Blick einer Fremden, eines Besatzers oder Kolonisten geschrieben, sondern berichten stets aus dem Innern dieser Welt. Damit stößt sie das koloniale Klischee von Zivilisation gegen Barbarei um, ein für die damalige Zeit extrem ungewöhnlicher politischer Weitblick. Im Frühjahr 1904 wird sie mit einer geheimen Mission beauftragt, um in der marokkanischen Festungsstadt Kenadsa erste Verhandlungen mit dem religiösen Anführer aufständischer Nomaden zu führen. In ihrer Verkleidung als islamischer Gelehrter begibt sie sich für mehrere Monate in den heiligen Bezirk der Stadt, den bis dahin noch kein Europäer betreten haben soll.

Geschwächt von Malariaanfällen, sucht sie im Herbst desselben Jahres schließlich das Militärspital von Aïn-Sefra auf.

Es gehört zum Wesen von Legenden, dass sie die Phantasie der Nachwelt beflügeln.

Ob Isabelle Eberhardt ihren Tod bewusst gewählt hat, bleibt Spekulation. Fest steht: Ihr Mann, den sie in ihren Tagebüchern mit vielen Kosenamen belegt (Zuizou, Rouh, Ouiha), und der nach monatelanger Trennung gerade erst in Aïn-Sefra eingetroffen war, konnte sich rechtzeitig vor den Schlammlawinen aus der Hütte retten und reiste – offenbar von Schuldgefühlen geplagt – noch vor ihrer Beerdigung ab. Möglicherweise haben sie sich gegenseitig Vorwürfe gemacht und wollten ihre endgültige Trennung besiegeln.

Hinzu kam, dass Isabelle Eberhardt körperlich verbraucht und müde war. Eine Reihe von wiederkehrenden Krankheiten sowie permanente psychische Überreiztheit hatten sie über die Jahre hinweg an ihre Grenzen gebracht. Dass die Autorin sich mit dem Tod Tag für Tag auseinandergesetzt hat, ja dass sie bereit war zu sterben, geht aus jeder Seite ihrer Tagebücher hervor.

Als hätte ihre Dauerflucht vor allem Europäischen dessen Auslöschung zur Folge gehabt, steht die Villa Neuve nicht mehr, wie seltsamerweise sämtliche weiteren Fixpunkte aus Isabelles früher Kindheit bzw. ihrer Jugend nicht mehr existieren. In einer Stadt wie Genf kommt es nur sehr selten vor, dass sämtliche Orte eines Menschen, der vor hundert Jahren gelebt hat, verschwunden sind. Erst seit 1988 trägt eine kurze Sackgasse ohne Ausblick im Genfer Stadtteil Les Grottes den Namen Isabelle Eberhardt.

Julia Schoch
März 2018

Erstes Tagebuch

Cagliari, den 1. Januar 1900

Ich bin allein, vor mir die unermessliche Weite des murmelnden grauen Meeres … Ich bin *allein* … wie ich es immer gewesen bin, überall, wie ich es immer sein werde im großen, verlockenden und ernüchternden Universum … *allein*, hinter mir eine Welt aus enttäuschten Hoffnungen, erloschenen Illusionen und Erinnerungen, die mit jedem Tag ferner scheinen, fast sind sie unwirklich geworden.

Ich bin allein, und ich träume …

Und obwohl mein Herz von tiefer Traurigkeit erfüllt ist, sind meine Träumereien weder trostlos noch verzweifelt. Nach den vergangenen sechs Monaten, die so aufreibend und zerfasert waren, fühle ich, dass mein Herz nun auf ewig gestärkt und für alle Zeit unbezwingbar ist, dass es niemals brechen wird, nicht mal im wildesten Sturm, so mächtig Zerstörung und Trauer auch sein mögen. Dank der tiefgreifenden Lebenserfahrung und der feinsinnigen Kenntnis der menschlichen Seele, die ich mir angeeignet habe (aber um den Preis welcher Leiden, mein Gott!), sehe ich dem seltsam traurigen Zauber der zwei Monate, die ich hier noch verbringen werde, getrost entgegen, hier, wo ich zufällig gestrandet bin, größtenteils durch meine grenzenlose Unbekümmertheit gegenüber allem auf dieser Welt, jedenfalls allem, was nicht zur Welt der Gedanken, Gefühle und Träume gehört, die mein wirkliches *ICH* darstellt und die den neugierigen Blicken *aller*, ausnahmslos aller, auf immer verschlossen ist.

Nach außen trage ich die Maske des Zynikers, des Verruchten und Gleichgültigen zur Schau … Noch nie ist es jemandem gelungen, hinter diese Maske zu blicken und meine *wahre* Seele zu sehen, jene sensible und reine Seele, die hoch über der Welt aus Gemeinheiten und Erniedrigung schwebt, durch die mir beliebt, mein physisches Wesen, aus Verachtung gegenüber den Konventionen und aus einem seltsamen Leidensbedürfnis heraus, zu schleppen …

Ja, niemand hat je erkannt, dass in dieser Brust, die scheinbar nur von Sinnlichkeit beseelt wird, ein edles Herz schlägt, das einst vor Liebe und Zärtlichkeit überfloss und jetzt noch immer von unendlichem Mitgefühl für alles ungerecht Leidende erfüllt ist, für alles Schwache und Unterdrückte … ein stolzes, unbeugsames Herz, das sich aus freien Stücken einer geliebten Sache ganz und gar verschrieben hat … der Sache des Islam, für die ich eines Tages leidenschaftlich gern das heiße Blut vergießen will, das in meinen Adern kocht.

Niemand hat all das je verstanden und mich entsprechend behandelt, und es wird auch nie jemand verstehen – leider!

Ich werde also weiterhin beharrlich den Trunkenbold geben, das verkommene Subjekt, den Rüpel, der im letzten Sommer seinen wilden, verwirrten Geist an der betörenden Weite der Wüste und später im Herbst in den Olivenhainen des tunesischen Sahel berauscht hat.

Wer gibt mir die stillen Nächte zurück, die gemächlichen Ritte durch die salzigen Ebenen des Oued Ghir und den weißen Sand des Oued Souf …? Wer gibt mir das seltsam traurige Glücksgefühl zurück, das mein einsames Herz erfüllte, wenn ich mein chaotisches Lager zwischen Spahis und Nomaden aufschlug, Zufallsbekanntschaften, von denen kein einziger in mir jenes verhasste und verleugnete Wesen vermutete, mit dem ich zu meinem Unglück geschlagen bin?

Wer bringt mir die wilden Ritte im Herbstwind durch die Berge und Täler des Sahel zurück, berauschende Ritte, bei denen ich in herrlicher Trunkenheit jeden Bezug zur Wirklichkeit verlor!

In diesem Augenblick, wie übrigens zu jeder Sekunde meines Lebens, habe ich nur einen Wunsch: mich möglichst bald wieder in die geliebte Person verwandeln, die in Wirklichkeit die *wahre* ist, und dorthin zurückkehren, nach Afrika, um wieder jenes Leben zu führen … Schlafen, in der kühlen und unendlichen Stille, unter dem schwindelerregenden Sturzflug der Sterne, als Dach den unendlichen Himmel über mir und als Bett unter mir die noch warme Erde … wegdämmern in dem traurigsüßen Gefühl meiner absoluten Einsamkeit und der Gewissheit, dass *nirgendwo auf dieser Welt* ein Herz für meines schlägt, dass an keinem Flecken dieser Erde ein menschliches Wesen um mich weint oder auf mich wartet. Dieses Wissen, frei zu sein und ohne Ketten, nur auf mich allein gestellt im Leben, jener großen Wüste, in der ich immer nur ein Fremder sein werde, ein Eindringling … Das ist in seiner absoluten *Bitterkeit* das einzige Glück, das mir das Mektoub je zugestehen wird, mir, dem das wahre Glück auf ewig verwehrt ist, jenes Glück, dem die ganze Menschheit hinterherhechelt …

Weg mit euch, Illusionen und Bedauern!

Was für Illusionen könnte ich noch haben, wo doch die *weiße Taube*, die die ganze Süße und das Licht meines Lebens war, seit zwei Jahren dort unten in der Erde ruht, auf dem stillen Friedhof der Gläubigen von Annaba!

… Wo auch Wawa wieder zu Staub geworden ist und nichts mehr steht von dem, was doch unendlich beständig schien – nachdem alles zusammengestürzt und für immer und bis in alle Ewigkeit vernichtet ist! … Und da das Schicksal mich merkwürdigerweise und unerklärlicherweise von dem einzigen Wesen getrennt hat, das meiner wahren Seele nahe genug gekommen ist, um wenigstens einen blassen Widerschein von ihr zu entdecken – Augustin …

Und nachdem … Ach, nein! Lassen wir diese erst kürzlich geschehenen Dinge für immer ruhen.

Von jetzt an werde ich mich von den unbeständigen Wellen des Lebens tragen lassen … Ich will mich an sämtlichen Quellen der Trunkenheit berauschen und nicht klagen, sollten sie schließlich versiegen … Schluss mit den Kämpfen und Siegen, den Niederlagen, die mich jedes Mal mit wundem, blutendem Herzen zurückgelassen haben … Schluss mit den Torheiten der frühen Jugend!

Ich bin hierhergekommen, um den Trümmern einer langen, dreijährigen Vergangenheit zu entfliehen, die zusammengestürzt ist, bevor sie, ach, in einem unendlich tiefen Morast versank … Ich bin auch aus Freundschaft zu dem Mann hierhergekommen, dem ich zufällig begegnet bin und den das Schicksal mir genau in dem Moment über den Weg geschickt hat, als ich in einer Krise war – der letzten, *so Gott will* –, an der ich zwar nicht gestorben bin, die aber gefährlich zu werden drohte …

Merkwürdig: Die heutigen Feststellungen und die daraus resultierende grenzenlose Traurigkeit haben bewirkt, dass sich meine Gefühle für … grundlegend geändert haben.

Meine Freundschaft zu ihm ist dadurch nur gewachsen … Umso besser! Doch *keine Illusionen* – vom ersten Tag, von der ersten Stunde an nicht!

Ich stelle fest, dass ich mich wieder einmal im *Unsagbaren* zu verlieren beginne, in Dingen, die ich fühle und auch klar verstehe, die ich aber nie auszudrücken imstande war.

Wie dem auch sei, selbst wenn mein ganzes Leben nur ein Gewebe aus Leid und Traurigkeit gewesen ist, werde ich dieses klägliche Leben und das traurige Universum niemals verfluchen … wo Liebe und Tod so nah beieinander liegen und alles flüchtig und vergänglich ist.

Denn beide haben mich gleichermaßen trunken gemacht, mich verzückt und mir unendlich viele Träume und Gedanken beschert.

Ich bedaure nichts mehr, und ich begehre nichts mehr … *Ich warte.*

So werde ich, Nomade und mit keiner anderen Heimat als dem Islam, ohne Familie oder Vertraute, allein, für immer allein in der stolzen und schwersüßen Einsamkeit meiner Seele meinen Weg durchs Leben fortsetzen, bis die Stunde der großen, ewigen Grabesruhe schlägt …

Mahmoud ESSADI

Und wieder stellt sich die ewige, geheimnisvolle, bange Frage: Wo, auf welchem Boden und unter welchem Himmel werde ich in einem Jahr zu dieser Stunde sein? … Vermutlich weit weg von dieser kleinen sardischen Stadt … Aber wo? Und werde ich dann noch unter den Lebenden weilen? …

Cagliari, den 9. Januar

Impressionen, 1900
Im Stadtpark, gegen 17 Uhr

Zerklüftete Landschaft, schroffe Hügel, rötlich oder grau, tiefe Senken, von grauen und düsteren Strandkiefern und Feigenkakteen bestanden. Üppiges, für die Winterzeit fast verwirrendes Grün. Salzige Lagunen mit bleigrauer Oberfläche, unbeweglich und tot wie die Chotts in der Wüste.

Dann, weit oben, die Umrisse einer Stadt, die sich an den steilen, ausgewaschenen Hang schmiegt … Alte Festungsmauern, ein alter quadratischer Turm mit Schießscharten, die geometrischen Umrisse terrassenförmiger Dächer, das

Ganze in einheitlich versengtem Weiß, das sich von dem indigoblauen Himmel abhebt.

Knapp darunter noch und noch Grün, Bäume mit ewig gleichem Blattwerk. Kasernen, die aussehen wie die algerischen, lang und niedrig, mit roten Ziegeln gedeckt, die Mauern blatternarbig und bröckelnd, auch sie golden wie alles Übrige.

Grellrosa oder blutrot getünchte Mauern, zuweilen auch himmelblau wie die arabischen Häuser … Dunkle, alte Kirchen voller Skulpturen und Marmormosaiken, verschwenderisch prächtig in diesem Land erbärmlichsten Elends. Tunnelartige Durchgänge, in denen jeder Schritt laut widerhallt und schallende Echos erzeugt. Verwinkelte Gassen, die hinauf und hinunter führen und zuweilen in graue Steintreppen münden, und zwischen den kleinen, spitzen Pflastersteinen der Oberstadt, wo man nur zu Fuß unterwegs sein kann, sprießt kümmerlich gelblichgrünes Gras. Türen, die zu großen, tiefergelegenen Kellern führen, in denen Elendsfamilien in jahrhundertealtem Dunkel und in Feuchtigkeit hausen. Andere Türen führen zu gewölbten Hausfluren und zu fliesengeschmückten Treppen.

Läden mit kleinen, grellbunten Auslagen, enge und verräucherte orientalische Kramläden, aus denen näselnd schleppende Stimmen dringen …

Hier und da ein junger Bursche, der sich, gegen eine Mauer gelehnt, durch Zeichen mit einem Mädchen unterhält, das sich von einem Balkon herunterbeugt …

Bauern, mit langen, bis zum Rücken reichenden Kopfbedeckungen, in schwarzer, zerschlissener Joppe, die feingefältelt über die weiße Leinenhose fällt. Bärtige, sonnengegerbte Gesichter, tiefliegende, misstrauisch und grimmig blickende Augen unter buschigen Brauen, Gestalten mit eigentümlichen Gesichtszügen, die sowohl von den griechischen Bergbewohnern als auch von den Kabylen abzustammen scheinen.

Die Frauen, arabische Schönheiten, große, tiefschwarze Augen, die sehnsuchtsvoll und nachdenklich dreinblicken … Der ergebene und traurige Ausdruck armer, furchtsamer Tiere.

Bettler, die in weinerlich kriecherischem Ton den Fremden bedrängen, ihm folgen und ihn überall belästigen … Unendlich traurige Lieder oder Melodien, die auf seltsam beängstigende Weise für immer im Gedächtnis bleiben, Gesänge, die denen Afrikas zum Verwechseln ähnlich sind, des fernen Afrikas, an das alles hier auf Schritt und Tritt erinnert und heftige Sehnsucht schürt.

Cagliari, Donnerstag den 18. Januar,
abends, um halb sechs

Seit ich hier bin, in der einschläfernden Ruhe dieses Lebens, das der Zufall, oder vielmehr das Schicksal, mir jäh auf meinem abenteuerlichen Weg beschert hat, verfolgen mich die Erinnerungen an die *Villa Neuve* seltsamerweise mehr und mehr, … die guten wie die schlechten … Ich sage »die guten«, denn jetzt, wo dort alles für immer vorbei und tot ist, darf ich gegenüber der alten Familienhütte nicht ungerecht sein … Ich darf nicht vergessen, dass Mamas Güte und Sanftmut dort wohnten und Wawas gute, wenn auch nie verwirklichte Absichten … und vor allem die ganze chaotische Welt meiner eigenen Träume. Nein, kein Fluch über das Leben von einst. Wie viele gesegnete Stunden habe ich dort erlebt, trotz allem, trotz Gefangenschaft, Kummer und Ungerechtigkeiten! Seit ich dieses Haus verlassen habe, wo alles erloschen ist, wo alles bereits tot war, bevor es endgültig in Trümmer zerfiel, ist mein Leben nur noch ein rasender, flüchtiger Traum, durch unterschiedliche Länder, unter wechselnden Namen und mit wechselndem Äußeren.

Ich weiß sehr wohl, dass der geruhsame Winter, den ich hier verbringe, nur eine kurze Verschnaufpause in jenem Dasein ist, das mir bis zum Ende beschieden sein wird.

Danach, in ein paar Tagen schon, wird das wahre Leben, das rastlose, zerfaserte, wieder beginnen. Wo? Wie? Das weiß allein Gott! Ich wage es nicht mehr, Mutmaßungen oder Spekulationen darüber anzustellen. Schließlich bin ich genau in dem Moment, als ich den Entschluss fasste, noch ein paar weitere Monate in Paris zu bleiben, in Cagliari gelandet, an diesem entlegenen Winkel der Erde, den ich nie in Betracht gezogen habe, jedenfalls nicht mehr als irgendeinen anderen, wenn ich meinen zerstreuten Blick über die Karte der bewohnten Welt wandern ließ.

Seither ist Schluss mit den Mutmaßungen und Spekulationen.

Etwas jedoch freut mich: Je weiter ich mich von der Vergangenheit entferne, desto stärker formt und festigt sich mein Charakter, wie ich es mir immer gewünscht habe. Was sich in mir herausbildet, ist Eigensinn sowie absolute Unbezwingbarkeit und Geradlinigkeit des Herzens, zwei Eigenschaften, die ich über alles schätze und die bei einer Frau leider so selten sind.

Damit und mit den vier Monaten Wüstenlebens, die in diesem Frühjahr höchstwahrscheinlich anstehen, bin ich sicher, jemand zu werden … und dadurch früher oder später das heilige Ziel meines Lebens zu erreichen: Rache! Wawa hat stets gemahnt, das Vermächtnis zu wahren, das Maman uns hinterlassen hat, ihm, Augustin und mir … Wawa ist tot; Augustin ist dafür nicht geschaffen, und außerdem hat er sich auf ewig dem gewöhnlichen Leben verschrieben … Nur ich bleibe noch.

Glücklicherweise hat mein ganzes früheres Leben, meine ganze Jugendzeit mich erkennen lassen, dass das geruhsame Glück nichts für mich ist, dass ich, einsam inmitten der Menschen, dazu bestimmt bin, erbittert gegen sie zu kämpfen, dass ich sozusagen der Sündenbock bin für all die Unbill und sämtliches Unglück, das die drei Menschen, Mama, Wladimir und Wawa, in den Untergang gestürzt hat.

Ich habe meine Rolle angenommen. Ich liebe sie mehr als jedes eigennützige Glück, und ich werde ihr alles opfern, was mir lieb ist. Dieses Ziel wird auf ewig mein Wegweiser durchs Leben sein.

Ich habe darauf verzichtet, in dieser Welt ein Heim *nur für mich allein* zu haben, ein *home*, ein Zuhause, Frieden und Wohlstand. Ich habe mir die oft schwere Kutte des rastlosen Wanderers und Heimatlosen übergeworfen. Ich habe auf das Glück verzichtet, nach Hause kommen zu können, wo geliebte Menschen, Ruhe und Sicherheit auf einen warten.

Im Augenblick, in diesem provisorischen Heim in Cagliari, gebe ich mich von einem zärtlichen Gefühl durchströmt der Illusion hin, einen Menschen bei mir zu haben, den ich wirklich mag und dessen Gegenwart unmerklich zu einer Bedingung für mein Wohlbefinden geworden ist … Doch auch dieser Traum wird nur von kurzer Dauer sein: Für die mühsamen und gefährlichen Reisen muss ich mich wieder in einen Einzelgänger verwandeln und die träge Ruhe des Lebens zu zweit aufgeben.

Das aber *muss* sein, und es wird sein. Wenigstens wird es in der Nacht eines solchen Lebens tröstlich sein zu wissen, dass mich, wenn auch erst bei meiner Rückkehr, vielleicht noch ein Freund, ein menschliches Wesen erwartet, das glücklich ist, mich wiederzusehen … oder zumindest froh … Nur eines ist schrecklich: das ziemlich lange *Getrenntsein* lässt Bekanntschaften entstehen … Vielleicht werde ich meinen Platz eines Tages besetzt finden. In Anbetracht seiner Ansichten über Frauen und die Ehe ist das sogar mehr als wahrscheinlich. Es wäre erstaunlich, träfe er nie die Gefährtin, die sie teilt, diese Ansichten, mit denen ich so gar nichts anfangen kann. Oh, ich weiß sehr wohl, dass er diese Gefährtin nicht finden wird, solange er ein Herumirrender und Heimatloser ist, es sei denn, er begnügt sich mit der Gewissheit, dass irgendwo auf der Welt eine Ehefrau sitzt, die, sofern sie ihn liebt, in den Stunden der Gefahr *von Ferne* und in wohliger Geborgenheit um ihn bangt.

Die aber, die wie ich gerade in den schlimmsten Stunden da ist und sich durch nichts aufhalten lässt, die wird er nicht finden.

Später jedoch, wenn diese Übergangszeit erst einmal vorbei ist, wird ihn genau wie Augustin, wie alle Welt die Sehnsucht nach Ruhe und einem gemütlichen Zuhause packen.

An dem Tag werde ich weiter durch die Welt ziehen können, in der traurigen Gewissheit, das Hotelzimmer, die Hütte oder das Zelt, die mir in meinem Nomadendasein vorübergehend als Obdach dienen, jedes Mal unweigerlich leer vorzufinden. Mektoub!

Genießen wir also den kurzen Augenblick, den Rausch, der bald schon verflogen sein wird … Dieselbe Blüte blüht nie zweimal, und dasselbe Wasser fließt nicht zweimal durch dasselbe Bachbett.

Warum diesem Freund nicht vertrauen? Warum ihn verurteilen, bevor ich ihn überhaupt am Werk gesehen habe, vor allem aber: Warum ihm Meinungen über die Ehe und die häusliche Ruhe andichten, die er gar nicht hat?

Sein Leben wird immer ein Kampf für die edelsten Ziele sein, auf jeden Fall wird er immer der Heiligen Sache des Islam dienen, stets aufrecht, ein Fels inmitten der Hinfälligkeit seiner dekadenten Landsleute.

Nein, heiraten wird er nie. Dennoch wird sein Glück immer darin bestehen, sein heimatloses Haupt an der Brust einer wirklichen Freundin auszuruhen.

Sein Glück wird darin bestehen zu wissen, dass ein anders Herz im Takt mit seinem schlägt, dass er sich verlassen kann auf die Zuneigung einer zärtlichen Seele, der er seinen Kummer und seine Freuden anvertrauen kann. Diese Freundin, dieses Herz, diese Seele, das alles glaubt er in dir gefunden zu haben. Warum also zweifeln?

Warum endet das menschliche Leben nicht wie der Herbst in Afrika, unter einem klaren Himmel im lauen Wind, ganz ohne Gebrechlichkeit und ohne Vorahnung? (Eugène Fromentin, *Une année dans le Sahel)*

Notiert in Cagliari, am 1. Januar 1900, in einem Augenblick unendlicher Traurigkeit ohne wirklichen Grund.

Cagliari, den 29. Januar 1900

Perchè affrettar l'arrivo
Della giornata negra?
....
Ne' Baci miei t'allegra,
e brevemente vivo !

Der kurze Traum einer ruhigen Besinnung hier in der alten sardischen Stadt, unter dem leicht nachdenklichen, milden Himmel und in dieser durch und durch afrikanischen Landschaft – er ist zu Ende.

Morgen um diese Zeit bin ich schon weit weg von den Felsen Cagliaris, dort hinten, auf dem grauen Meer, das seit Tagen tost und brandet …

Gestern Nacht tönten die Echos von Cagliari im grollenden Donner wider … Heute bietet das Meer einen überaus trostlosen Anblick; es schimmert wie Glas, oder Blei … Alles hier ist vorbei, morgen breche ich wieder auf zu meinem trostlosen Kampf, dem erbitterten Kampf, der sich auf einem seit acht langen Monaten zugeschütteten Grab abspielt, über einem erloschenen Leben, das zum geheimnisvollen Ursprung zurückgekehrt ist …

Heute Abend in der grauen Dämmerung, in unserer geliebten, verwüsteten Hütte, im Durcheinander des Aufbruchs, empfinde ich wieder die tiefe Traurigkeit, die jede Veränderung meines Daseins begleitet, die fortlaufenden kleinen Vernichtungsschläge, die uns unmerklich zur letzten großen Vernichtung führen.

Was wird dieser neue Lebensabschnitt bringen?

Am 30., nachmittags um halb fünf. – Das Schicksal hat meine Abfahrt um ein paar Stunden verzögert. Doch auch der Horizont hat sich verfinstert.

Genf, der 27. Mai 1900, abends, halb zehn (Sonntag)*

Wieder einmal schreibe ich in das traurige Tagebuch den Namen dieser verhexten Stadt, in der ich so gelitten habe, ja, wo ich fast zugrunde gegangen wäre.

Ich bin noch nicht mal eine Woche hier und spüre doch schon die krankhafte Beklemmung von einst, die ich für immer loswerden will.

Unter einem niedrigen, bedeckten Himmel habe ich die unglückselige Bleibe wiedergesehen, verschlossen und stumm, von Unkraut überwachsen, wie versunken in einem verdrießlichen Trauertraum.

Ich habe die Straße wiedergesehen, die weiße Straße, weiß wie ein mattsilbriger Fluss, der zwischen den hohen Samtbäumen pfeilgerade in Richtung des großen melancholischen Jura verläuft.

Ich habe die beiden Gräber wiedergesehen, in der unvergleichlichen Umgebung dieses Friedhofs der Ungläubigen, auf

* So im Original, aber vermutlich März (Anm. d. Verlags)

dem Boden der Verbannung, weit weg von jenem anderen, heiligen Hügel der ewigen Ruhe und beständigen Stille …

Ich fühle mich für immer absolut fremd auf diesem Boden, den ich morgen verlasse, in der Hoffnung, niemals zurückzukehren.

Heute Abend unergründliche, unaussprechliche Traurigkeit und eine wachsende Gelassenheit angesichts des unabwendbaren Schicksals …

Welche Träume, welchen Zauber und welche Räusche hält die Zukunft noch für mich bereit?

Welche Freuden … noch ungewiss, und welches nur allzu gewisse Leid?

Und wann wird schließlich die Stunde der Erlösung schlagen, die Stunde der ewigen Ruhe?

Paris, April 1900

Habe einmal abends im schwachen Licht der Sterne und Laternen die weißen Umrisse der Kreuze auf dem Friedhof Montparnasse erblickt, die sich vom samtigen Schwarz der großen Bäume abhoben wie Gespenster … und gedacht, dass der ganze mächtige Atem von Paris ringsumher nicht in der Lage war, die unfassbare Ruhe jener Unbekannten zu stören, die dort schliefen …

Zweites Tagebuch

»Im Namen Gottes, des Allmächtigen und Barmherzigen!«

Gia non si deve a te ne doglia ni pianto
Chi si muore nel mondo nel ciel' rinasce.

»Grabinschrift auf dem kleinen Friedhof von Vernier, notiert am 4. Juni 1899 bei meiner letzten Pilgerreise zu Wawas Grab, am Tag meiner Abreise von Genf.«

Friede eurer Asche und jenen, die dort unten liegen,
in der fernen fremden Erde, und Friede dir,
die du auf dem heiligen Hügel ruhst,
über den ewigen Gezeiten des blauen Mittelmeers …

»Ich schreibe nicht selbst; du, die du mich liebst,
führst meine Hand, und jeder falsche Ton
wäre eine Qual in deiner Ruhe.«

Und alles war wieder wie in den alten Zeiten …
P. Loti. Le mariage de Loti.

Genf, den 8. Juni 1900
Rückkehr vom Friedhof in Vernier.
Grenzenlose Traurigkeit.

»Vieles Reisen schläfert den Geist ein; man gewöhnt sich an alles, an einzigartige exotische Landschaften ebenso wie an die außergewöhnlichsten Gesichter. Doch in gewissen Stunden, wenn der Geist erwacht und wieder zu sich kommt, ist man plötzlich erstaunt über die Fremdartigkeit dessen, was einen umgibt.«

P. Loti, Le Mariage de Loti

… Der Grabhügel dort unten, über dem großen blauen Golf des unvergesslichen Annaba, dürfte heute wohl im glühenden Licht endender Sommertage, in Afrika, schlafen … Und die Gräber aus weißem Marmor oder buntem Steingut dürften wie leuchtende Blumen aussehen inmitten der hohen, dunklen Zypressen, des wilden Weins, der riesigen Storchschnäbel mit ihren blut- oder blass fleischfarbenen Blüten und der Keram-Pflanzen aus der Berberregion …

… Während ich im gleichen Moment, für kurze Zeit wieder zurück auf dem Boden der Verbannung, im niedrigen Gras eines anderen Friedhofs saß … Angesichts der beiden grauen Gräber, auf denen das erste Unkraut zu sprießen begann, dachte ich an das andere, das weiße muslimische Grab, in dem *Der Weiße Geist* ruht … Wieder einmal sann ich über das große Geheimnis der vernichteten Leben inmitten der ewig gleichen Natur nach … Unschuldig und friedlich sangen die Vögel über dem unermesslichen Menschenstaub, der dort angehäuft ist …

Wirklich sonderbar: Meine Tagebücher, sämtliche bisherigen Aufzeichnungen könnte man in einigen wenigen, simplen Worten zusammenfassen: »Ständig sich wiederholende Feststellungen der unergründlichen Traurigkeit in meiner

Seele, in meinem Leben; zunehmend verschwommene Anspielungen, die sich nicht auf Menschen beziehen, denen ich begegnet bin, oder auf beobachtete Tatsachen, sondern einzig und allein auf die stets traurigen oder trübsinnigen Gefühle, die diese Menschen oder Tatsachen in mir auslösen.«

Eine sinnlose, finstere Einschätzung von niederschmetternder Eintönigkeit.

Vermerke über irgendwelche Freuden oder sogar Hoffnung tauchen hier nie auf.

Das einzig Tröstliche, das man darin erkennen kann, ist die wachsende islamische *Gottergebenheit* …

Endlich bemerke ich in meiner Seele eine allmähliche *Gleichgültigkeit* gegenüber *gleichgültigen* Dingen und Menschen, was heißt, dass mein Ich sich formt.

Die Bedeutung, die ich kläglichen Dingen, überflüssigen und belanglosen Begegnungen allzu lange beigemessen habe, finde ich niedrig und meiner unwürdig …

Selbst was ich heute Abend festgestellt habe, nämlich dass ich *absolut unfähig bin, Teil einer wie auch immer gearteten Gemeinschaft zu sein, mich unter Menschen wohl zu fühlen*, die nicht irgendein Zufall, sondern ein gemeinsames Leben zusammengebracht hat, selbst diese Bestätigung des Schicksals, die ich schon lange geahnt habe und die mich zwangsläufig zur Einsamkeit verdammt – selbst das, worunter ich früher grausam gelitten hätte, betrübt mich nicht mehr …

Und ist es denn überhaupt so was Schlechtes? Ist es nicht vielmehr eine Lehre des Schicksals, das meine Seele durch Einsamkeit und Schmerz in jeder Hinsicht stärken zu wollen scheint?

»… Aber das Unglück ist der Prüfstein der Seelen, und jene, die nie gelitten haben, sind unfähig, Großes zu tun.«

Im Augenblick sind mir meine Wünsche wenigstens klar: Ich möchte, dass der, von dem die oben zitierten Worte stammen und der sie mir neulich in Paris – am Tag meiner letzten Beichte – mit lebhafter Stimme ins Gesicht gesagt hat, auch verstanden hat, was ich *ihm* gesagt und geschrieben habe, … und dann möchte ich, dass er mir so rasch wie möglich Gelegenheit gibt zu handeln, jenes *Große* zu vollbringen, das ihn genau wie mich tief und köstlich zu berauschen scheint …

Ich möchte, dass jener Mann mich anlächelt, wie nur er es vermag, möchte hören, wie er mir im gleichen Tonfall wie an dem Tag, an dem ich ihm fast mein Herz geöffnet hätte, sagt: »Gehen Sie, Mahmud, und vollbringen Sie Großes, Gutes … Seien Sie ein Held …«

Seltsam, aber aus dem Mund dieses Intellektuellen haben diese von Glauben und Herrlichkeit kündenden Worte in meinen durchaus geübten Ohren nie falsch geklungen, er ist der einzige, bei dem ich nie auf Verstellung, Scheinheiligkeit oder Unverständnis gestoßen bin.

Zugegeben, von allen, denen ich auf meinem Weg begegnet bin, ist er, dessen geliebtes Bild mir vor Augen steht, der bezauberndste von allen, und sein Zauber ist der höchste, der schönste überhaupt: Er spricht die Seele an und nicht die Sinne, er steigert das Große und bringt alles Niedere und Schändliche zum Erliegen … Zugegeben, noch nie hatte jemand eine so mächtige Wirkung auf meine Seele, *im Guten*. Niemand hat die gesegneten Dinge, die seit dem Tod *Des Weißen Geistes* langsam, aber sicher in mir zu keimen begannen, verstanden und zu stärken gewusst: Glaube, Reue, den Wunsch nach sittlicher Vervollkommnung, den Wunsch nach *ehrenhaft* verdientem Ruhm, Uneigennützigkeit, die heimliche Lust an meinem Leid und meiner Entsagung, und den Hunger nach großen, schönen Taten.

Ich beurteile und liebe ihn so, wie ich ihn bisher kenne. Die Zukunft wird zeigen, ob ich hellsichtig war, ob ich ihn so verstanden habe, wie er wirklich ist, oder ob ich mich wieder einmal getäuscht habe. Ich behaupte nichts, aber bis jetzt hat nichts den leisesten Verdacht in mir aufkommen lassen. Trotzdem ist mein Misstrauen entsetzlich und unbezwingbar geworden, vor allem seit Samuel. Die Sache mit dem Naïb könnte zum Prüfstein für diese Seele werden. Ich bin sicher, dass er das, was er tut, von sich aus tun wird, ohne sich von Abd-el-Aziz oder sonst wem beeinflussen zu lassen. Womöglich wird mir sein Verhalten bei dieser Gelegenheit zu jener *Gewissheit* verhelfen, nach der ich schon so lange suche.

Ich warte also auf Ehre und Gewissen ab, was passieren wird, um mein Urteil über diesen Mann zu fällen … Falls ich nicht auf dem Holzweg bin, stehen die Chancen auf mein *Seelenheil* gut.

Sollte allerdings auch er nur Verstellung und Täuschung sein, werde ich in Zukunft an keinen Mann, dem ich noch begegne, mehr glauben können.

Dann ist es vorbei, für immer, denn wenn das, was ich als die Reinheit selbst ansehe, Schmutz in sich birgt, wenn das, was ich für die wahre Schönheit halte, die gleiche Hässlichkeit in sich trägt, der ich schon so oft begegnet bin, wenn der Schein, den ich für das wohltuende Licht eines wegweisenden Sterns oder Leuchtturms im dunklen Labyrinth des Lebens halte, nur trügerisches Blendwerk ist, das den Reisenden aufs Fatalste in die Irre lotst – was hätte ich dann noch zu erwarten?

Doch wie gesagt, bislang lässt nichts, absolut gar nichts auf diese grausame Vermutung schließen … Wie ich es sehe, wird er mir möglicherweise großes, aber herrliches Leid bescheren … vielleicht ist sogar er derjenige, der mich in den Tod schickt, doch er wird mir nicht Grund zu dem unerträglichen Groll der Ernüchterung geben.

Genf, den 15. Juni 1900

Tretet hin an die Wege und schaut und fragt nach den Pfaden, die man in der Vorzeit gewandelt, welches der Weg zum Glücke sei, und geht ihn, dass ihr Ruhe für eure Seele findet! …

(Jeremia 6, 16)

Wieder in der Eintönigkeit meines gegenwärtigen Lebens, wieder ein Traum, ein neuer Rausch …

Wie lange noch? Wann geht es zu Ende? Und was kommt danach? Dennoch wird mir die Erinnerung an diese wenigen *besseren* und *lebendigeren* Tage auf ewig teuer sein, immerhin konnten ein paar Augenblicke der entsetzlichen Banalität des Lebens entrissen, ein paar Stunden vor dem Nichts gerettet werden.

Ich werde mich immer nur zu Seelen hingezogen fühlen, die an jenem großen und fruchtbaren Schmerz leiden, der sich Unzufriedenheit mit sich selbst nennt, dem Streben nach einem Ideal, nach jenem geheimnisvollen und erstrebenswerten Etwas, das unsere Seelen entflammt und in die erhabenen Sphären des Jenseits erhebt … Die genügsame Freude über ein erreichtes Ziel wird mich nie locken, und die wirklich Großen in der heutigen Welt sind in meinen Augen diejenigen, die an dem erhabenen Schmerz der fortwährenden Geburt eines besseren *Selbst* leiden.

Ich hasse den, der zufrieden mit sich selbst und seinem Schicksal ist, mit seinem Geist und seinem Herzen.

Ich hasse die dümmliche Aufgeblasenheit des *tauben, stummen und blinden* Spießers, *der nie zur Vernunft kommen wird …*

Denken muss man lernen. Eine schmerzvolle, langwierige Sache, doch ohne sie ist individuelles Glück nicht zu haben, jenes Glück, das für manch einen nur aus dem Vorhandensein einer *speziellen Welt* kommen kann, einer verborgenen Welt, die uns am Leben halten und uns genügen sollte.

… Ich kann gar nicht sagen, wie sehr ich mich für diesen albernen Charakterzug verachte und hasse: dass ich das Bedürfnis habe, Menschen um mich zu haben, selbst wenn sie mir gleichgültig sind, und mein Herz und meine Seele ständig in widerlichen Erklärungen auszustellen!

Warum nur suche ich die Genugtuung, die meine Seele so nötig hat, bei anderen, obwohl ich doch weiß, dass ich sie dort nicht finde, anstatt sie in mir selbst zu suchen?

Oh! Komme ich denn nie dagegen an, werde ich den überflüssigen Ballast denn niemals los, unter dem mein Leben noch immer erstickt? Geistige Übereinstimmung ist unmöglich, außer mit ein paar wenigen Menschen. Warum also absichtlich nach Enttäuschungen suchen?

… Unter all den Menschen, die in bestimmten wesentlichen Dingen nicht mit mir einig sind, Glaube, Liebe usw. usf., gibt es zwei, die ich trotzdem von ganzem Herzen liebe, die mir nicht gleichgültig sein können: meinen Bruder und Vera.

Und ich leide aufrichtig darunter, dass letztere beispielsweise nicht versteht, was vorgefallen ist, dass sie, obwohl ich es ihr schwöre, nicht glauben will, dass die Erinnerung an die Tage voller Vertrautheit mit Archavir, Tage, die, wie er gestern sagte, eine Freundschaft fürs ganze Leben begründet haben, wo auch immer wir sein werden, eine der wertvollsten Erinnerungen meines Lebens bleiben wird.

Literarische Ideen

Für den Anfang scheint es mir vordringlich, die künstlerische Seite in den Blick zu nehmen, also an der *Form* zu feilen. Als Plädoyer zugunsten des Koran gegen die Vorurteile der modernen moslemischen Welt wird *Rakhil* niemanden interessieren. Aber *Rakhil* als Lied der ewigen Liebe mit seiner schönen Form, den melodischen Sätzen und schillernden

Bildern wird mit Sicherheit jeden mitreißen, der sinnlich veranlagt oder, was so ziemlich dasselbe ist, schlicht kunstvernarrt ist.

Ein treffendes Bild für alles, was aus meinem Leben geworden ist und was es vermutlich immer sein wird: das Schild *Zimmer zu vermieten*, dort am Fenster jenes armseligen Zimmers, in dem ich zwischen einem Feldbett, Papieren und meinen paar Büchern hause. Es ist ironisch und traurig zugleich.

Nichts könnte die abgrundtiefe Einsamkeit in meinen Behelfsunterkünften besser zum Ausdruck bringen, meine absolute Verlassenheit inmitten des riesigen Universums …

Diese Stunden der Mutlosigkeit und Schwermut, so gänzlich ohne Zauber!

Genf, den 16. Juni 1900
Am nächsten Tag, drei Uhr nachmittags

Nach einer durchlittenen Nacht und einem sonderbaren Vormittag …

Ich merke, dass ich im Augenblick nicht schreiben kann.

Ich will hier nur kurz die Situation andeuten: der rein intellektuelle Wunsch, meine Lebensweise zu verbessern, zu arbeiten … allerdings lustlos, hinsichtlich beider Punkte … Eintönigkeit.

Schande über das Leben mit seinen elenden Tagen – denn es wurde für den Schmerz erschaffen;
Die Sorgen nehmen nie ab – weder für einen König dieser Welt noch für einen Sklaven.
Welches Erstaunen über das Leben und alles, was mit ihm zusammenhängt!
Es ist ein Feind der Menschen und wird doch von ihnen geliebt!

Ich habe euch verlassen, doch mein Herz bleibt bei euch;
Aus der Süße des Lebens wurde nach eurer Abreise Bitterkeit;
Zwischen uns hat sich die Scheidewand der Trennung geschoben,
Wie sich das Grab zwischen den Lebenden und den Toten schiebt!

Inmitten der lärmenden Flut von Unsinnigkeiten erhebt plötzlich ein Spahi sein Champagnerglas und bringt folgenden überraschenden Trinkspruch aus: Auf die Gefallenen von Mekka und Bobdiarah!

Schon eigenartig, dieser Trinkspruch, den der Autor dieser Erzählung nicht erfunden hat; ziemlich unerwartet, jemanden auf diese Weise hochleben zu lassen! Eine Huldigung an die Erinnerung oder frevelhafter Scherz gegenüber denen, die tot sind? … Er war mächtig betrunken, der Spahi, der diesen Toten-Trinkspruch ausgebracht hatte, und sein wirrer Blick finster.

Am selben Tag

Als ich vorgestern die Worte schrieb: *in einem Ksar im fernen Oued Igharghar* … spürte ich plötzlich in mir den Entschluss wachsen und reifen, um jeden Preis nach Ouargla zu gehen und noch einmal zu versuchen, mich für Monate in die große Stille der Wüste zurückzuziehen und dem langsamen und verträumten Leben dort zu überlassen.

Eigentlich spricht nichts dagegen.

Notfalls mache ich mich auch ohne Empfehlungsschreiben von Abd-el-Aziz auf den Weg. Meine bescheidenen Mittel werden mir trotz allem ein halbwegs gutes Leben ermöglichen, jedenfalls so gut, wie es wünschenswert ist.

Merkwürdig, dabei habe ich keineswegs vergessen, wie sehr ich dort gelitten habe, die unglaublichen Entbehrungen, die Krankheit …

Trotzdem wird es nur an den feindlichen Umständen liegen. Und an diesem Ausgang finde ich inzwischen Gefallen.

Das harte Wüstenleben, nicht all zu anstrengend, weil ich nicht gezwungen sein werde, nachts wach zu bleiben, wird mich endgültig zu einem Menschen der Tat erziehen, eine spartanische Erziehung, die in meiner Lage eine unentbehrliche Waffe darstellt …

… Und welch bittersüße Wonnen: Zuerst der Abschied hier, von Vera, die ich von ganzem Herzen liebe, die das menschlichste Wesen ist, dem man begegnen kann, von dem seltsamen Archavir, der mir einzigartige, unendlich bittere und zugleich zärtliche Stunden verschafft …

Dann, in Marseille, die feierliche Szene, wenn es an Bord geht, der Abschied vom Bruder, meinem einzigen Lichtblick in dieser Welt …

Dann die traurigsüße Pilgerfahrt nach Annaba … der heilige Hügel, auf dem ihr Grab steht …

Dann Batna, das mein sehnsuchtsvolles Gedächtnis so oft in Erinnerungen schwelgen lässt …

Das glühend heiße Biskra, wo ich einst so reizende Stunden verbracht habe, abends, vor den maurischen Kaffeehäusern …

Und die glutrote, unwegsame Piste durch das ausgedörrte Gebiet des Oued Rhir …

Und das traurige Touggourt, verschlafen unter seinem Leichentuch aus Salz, am Rand des dunklen Chotts …

Dann das unbekannte Ouargla an der Pforte zum geheimnisvollen Nichts der großen Sahara, dort, wo das Tal des Oued Irharrhar beginnt, mit jenem seltsamen Namen, der uns einst zum Träumen brachte …

»Freunde sind wie Hunde: Es nimmt immer ein schlechtes Ende, das Beste ist, erst gar keine zu haben.« (Aziyadeh)

In Erinnerung an Souk-el-Haljemine und Elassar in Tunis: *»Schiffer sein mit einer goldfarbenen Joppe, irgendwo im Süden der Türkei, wo der Himmel immer klar ist und die Sonne immer brennt ... Möglich wär's, und ich wäre dort weniger unglücklich als anderswo.« (Aziyadeh)*

Notiert in Genf, Montag, den 25. Juni 1900

15. Juni – Mit der Zeit gelingt es uns immer weniger, aus purer Höflichkeit bei der ermüdenden gesellschaftlichen Komödie mitzuspielen, bei der jedermann so selbstverständlich und ohne jegliche Anstrengung mittut. (Tagebücher der Brüder Goncourt, Bd. I)

Genf, den 27. Juni 1900, Mittwoch

Nach einem anregenden Gespräch mit Vera verspüre ich wieder einmal, aber diesmal mit wachsender Intensität, die Notwendigkeit, das noch fast unbeackerte, brache Feld meines Intellekts, das im Vergleich zu meiner Gefühlswelt sehr im Rückstand ist, zu bearbeiten – und zwar grundlegend.

Den Intellekt zu entwickeln ist eine aufreibende Arbeit, vor allem jetzt. Mir scheint, von dem erstaunlichen Resultat wäre ich selbst am meisten verblüfft. Das also ist mein momentaner Traum ... Ob er je Wirklichkeit wird?

Nach Ouargla gehen, weit weg von hier, an die Schwelle zum großen, geheimnisvollen Ozean der Sahara, und mich dort niederlassen, dort *das Heim gründen, das mir mehr und mehr fehlt.* Ein Häuschen aus gebrannten Ziegeln im Schatten von Dattelpalmen. Etwas Obst und Gemüse in der Oase anbauen, Ahmed als Diener und Gefährte, ein paar Haustiere fürs Herz, eventuell ein Pferd – ein Traum, dazu viel Zeit und Bücher.

Ein Doppelleben führen: das oft abenteuerliche des Wüstenbewohners und das ruhige, beschauliche des Geistesarbeiters, unbelastet von allem, was sein Denken stören könnte.

Und von dort aus gelegentlich zu Augustin, oder nach Paris … Paris, wieder in die Einsamkeit zurück …

Mir eine Seele erschaffen, ein Bewusstsein, Verstand und Willen.

Dort würde der islamische Glauben mit Sicherheit in mir erblühen, dieser Glaube, den ich so dringend brauche und der hier verblasst …

Ein Traum, der an sich realisierbar ist, aber wird er je Wirklichkeit werden? *That is the question!*

Dieses Heft wird mir eines Tages vielleicht eine ganze Bibliothek ersetzen, Unmengen unerreichbarer Bücher in meinem künftigen ärmlichen Wanderleben.

Sollte sich irgendwer eines Tages zufällig die Mühe machen, es zu lesen, fände er darin ein getreues Spiegelbild meiner immer schneller fortschreitenden Entwicklung, die womöglich fast schon abgeschlossenen ist …

Allein die Zitate darin geben die unterschiedlichen Gemütszustände wider, die ich durchlebe …

… Interessante Person, dieser Saadi-Ganelin, verkörpert er doch das so oft erträumte Leben des Bohemiens, der intellektueller Arbeiter und Wanderer zugleich ist …

»Augen, wie die Augen des Abends.« (Tagebücher der Brüder Goncourt, Bd. II)

Samstag, den 30. Juni 1900

Nach zwei Tagen tödlicher Langeweile (gestern und heute) und körperlicher Schmerzen versuche ich, mich wieder an die Arbeit zu machen …

Ich empfinde zunehmend Abscheu vor diesem zweiten *Ich*, meinem inneren Schweinehund, der von Zeit zu Zeit zum Vorschein kommt. Habe etwas Komisches festgestellt: Meistens, wenn nicht sogar immer (das lässt sich hinterher beobachten) erscheint es unter dem Einfluss rein physischer Faktoren. Ein verbesserter Gesundheitszustand würde demnach eine Verbesserung auch meiner geistigen Verfassung hervorrufen und meine innere Kraft stärken …

… Vorgestern Abend langes Streitgespräch mit Archavir über die – zwischen uns ewige – Frage des sinnlichen Genusses. Ich verteidige meine Theorie: die eigenen Bedürfnisse zurückschrauben, um dadurch Enttäuschungen sowie das Abstumpfen der Empfindsamkeit infolge unangenehmer Empfindungen und Verbitterung weitestgehend zu vermeiden.

Archavir dagegen ist der Ansicht, man müsse seine Bedürfnisse *entwickeln*, um dann mit aller Kraft an deren Befriedigung zu arbeiten. Darin liegt für ihn der *sichere Beweis der Selbstvervollkommnung.*

Sofort kommt mir der Gedanke, einen Aufsatz zu dem Thema zu schreiben. Man könnte ihn in *L'Athénée* veröffentlichen.

… Habe vorgestern bei einer Unterhaltung mit Vera herausgefunden, wie ich mich aus dem Gedankenschlammassel ziehen kann, an dem die Weiterarbeit an *Rakhil* fast gescheitert wäre.

Alles in allem durchlebe ich mal wieder eine Phase intellektuellen Brütens, die, glaube ich, die bislang fruchtbarste meines Lebens ist.

Die Lektüre der Tagebücher der Brüder Goncourt hat mir überaus gut getan. Ich muss meinen Aufenthalt in Marseille unbedingt nutzen, um die anderen Bände zu lesen und mir Notizen zu machen.

Bis jetzt habe ich immer nach Lektüren gesucht, die mich zum Träumen oder Fühlen brachten. Daher auch der übersteigerte poetische Sinn zu Lasten des reinen Gedankens.

Die Tagebücher der Brüder Goncourt sind eine Lektüre, die zum *tiefgründigen* Denken anregt. Nach anderen vergleichbaren Büchern suchen und meinen Aufenthalt hier zum Reden und Diskutieren nutzen, solange ich noch unter Leuten bin …

… Warum ist das durchaus klare Bewusstsein von der absoluten *Nutzlosigkeit* bestimmter Handlungen in meinem Leben – und es sind etliche, leider! –, ihrer Unvernunft und der wirklichen Gefahr, die sie im Hinblick auf meine Zukunft darstellen, warum ist dieses Bewusstsein nicht stark genug, meinen Willen zu beeinflussen und die Ausführung dieser Handlungen zu stoppen?

Eine Frage, der ich nachgehen muss, um herauszufinden, wie dem Abhilfe zu schaffen ist.

»Jetzt gibt es in unserem Leben nur noch ein Anliegen: *die bewegende Erforschung des Wahren.*« Ohne dies ist alles nur freudlos und leer …

(Tagebücher der Brüder Goncourt, Bd. II)

Notiert am 30. Juni, zwanzig Uhr

Eine Merkwürdigkeit, die ich beim Schreiben immer stärker empfinde: Je weiter ich mein Thema entwickle, je näher ich dem Ende komme, desto mehr *langweilt* es mich. Daher auch die frustrierenden Zweifel, ob es überhaupt von Interesse für den Leser ist.

So bin ich mir im Ernst nicht mehr sicher, ob *Rakhil* nicht vielleicht bloß eine abscheuliche Sammlung schlecht geschriebener Polizeidokumente ist.

Daher auch das Bedürfnis, es jemand anderem vorzulesen, um einen *objektiven Blick* zu bekommen … Zugegeben, würde mein Buch auf die Leserschaft denselben Eindruck machen, den es derzeit auf mich macht, käme niemand über den Prolog, reines Kunstwerk, hinaus.

… Heute Abend ist eine Ruhe in allen Dingen, trotz des dämlichen Krachs auf dem vom Pöbel bevölkerten Boulevard.

Ein blasser, zartblauer, opalartiger Himmel mit grauen Wattewolken … Grautöne über den Bäumen von Champel … Grau am Himmel und Grau über dem Salève … Ein Grauschleier über allen Dingen, was perfekt zum weichen Grau meiner momentanen Gemütslage passt: keine übermäßige Erregbarkeit, keinerlei Begeisterung. Bloß der friedliche Wunsch zu arbeiten, meinen Verstand weiterzuentwickeln.

Man darf den offensichtlichen Egoismus des auf jeder Seite dieses Buches vorkommenden Ichs nicht mit Geltungsbedürfnis verwechseln … Nein … Es handelt sich schlicht um die Gewohnheit des Einsiedlers, der zuallererst und unablässig in sich selbst hineinhorcht; dazu die Notwendigkeit, ein Buch zu erschaffen, das mir später das wahre Bild meiner heutigen Seele spiegeln kann; die einzige Möglichkeit, mein gegenwärtiges Leben zu beurteilen und später festzustellen, ob sich meine Persönlichkeit tatsächlich entwickelt hat oder nicht …

Notiert am selben Abend.

Am selben Abend, nachdem ich Nadson gelesen habe:

Heute bin ich besonders überdrüssig.
Seit dem Morgen stieg eine dumpfe Gereiztheit in mir auf.
Seit dem Morgen achtete ich böse auf all das um mich herum,
Was in der Seele Verachtung zu erzeugen weiß.
In der Fröhlichkeit der anderen sah ich nur Vulgarität;
In ihrer Traurigkeit Heuchelei; ihre Ruhe war Kleinmütigkeit,
Und in meinem eigenen Herzen spürte ich, wie meine besten Kräfte schwanden,
Beklemmende Angst und kindischen Ekel!

Wie viele solcher Tage habe ich nicht schon verbracht, trübselige Tage, an denen all meine Sinne nur für unangenehme und schmerzliche Gefühle empfänglich zu sein scheinen.

Notiert in Genf, am 3. Juli 1900

Wozu die Tränen? Um sie zu beklagen
Mit einem Schmerz, der nicht vergehen will?
Oh, könnten wir nur alle
Mit so reiner Seele sterben.

Wenn wir nur alle der Erde Lebewohl sagten
Mit dieser heiteren Hoffnung.
Jenseits des Sarges erwartet uns nicht der ewige Schlaf
Nein: vielmehr eine Welt herrlichster Güte.

Derselbe Tag, 23 Uhr 30

… Mir kommt der Gedanke, eine Novelle zu schreiben, ein Pendant zu *Der Weg*, aber mit ganz anderen Typen: Semjonow, Andrejew, Sascha in Paris.

In derselben Nacht, gegen zwei Uhr

Ich schlafe nicht. Habe nicht die geringste Lust dazu. Unten ertönen die markerschütternden Schreie einer Russin, die gerade niederkommt … Ist schon unheimlich, unser Eintritt in diese Welt, mitten in einer Regennacht, unter dem grauenhaften Geschrei der Mutter … Ein Eintritt, der unheimlich ist und, wer weiß, womöglich auch *symbolisch*.

Das erste, was wir im Leben tun, ist weinen … Und wie unsere Ankunft unserem Abgang gleicht, mit dem einzigen Unterschied, dass der Abgang im Großen und Ganzen weit weniger traurig ist als die Ankunft, bei all den Sorgen und Leiden, die ihr folgen!

Weinet nicht um einen, der tot ist, noch äußert seinethalben Beileid: weinet vielmehr um den, der fortgezogen ist, weil er nicht mehr zurückkehren und sein Heimatland wiedersehen wird! (Jeremia 22, 10)
Wenn du einen siehst, der sich weise dünkt, da ist an einem Narren mehr Hoffnung denn an ihm. (Sprüche 26, 12)
Rühme dich nicht des morgenden Tages, denn du weißt nicht, was heute sich begeben mag. (Sprüche 27, 1)

»Und in unserem dunklen Leben, da ist auch *sein* Glück, *sein* Stolz ...« (Turgenjew)

Ja, das stimmt ... ein *Glück*, das bitter ist, bitter und düster. Der *Stolz* der Entsagung; diese Dinge sind nicht jedem zugänglich, und es wird zugrunde gehen, wer beim Festmahl des Lebens vergessen wurde und sie nie empfunden hat. (4.7.1900, Mitternacht)

11. Juli, 21 Uhr

Nach mehreren scheußlichen Tagen voller Ärger, Streitigkeiten, schmerzlicher Aussprachen, voller Schrecken und Enttäuschung wieder geschrieben ...

Schreibe im Bett, hier, auf meiner Pritsche, am offenen Fenster, an einem milchigen Abend, der mich auf wahnsinnig intensive Weise an die Abende früher in Afrika erinnert.

... O unvergesslicher Zauber der sommerlichen Dämmerung über den weißen Städten, über den leblosen Weiten Afrikas.

So Allah will, werde ich all das bald schon wiedersehen, weit weg von den Menschen und ihrer Niederträchtigkeit, ihrer Grausamkeit und vor allem ihrem ungeheuerlichen Egoismus.

Wann endlich wird die Seele Frieden finden?

Immerhin weiß ich, *wo* ich ihn finden kann und um welchen Preis!

zwei Uhr morgens

»Alle Tage unseres Lebens verrauschen rasch wie Wellen.
Mit jeder Stunde verkürzt sich unser Weg zum Grab.
Schenk also ein, Kamerad, auf die Gesundheit.
Wie soll man wissen, was noch vor uns liegt?
Du wirst sterben; man wird dich begraben; zum Festmahl der Freunde wirst du nicht mehr aufstehn.
Reich mir die Hand, Kamerad; trinken wir! (da capo)
Ertränken wir im Wein den bittren Trennungsschmerz! (da capo)«

Zur Erinnerung an das Leben in Genf im Juni/Juli 1900, mit Schuschinka, Yasbka, Pop, Tschork und Ganta:
»Ich habe euch verlassen, doch mein Herz bleibt bei euch;
Aus der Süße des Lebens wurde nach eurer Abreise Bitterkeit;
Zwischen uns hat sich die Scheidewand der Trennung geschoben,
wie sich das Grab zwischen den Lebenden und den Toten schiebt!«

»In der Liebe findet man keine Ruhe, in der Wissenschaft findet man keine Ruhe, was auch immer du anfängst, es gibt keine Ruhe. Ich wünsche niemandem, so erbärmlich und unglücklich zu sein wie ich. Deshalb auch hatte ich ein verwirrend angenehmes Gefühl, als du zu mir sagtest: Mein Schatten wird dir überall hin folgen …

»Wir sind uns zufällig auf dem Pfad des Lebens begegnet; wir sind beide Einzelgänger in diesem bevölkerten Universum; beide unglücklich und chaotisch. Wir hatten ein paar herrliche Momente miteinander, weit, weit von den Menschen entfernt … Das Ende ist gekommen, die Menschen haben uns für immer getrennt …

Wir konnten dem stiefmütterlichen Schicksal einen Moment entreißen … Ich bereue nichts.« In der Nacht des 13.7.1900. Genf …

Abreise aus Genf, 14. Juli 1900, abends halb acht

Graues, düsteres Gewitterwetter. Unendlich traurig, dass ich Piatnuschko und Schuschinka verlassen muss. Wohin gehe ich? … *Auf dem Pfad der Vorsehung!*

Und Archavir, Archavir, den ich nicht wiedergesehen habe?

Gestern um Mitternacht wie ein Schatten vor dem weißen Haus in der Rue de l'Arquebuse umhergeirrt, zu dem ich nicht mehr zurückkehren darf …

15. Juli, 5 Uhr morgens

In Marseille angekommen. Müde. Grandioser Sonnenaufgang über der Crau. Eindruck wie in Afrika. Gute Ankunft.

15. Juli 1900, abends um halb zehn. Marseille

»Heute *Manette Salomon* beendet.« Als ich in den Tagebüchern der Brüder Goncourt den Satz lese, kommt mir folgender Gedanke: Kein literarisches Werk ist je soweit beendet, dass man nicht mehr weitermachen oder, was noch häufiger der Fall ist, es nicht noch besser machen könnte. Das Beendete ist das Befriedigende, ja, aber ungefähr so wie bei einem aus dem Krankenhaus Entlassenen, der so weit wiederhergestellt ist, dass er halbwegs weiterleben kann, mehr schlecht als recht …

Trotz des Durcheinanders und des ganzen Missbehagens in den letzten Tagen in Genf wird dieser »russische Monat« – zweifellos der letzte meines Lebens – immer zu meinen liebsten Erinnerungen gehören.

Auf jeden Fall habe ich noch nie mit einer geliebten Person in einer solchen Vertrautheit gelebt, wie sie zwischen mir, Vera, Schuschka und Ga Hahn bestand.

Auch der kurze, traurige Roman mit Archavir hatte seinen Reiz. Trotz allem trenne ich mich ohne Rachsucht und ohne Groll für immer von ihm.

In diesen Leuten war keine Niederträchtigkeit.

Darin liegt das ganze Übel der Situation.

Boshaftigkeit in der Liebe, sei diese Boshaftigkeit nun physischer oder seelischer Natur, ist das Zeichen für den Niedergang einer Zivilisation. (Tagebücher der Brüder Goncourt, Bd. III)

Marseille, den 16. Juli 1900

Vorgestern habe ich in der frühen Dämmerung eines gewittrigen Tages unter einem grauen, drückenden Himmel Genf verlassen.

Traurige, gedehnte, intensive Gefühle, vor allem bei dem Gedanken an die zweifellos ewige Trennung von Vera und Schuschka.

Archavir hinterlässt eine überaus süße, leicht geheimnisvolle Erinnerung bei mir, genau wie es seinem eigentümlichen Wesen entspricht – und unserem eigentümlichen Roman.

Dieser Mann, der nichts Lächerliches oder Gemeines an sich hat, lässt in mir ein absolut reines, unbeflecktes Gefühl zurück. Das russische Leben wirkt sich nicht vulgarisierend auf die Seele des Orientalen aus, wohingegen der französische Einfluss Krüppel wie Abd-el-Aziz oder Ungeheuer wie Aly hervorbringt: der eine in seiner pöbelhaften Vulgarität, und der andere in der Gemeinheit der angeblich schicken Abendländer, die er auch noch schlecht imitiert.

Archavir hat das verträumte, düstere, aufbrausende und poetische Wesen eines Armeniers. Vermischt mit der ganz eigenen, undefinierbaren Art eines russischen Studenten, die ich so mag, die mir so sympathisch, so *nahe* ist.

Ich weiß nicht, ob ich es wirklich tun werde – aber ich möchte einen durchdachten, systematischen Bericht über meine Zeit in Genf verfassen.

Wenn mir die spezielle Eingebung kommt, werde ich es tun. Es wäre eine äußerst nützliche und interessante Arbeit.

In diesem Zusammenhang fällt mir ein, dass ich immer nur aus Pflicht oder – und vor allem – aus Inspiration gearbeitet habe. Ich arbeite nie aus Langeweile, weil die Arbeit dann sowieso nicht gelingt. Oft lese ich, dann verfliegt die Langeweile fast immer ebenso wie die beklemmende Angst so mancher schlimmen Nacht.

Mein momentanes Ziel ist nach wie vor dasselbe: die geistige und seelische Vervollkommnung. Was das Geistige angeht, bin ich leicht im Rückstand, dafür ist die Arbeit daran aber viel leichter.

Heute Nacht und auch tagsüber habe ich überlegt, zu Schuschka in Bulgarien zu fahren …

Aber nein: Auf diese Weise würde ich nur eine Phase meines Lebens auferstehen lassen, die doch zu Ende gegangen ist. Es wäre an der Zeit, endlich zu begreifen, *dass man das, was vorbei ist, nicht wiederauferstehen lassen kann, genauso wenig wie man etwas Totes wieder zum Leben erwecken kann. Nichts, was gewesen ist, wird je wieder sein.* Ich bin nach Genf zurückgekehrt, um das Leben meines ersten Aufenthalts weiterzuführen. Und – ist mir das gelungen?

Natürlich nicht, ganz im Gegenteil! Ich habe es begraben. Also werde ich wahrscheinlich nach Ouargla gehen.

Ich befürchte nur, dass die sengende Hitze mir so zu schaffen macht, dass ich nicht arbeiten kann. Obwohl hier heute um die vierzig Grad sein sollen und ich mich kaum matter fühle als sonst.

Nicht nur wegen der Arbeit, sondern auch als gesundheitliche Maßnahme muss man etwas gegen die unwillkürliche Schlaffheit tun, die das saharische Klima im Sommer hervorruft …

Für den Augenblick habe ich hier zwei Dinge vor: an *El-Moukadira* weiterschreiben und die *Tagebücher der Brüder Goncourt* fertiglesen.

Ja, so langsam schält sich das Bild meines ganzen künftigen Leben heraus, selbst wenn meine literarischen Anstrengungen eines Tages von Erfolg gekrönt sein sollten: eine düsteres Märchenspiel vor dunkler Kulisse, die genau wie die ganze Szenerie mit fantastischer Geschwindigkeit wechselt … Eine wilde Jagd nach der ewigen Chimäre, die für mich noch unerreichbarer ist als für jeden anderen Menschen.

Ganz bestimmt werden sämtliche Träume meines Lebens den bewussteren dieser letzten Tage ähneln.

Doch obwohl das fatalerweise so sein muss, möchte ich dennoch versuchen, ein Quäntchen Glück zu ergattern, das einzige, glaube ich, das in meinem harten und ärmlichen Leben möglich ist: mir ein Nest bauen, fern von allen, unabhängig von allen, ein einsames Nest, in das ich jederzeit zurückkehren und wo ich all die Verluste, die mich noch erwarten, betrauern kann.

Dieses Nest will ich versuchen mir dort unten zu bauen, in der Wüste, weit weg von den Menschen. Mich für Monate zurückziehen, *meine Seele* von jeglichem menschlichen Kontakt fernhalten. Vor allem gilt es, in Zukunft das gemeinschaftliche Leben mit wem auch immer zu vermeiden, die hinderlichen Verbindungen und die Verquickungen meiner Angelegenheiten, meiner Interessen mit den zwangsläufig entgegengesetzten der anderen.

Zumindest ergibt das eine weitaus geringere Dosis an Leid.

Außerdem muss ich mich bemühen, mir eine innere Welt aus Gedanken und Gefühlen zu schaffen, die mich über die Einsamkeit hinwegtrösten kann, über die Armut und die fehlenden ästhetischen Genüsse, die bei meiner derzeitigen Lage zu kostspielig geworden sind.

Ich muss meine Theorie der größtmöglichen Einschränkung von Bedürfnissen um jeden Preis in die Praxis umsetzen.

Sofern meine Gesundheit mich nicht im Stich lässt, wird mir das nicht sonderlich schwerfallen.

Mit einer sesshaften Lebensweise, das heißt mit einem festen Wohnsitz, werde ich mir dort unten sogar ein Leben schaffen können, das wohl komplett gesund zu nennen wäre.

So kann ich auch die mir wohlbekannten Ursachen der Krankheit vermeiden.

Hinsichtlich meines Geisteszustandes ist es jetzt dringend geboten, mich zur Arbeit zu zwingen.

Das ermöglicht mir nicht nur weiterzuleben, wenn meine bescheidenen Mittel aufgebraucht sind, sondern schützt mich auch gegen das Leid.

Außerdem muss ich lernen, mich dem *Augenblick hinzugeben* und nicht immer nur in der Zukunft zu leben wie bisher, was logischerweise zu neuem Leid führt. In der Vergangenheit leben, in dem, was sie an Gutem und Schönem zu bieten hatte, ist sozusagen *die Würze* der Gegenwart. Aber in permanenter Erwartung auf das Kommende, auf den nächsten Tag hin zu leben, erzeugt zwangsläufig eine ständige Unzufriedenheit, die das Leben vergiftet.

Ich muss lernen, *tiefer* zu empfinden, *klarer* zu sehen und vor allem noch viel mehr zu *denken*.

Notiert am 16. Juli, 22 Uhr

Der 17., gegen drei Uhr nachmittags. – *El-Moukadira* zu Ende geschrieben.

18. Juli 1900, 21 Uhr

»Für einen begabten oder genialen Menschen bedeutet jedes Sich-Zeigen eine Selbsterniedrigung … Der bildende Künstler kann das Leben in aller Ruhe greifen, der Schriftsteller ist gezwungen, es wie ein Dieb im Flug zu erhaschen …« (*Tagebücher der Brüder Goncourt*, Bd. III)

So scheint es nun endlich festzustehen, dass ich am Samstag nach Afrika aufbreche, das ich vor genau neun Monaten verlassen habe. Mein Gott, wenn ich nach meiner Ankunft in Ouargla bloß den Mut aufbringe, mir das Nest zu bauen, das mir so sehr fehlt, das Nest einer einsamen Eule, und dort für mindestens ein halbes Jahr zu bleiben, und vor allem, dort zu *arbeiten*.

Heute Abend werde ich meinen Roman *Rakhil* nochmal im Ganzen lesen. Um ihn zu beurteilen, fehlt mir bislang ein Gesamtblick. Damit er als Erzählung – nicht als Kunstwerk – komplett ist, fehlt mir jetzt nur noch die durch und durch künstlerische Szene, in der die Jüdinnen spazieren gehen – eine halbe Stunde Arbeit. Vor allem anderen muss ich hier noch das *Tagebuch der Brüder Goncourt* fertiglesen und mit meinen Anmerkungen versehen.

Und danach noch ein paar großartige Passagen von anderen Autoren rausschreiben: von Baudelaire, Zola und Loti.

Unterwegs darf ich nicht nur die *platten Fakten* notieren,

sondern muss sorgfältig *sämtliche Eindrücke* festhalten. Aus dieser Fahrt über das Meer, durch das Hügelland Algeriens und das Oued Rhir muss sich eine interessante, anschauliche Reiseerzählung ergeben – das erste, was ich dort schreiben muss.

Dann, in der Oase, alles aufschreiben; zuerst alles ansehen und einen detaillierten Plan mit möglichst vollständigen Anmerkungen machen. Danach ein *literarisches Tagebuch* über meinen Aufenthalt dort beginnen. Zwischendurch sollte das Buch *Rakhil* zu dem werden, was es vor allem sein soll – ein Kunstwerk.

Ich sollte unbedingt schreiben, auf Russisch oder für den Russen, die Erzählung über meine Herbstreise in den Sahel und einige Novellen.

Eine erdrückende Flut von Arbeit, von der die Möglichkeit meines Wohlbefindens abhängt. Danach, sobald die *Villa Neuve* verkauft ist und ich die Mittel habe, will ich nach Paris gehen; dort ein gänzlich anderes Leben führen als früher, mich mit meinem literarischen Gepäck ins Kampfgetümmel stürzen und hoffentlich erfolgreich landen.

Soweit der einzig vernünftige Plan, den ich momentan fassen kann.

… Falls sie im Herbst Richtung Marokko vorstoßen, der Bewegung folgen, dabei weiter haargenau alles aufschreiben.

Gestern, am 17., bin ich nachmittags gegen vier über den Cours Devilliers und per Omnibus zum Quai de la Fraternité runter. Marseille kam mir sehr bunt vor, in seiner wirklichen Gestalt.

Kurzer Zwischenstopp in der *Bar Idéal*, wo ich Vera und Schuschinka einen Herzensbrief schrieb.

Danach langer Spaziergang mit Augustin, zuerst zur Brücke am Fort Saint-Nicolas. Haben zugesehen, wie die Brücke mit bloßer Armkraft gedreht wurde, um ein griechisches Segelschiff namens *Ελενη* durchzulassen. Ganz vorn ein raubeiniger Anführer in Hemdsärmeln und Filzhut, der den Männern, die hinten an der Winde schufteten, um das Schiff reinzubringen, immerfort zurief: Drehen! Drehen! Drehen!

Kleine Jungs in Badehosen, die, glücklich darüber, dass sie nackt und nass in der Sonne herumtollen konnten, den großen Zampano spielten.

Mit der Fähre durch den Alten Hafen gefahren, unterhalb des Fort Saint-Jean, dann über den Quai de Joliette geschlendert, vorbei an den Schiffen aus Afrika. Danach bei den Kohlehalden gewesen.

Riesige schwarze Haufen, schwarzer Staub, schwarze Männer in Lumpen, mit rußigen Gesichtern, in denen die Augen schmutzigweiße Löcher sind, der Mund eine Wunde und jeder Flecken echter Haut leuchtet wie scheußlicher Aussatz. Ein ebenso schwarzes Schauspiel: als ein Vorarbeiter mit sonnengegerbter Haut und Seeräubermiene mit einem sichtlich verängstigten Kohlearbeiter stritt. Rückweg über die Mole. Türkisfarbener Horizont, rappliges Meer. Zugeschaut, wie zwischen zwei heftig schwankenden Fischerbooten ein Netz eingeholt wurde.

Am Quai du Lazaret. – Auf dem Quai sehen wir einen Mann wieder, der mich im Café bei den Kohlehalden um Feuer gebeten und dort bereits in betrunkenem Zustand gesungen und gelärmt hatte. Jetzt hockt er, von einer Menschenmenge umringt und wild gestikulierend, auf seinem Karren und gibt unter den wohlwollenden Blicken lächelnder Polizisten, die anscheinend darauf warten, ihn festzunehmen, gackernd irgendwelchen Mumpitz von sich … keine Ahnung: Offenbar hatte der Saufbold mit seinem Karren einem Soldaten den Fuß zerquetscht.

Gegen acht nach Hause gekommen. Erschöpfung, heftige Kopfschmerzen, Übelkeit. Ruhige Nacht gehabt.

20. Juli, Freitag, zehn Uhr abends,
in Marseille

Alles ist fertig, gepackt und verschnürt ... Bloß mein Feldbett steht noch da und wartet auf den Morgen.

Morgen Mittag um eins reise ich nach Algerien ab.

Im Grunde habe ich nie richtig daran geglaubt, dass ich nach Ouargla fahren würde. Soviel war mir schon dazwischengekommen und wollte mich an der Umsetzung meines gewagten Plans hindern.

Ich habe gute Aussichten auf Erfolg, schließlich bin ich aufs Beste gerüstet. Was die Stimmung angeht, bin ich wie immer tieftraurig, jetzt, da ich dieses Haus verlasse, obwohl ich hier doch nur ein Fremder auf der Durchreise war.

Woran liegt das?

Ich weiß, dass die Lektüre der *Tagebücher der Brüder Goncourt* viel mit dieser düsteren Traurigkeit zu tun hat, die ich seit zwei Tagen empfinde.

Leider habe ich es bei all der Packerei und den Besorgungen nicht mehr geschafft, sie ganz durchzulesen. Die Bände, die Edmond allein verfasst hat, sind nicht so interessant wie die von Jules ... Vielleicht ist es dem schweren Schicksalsschlag zuzuschreiben, den der Tod des Bruders für Edmond bedeutete.

Ich fühle mich nicht in der Stimmung, um über meine eigenen Empfindungen zu schreiben. Es sind triste.

Doch es keimt wieder Hoffnung in mir auf: Ich weiß, dass das Gefühl vorübergeht, sobald ich in Algier bin, bei meinem Freund Eugène, und mich neue Eindrücke bestürmen.

Auf alle Fälle muss ich dort unbedingt arbeiten, schreiben ... Mein Gott, hoffentlich finde ich die Kraft und lege mich ordentlich ins Zeug, dass ich wenigstens einen Teil von dem zu Ende bringe, was ich zu tun gedenke! Mein Gott! Würden mir nur nicht so viele Sorgen das Herz bekümmern, vor allem Dinge von hier, würde ich mit Sicherheit etwas zustande bringen, ich könnte es schaffen.

… Seltsames Phänomen: Mein Aufenthalt in Genf erscheint mir schon wie eine weit entfernte Reise … Die geliebten Gestalten dort scheinen sich zu verflüchtigen, sie werden zu Traumwesen … Zum Glück! Dabei ist es doch erst eine Woche her …

Aber das Band, durch das ich mich mit Vera und Schuschinka auf ewig verbunden fühle, ist ein viel stärkeres als früher.

Was Archavir angeht … so scheint mir, ohne dass ich die Gründe für dieses Gefühl benennen könnte, dass wir uns *noch einmal begegnen werden*, wie er eines Abends sagte …

Die heutigen Aufzeichnungen mit ihrem traurigen, blassen, konfusen Anfang gleichen wieder denen von früher – leider!

Doch diese Rückkehr zur Vergangenheit war nur vorübergehend.

Ich werde noch einmal meinen Text *Vers les horizons bleus* lesen und ihn unterwegs mit dem Resultat meiner Anmerkungen versehen.

Ich sollte mich nicht über Algier auslassen … allzu bekannt!

Sollte man die algerische Reiseerzählung nicht überhaupt besser in Bône beginnen lassen statt in Algier? Wenn es lohnende Empfindungen gibt, sie in Form von Erinnerungen in eine andere Zeit versetzen. Das wäre ein Vorwand für ein paar schöne melancholische Seiten nach Art der Silhouetten Afrikas.

Mit dieser Reise wäre ein Buch, und zwar ein schönes!, rasch geschrieben und könnte vielleicht *noch vor Rakhil* erscheinen. Nichtsdestotrotz muss ich um jeden Preis an *El-Moukadira* weiterarbeiten, um es fertig wieder mitzubringen.

… Manchmal erfasst mich ein solcher Pessimismus, dass die Zukunft für mich zu einem Schreckensding wird, als könne sie nur schlimm und bedrohlich werden, dabei haben sich doch gerade viele düstere Wolken vom Horizont unseres Lebens verzogen: Samuel, die Geburt etc.

All das scheint die Tatsache zu erhärten, dass das Schicksal *für uns beide* letztendlich nur in den *kleinen Dingen* ungnädig ist und auch das nur zeitweilig, so Gott will! Möge es auch in Zukunft so sein!

Algier, 22. Juli 1900, 23 Uhr

Gestern, an einem heißen Nachmittag, bin ich an Bord des Schiffes gegangen, das mich im letzten September schon einmal mitgenommen hat, allerdings unter gänzlich anderen Umständen! Mit den Augen verfolgte ich Augustins Gestalt, bis sie beim Abdrehen des Schiffes verschwand. Dann begann ich, die Umgebung zu betrachten. Den Hafen mit den mächtigen roten und schwarzen Formen der Ozeandampfer.

Dann die Stadt … Zuerst, als das Schiff etwa in der Mitte der Reede war, erschien mir Marseille in einer zarten Palette aus Grautönen: das Grau des leicht verräucherten Himmels, das bläuliche Grau der Berge, das rosa Grau der Dächer, das gelbe der Häuser (Lichterschein) … das ockerfarbene, stechende Grau der Felsen von Endoume, das kreidige, leuchtende des Hügels von Notre-Dame … das lilafarbene, silbrige Grau des Meeres … die krautigen Felspflanzen versetzten all das Grau mit grünlich-braunen Flecken … Nur das Laub der Platanen, die goldenen Kuppeln der Kathedrale und die Statue der Heiligen Jungfrau hoben sich in lebhaften, klaren Tönen ab …

Dann, als das Schiff sich entfernt hatte, änderte sich der gesamte Anblick: Plötzlich war da ein einheitlich goldener Farbton von unglaublicher Intensität …

Betrachtete den Sonnenuntergang im lilagrauen Dunst, über dem in dunkles Violett getauchten, rauen Meer …

Verbrachte die Nacht friedlich auf einer Bank am Heck. Ein Gefühl echten Wohlbefindens. Gegen dreiviertel drei wache ich auf, das Meer ist leicht bewegt, und zu unserer Rechten kommen die Leuchttürme der Balearen in Sicht … Abnehmender Mond.

Ein seltsames, unbestimmtes, aber süßes Gefühl von Geheimnis …

Sonnenaufgang, während die Matrosen das Segel aufzogen …

Zuerst rosa- und lilafarbenes Morgengrauen. Das Meer nimmt einen lilafarbenen, an der Oberfläche silbrigen Farbton an. Dann steigt plötzlich die karminrote, strahlenlose Scheibe mitten aus einem purpurfarbenen Nebel auf. Knapp darüber zarte rosa Wolkenfetzen mit blassgoldenem Rand …

… Nachts wieder der bekannte Eindruck geheimnisvollen Wohlbefindens, das die Schiffslaternen im Schlaf über mir erzeugen.

Morgen früh schreibe ich weiter an diesem Bericht.

Oh, glückseliger Eindruck der *Rückkehr*, den ich heute Abend in den feierlichen Moscheen und im gewohnten Trott der arabischen *Tabadji* in der Rue Jénina empfand!

Oh, einzigartiger Rausch, heute Abend, im Frieden und Halbdunkel der weiträumigen Djemaa Djedid während des Ischa-Gebets!

Wieder einmal erwache ich zu neuem Leben … *Führe uns den geraden Weg, den Weg derer, denen du Gnade erwiesen hast!*

Algier, den 23., vormittags halb elf

Lange lange sah man von der algerischen Küste nur Matifou, eingetaucht in eine Welt aus grauem Dunst …

Dann das Dreieck von Algier mit seiner schneeweißen Altstadt … Schließlich erscheint das ganze bewundernswerte Panorama in vollem Licht.

Nachdem Eugène nach einem kurzen Zwischenstopp in meinem Zimmer wieder gegangen war, bin ich allein die Stadt erkunden gegangen. Allerdings störte mich mein Hut, er war so unmuslimisch.

Also kehrte ich um und setzte meinen Fez auf und ging zusammen mit Achmed, dem Diener, zunächst in die kleine Moschee El Kebira … Eindruck von Frische und Frieden in den weißgezackten Arkaden im Innern.

Grüßte den Oukil der Moschee, einen ehrwürdigen Greis, der in einer Seitennische saß und auf den Knien schrieb. Nichts versetzt ihn noch in Erstaunen. Keine Spur von unangebrachter Neugier, keinerlei Indiskretion … Dann mit Mohammed, dem Chef der Lastträger, zur bezaubernden bläulichen Zaouia von Si Abderrahmane hinaufgestiegen.

Zwischenstopp in ihrem kühlen Schatten auf den dicken Teppichen gegenüber der Mihrab … Aus einem Tonkrug, der im Fenster stand, Wasser mit Jasmingeschmack getrunken.

Die Zaouia ist ein großartiges Juwel, und ich werde noch einmal hingehen, bevor ich Algier verlasse …

Blauschimmerndes reines Weiß im Grün des Marengo-Gartens …

Beim Hindurchschlendern roch ich einen ganz eigenen, berauschend-zarten Duft von ich-weiß-nicht-welchen-Blumen.

Abendessen bei El-Hadj-Mohammed an der Ecke Rue Jénina. Dort wieder eine *intensive* Freude über meine Rückkehr verspürt, die Freude, wieder hier zu sein, auf afrikanischem Boden, dem ich mich nicht nur durch die schönsten Erinnerungen meines Lebens verbunden fühle, sondern auch durch den besonderen Reiz, den er schon damals, in der langweiligen *Villa Neuve* für mich hatte, lange bevor ich das alles hier kannte.

Hier, an meinem Tisch in dem billigen Lokal, war ich glücklich … Ein ganz eigenes, unerklärliches Gefühl, das mich außerhalb Afrikas nirgends überkommt.

Wie die Araber einander ähneln!

Gestern, bei Hadj-Mohammed, dachte ich, da würden Männer hereinkommen, denen ich früher schon mal in Bône, Batna oder im Süden begegnet bin … eine Ausnahme bildet Tunesien, wo der Typus ein ganz anderer ist.

Woran liegt das? An der fehlenden Entwicklung der Individualität, oder dem gleichmacherischen Einfluss des Islam? Wahrscheinlich an beidem.

Nach dem Abendessen zum Ischa-Gebet in der Djemaa Djedid, nicht ganz so schön wie die beiden anderen Moscheen, wo ich jedoch den herrlichen Impuls des Islam verspürte.

Dann in das kühle, nur von ein paar Öllampen erleuchtete Halbdunkel gegangen.

Eindruck des alten, geheimnisvollen Islam, der voller Ruhe ist.

Lange neben der Mihrab geblieben. Dann erhob sich hinter uns von Ferne deutlich eine laute, klare Stimme, eine Traumstimme, die dem alten Imam antwortete, der in der Mihrab stand und mit seiner zittrigen Stimme die Fatiha rezitierte.

Da beteten wir, in einer Reihe stehend, im zugleich berauschenden und feierlichen Wechsel der beiden Stimmen, der gebrochenen alten vor uns, die aber nach und nach lauter, kräftiger und mächtiger wurde, und der anderen, die wie von oben her, aus dem weiten Dunkel der Moschee kam und in regelmäßigen Abständen wie ein Triumphgesang des unerschütterlichen Glaubens ertönte … und den baldigen, unvermeidlichen Sieg Gottes und seines Propheten verkündete …

Ein beinahe ekstatisches Gefühl weitete meine Brust, und meine Seele flog den himmlischen Sphären entgegen, aus denen die zweite Stimme in einem Ton *melancholischer Freude, voll heiterer Zuversicht und innerem Frieden* zu klingen schien.

Oh, auf den Teppichen einer stillen Moschee zu knien, weit weg vom dümmlichen Gelärme der verseuchten Stadt, und mit geschlossenen Augen, den Blick der Seele zum Himmel gewandt, endlos dem Triumphgesang des Islam zu lauschen!

… In diesem Zusammenhang erinnere ich mich an jene Nacht im letzten Jahr, als ich bis zum Morgen auf der Suche nach Aly und dem Dichter herumgeirrt war und schließlich in den Ruinen des Morkad landete, am Fuß des Minaretts, in dessen Fenstern plötzlich Licht anging … Dort, in der großen, leblosen Stille des nächtlichen Tunis, drang die Stimme des Muezzin zu mir herunter und sang geheimnisvoll, so unendlich geheimnisvoll mit einer ruhigen, rhythmischen Melodie, die noch immer in meinen Ohren klingt: *Das Gebet ist besser als der Schlaf!*

Nach der köstlichen Stunde des Ischa-Gebets streifte ich ziellos umher …

Gegen zehn Uhr, bei meiner Rückkehr, blieb ich in einer engen Gasse vor einem kleinen, mit einer Öllampe erleuchteten Laden stehen. Eine Gitarre, Schläuche für Wasserpfeifen, Sitzbezüge aus Papier …

Der Händler, ein dunkelhaariger, ziemlich gut aussehender Mann, lag teilnahmslos auf einer ovalen Matte vor dem Laden und vollführte jede Bewegung unendlich langsam, wie geistesabwesend … Vielleicht die Wirkung des Kifs?

Habe eine kleine Pfeife und etwas Kif gekauft …

Das wäre sie, die halbwegs vollständige Bilanz meines gestrigen Tages …

Ein unvergleichlicher Ankunftstag.

Obwohl sie feucht und drückend ist, leide ich nicht allzu sehr unter der Hitze.

El-Meraja, 30. Juli 1900

Habe Algier am 27. Juli um acht Uhr in der Früh verlassen.

Ankunft am 29., gegen zehn Uhr in M'Raier, Siesta, um viertel sechs aufgebrochen.

Gegen Mitternacht Pferdewechsel in El Berd. Gegen zwei Uhr kurzer Aufenthalt in Ourlana. Pferdewechsel in Sid-Amrane gegen halb drei. El Moggar, im Morgengrauen, letzter Pferdewechsel. Ankunft in Touggourt am 31. um acht Uhr morgens. Zwischen M'Raier, Ourlana und Sidi Amrane leichtes Fieber.

Relativ gute Geistesverfassung, nur die Anwesenheit der Maitresse von Lieutenant Lagrange, einer furchtbaren, widerlichen Person schlug mir aufs Gemüt.

In Sidi Amrane während des Pferdewechsels an einem Feuer aus trockenen Palmzweigen gelegen, neben einem französischen Soldaten, der von sonst woher kam, Kaffee getrunken, Schwäche, leichtes Fieber … Die Flamme warf einen seltsamen roten Schein auf die Wand aus Lehm, unter dem Niederstürzen der Gestirne.

Touggourt, Dienstagmittag, 31. Juli 1900

Ich sitze allein in dem fast dunklen Speiseraum, auf der Flucht vor den unzähligen Fliegen in meinem Zimmer.

Sofern das Arabische Büro nicht dazwischenfunkt, breche ich heute Abend nach El Oued auf, wo ich versuchen will, mir eine Bleibe zu schaffen.

Was meinen Gesundheitszustand betrifft, habe ich dort weitaus weniger zu befürchten als in Ouargla. Erfreut stelle ich fest, dass die sengende Hitze hier in der Wüste mir nicht allzu sehr zusetzt. Zwar bin ich wegen der anstrengenden Reise und der durchwachten Nächte in letzter Zeit noch nicht ganz in meinem Normalzustand, aber ich kann arbeiten und denken. Im Übrigen beginne ich mich erst heute so langsam zu erholen. Ganz gelingen wird es erst, wenn ich mich in El Oued eingerichtet habe und um mich herum wieder Ruhe eingekehrt ist.

Allmählich entwickle ich auch einen Sinn fürs Sparen und bringe die nötige Willenskraft auf, das bisschen Geld, das mir bleibt, nicht sinnlos zu verschwenden.

Schließlich bin ich nicht in die Wüste gekommen, um mich dem süßen Nichtstun hinzugeben wie im letzten Jahr, sondern um zu arbeiten. Ich darf nie vergessen, dass diese Reise entweder den Ruin meiner gesamten Zukunft bedeuten oder aber ein Schritt Richtung Rettung sein kann, sowohl in materieller wie in geistiger Hinsicht, je nachdem, ob ich es schaffe *zurechtzukommen* oder nicht.

Algier wird mir auf ewig in zauberhafter Erinnerung bleiben, insbesondere der erste und der letzte Abend.

Am letzten Abend bin ich mit Mokhtar und Abdel-Keim Oulid-Aïssa zu einem Tabakhändler im Saulières-Viertel gegangen. Nach einer recht angeregten Unterhaltung spazierten wir in leicht melancholischer Stimmung an den Quais entlang. Ben Elimaur, Mokhtar und Zarrouk, der Medizinstudent, sangen leise schwermütige algerische Lieder.

Ich hatte in Algier etliche Momente eines intensiven, ganz und gar orientalischen Lebens.

Auch die lange Reise in der Holzklasse fast nur zu zweit mit Mokhtar, diesem jugendlichen und überaus sympathischen Wesen, hatte etwas Zauberhaftes

Ich habe dem großen blauen Mittelmeer Lebewohl gesagt, vielleicht für lange Zeit …

Dann die wilde Kabylei, die zerklüfteten Felsen. Dann jenseits der grauen Hügel des Engpasses Portes-de-Fer die Trostlosigkeit der tonerdigen Hochplateaus, leicht vergoldet durch die von den Arabern kurz unter den Ähren abgemähten Felder – längliche, silbrig schimmernde fahlgelbe Flecken auf dem Blutorange und Ocker der Parzellen.

In Bordj Bou Arréridj bietet die Ebene den Anblick einer so düsteren und verzweifelten Traurigkeit wie nirgendwo sonst.

Saint-Arnaud ähnelt Batna. Es ist ein großes, abgelegenes Dorf irgendwo in den Hochplateaus in der Gegend von Cheoniya. Allerdings ist Saint-Arnaud, auf Arabisch El Eulma, leuchtend grün. Die Gärten dort erinnern an die in der Colonne Randon in Bône.

Der Cadi ist ein würdevoller, besonnener Greis aus einer anderen Zeit …

Ach! Ob die jungen Algerier von heute in zehn oder zwanzig Jahren wohl noch so sind wie ihre Väter, geprägt von der feierlichen Gelassenheit des unerschütterlichen islamischen Glaubens? Sein Sohn, Si Aly, wirkt auf den ersten Blick träge und schwerfällig. Und doch ist er ein intelligenter Mann, der dem öffentlichen Leben keineswegs gleichgültig gegenüber steht. Si Ahsenn, ein Mann türkischer Herkunft, bezaubert durch seine offenherzige Art.

Am ersten Abend in El Eulma erinnerte mich alles intensiv und auf äußerst angenehme Art an das alte Afrika und das Beduinenland: In der Ferne bellten Hunde die ganze Nacht hindurch, und man hörte das Rufen der Hähne. Friede, eine süße Melancholie und Sorglosigkeit.

Auf der Straße von Biskra nach Touggourt wieder wie einst den zauberhaften, berauschenden Anblick der Morgendämmerung in der Wüste genossen … Gestern in Bir Sthil, als der alte Wächter uns Kaffee gab, und heute Morgen, in El Moggar, als ich am Feuer saß und Kaffee kochte …

Heute Nacht gegen zwei Uhr die unheimliche Oase von Ourlana durchquert: große, von Mauern aus Stampferde umschlossene Gärten mit Seguias, die nach Salpeter, Feuchtigkeit und Fieber rochen …

Sämtliche Häuser aus ockerfarbenem Lehm schienen in einen seltsamen Schlaf gefallen ...

Dann, in Sidi Amrane, legte ich mich neben einem Feuer aus Djerid auf den Boden in den heißen Sand, unter dem hinreißenden Schauspiel unzähliger Sterne ...

Oh Sahara, bedrohliche Sahara, du verbirgst deine schöne, finstre Seele in deinen unwirtlichen, tristen Einöden!

Ja, ich liebe dieses Land aus Sand und Stein, dieses Land der Kamele und der einfachen Menschen, das Land der gefährlichen Chotts und salzigen Senken ...

Gestern Abend, zwischen M'Raier und El Berd, habe ich eigenartige, fetischistische Gebilde entdeckt, die vage an menschliche Gestalten erinnerten, geschmückt mit rotem und weißem Flitter: Vor ein paar Jahren ist dort ein Moslem umgebracht worden. Das wilde Grabmal wurde zur Erinnerung an das Blut des Mannes errichtet, der in Touggourt seine letzte Ruhe fand ...

Bordj Terdjen, den 1. August, 7 Uhr morgens

Gestern Nachmittag um dreiviertel fünf zusammen mit Mohammed El Hadj aus Taibeth auf dem Maulesel von N'Tardjallah aufgebrochen. Ankunft in Mguetla gegen neun Uhr.

Auffällig, wie beim Sonnenuntergang die fahlgelben Dünen einen unvergleichlich goldenen, unheimlich leuchtenden Farbton annahmen.

Im Licht des Halbmondes unendlich viele Weißschattierungen; auf der von der Sonne beschienenen Seite golden; die rückwärtige Seite ein bläulich schimmerndes, durchscheinendes Weiß. Unglaubliche Zartheit und Reinheit der Farben.

Gestern Abend trotz einer gewissen Müdigkeit hervorragende Stimmung im ersten Lager.

In der Nacht ein beinahe kalter Wind, Meeresgeräusche in der Düne. Ein Gefühl von unendlich großer, tiefer, grundloser Traurigkeit.

Grandiose Morgendämmerung. Um vier Uhr aufgestanden. Klarer Himmel, kühler, recht heftiger Wind aus Nord-Ost.

Aufbruch um fünf Uhr. In der Düne gelagert und Kaffee gekocht. Der Postwagen holte uns ein. Weiter bis Terdjen auf einem Kamel. Ankunft um acht. Die Wächter und der Portier behaupten, der feinsinnige Doktor sei noch immer in El Oued.

Hervorragende Geistesverfassung. Gesundheitszustand ebenso.

Wie froh ich bin, dass ich Europa verlassen und mich gestern für El Oued als meinen künftigen Wohnsitz entschieden habe. Hauptsache, meine Gesundheit spielt mit. Ich muss so lange wie möglich in El Oued bleiben.

Vor allem hoffe ich, dass diese Zeit nicht vergeudet sein wird, in jeglicher Hinsicht, insbesondere aber, was meine intellektuelle und sittliche Entwicklung betrifft und natürlich im Hinblick auf mein Schreiben. *So Allah will!*

El Oued, den 4. August 1900, sieben Uhr morgens

Nachdem ich mit meinen Aufzeichnungen in Terdjen fertig war, setzte ich mich auf mein Bett gegenüber der Tür.

Verspürte ein Gefühl unaussprechlichen Wohlbefindens, eine tiefe Freude, hier zu sein … Meine Siesta wurde von Kindern und Ziegen gestört.

Gegen halb drei mit der Post aufgebrochen. Starke Hitze. Unwohlsein. Weiter auf Kamelen. Ankunft in Mouiet-el-Caïd gegen sechs Uhr abends, zur Maghrebzeit.

Die ganze Nacht über kein Auge zugetan. Um zwei Uhr sah ich, wie sich über der Düne ein roter Lichtschein entzündete, ganz matt, ohne jedes Strahlen.

Dann, im unbestimmten Glanz der Morgendämmerung, steigt glühend und siegreich Luzifer auf. Er ist auf den Bordj geklettert, wie die Araber sagen.

Habib geweckt. Feuer gemacht, Kaffee gekocht. Um vier Uhr weiter nach Ourmès. Ankunft gegen halb acht. Haben die größte Düne hinter uns gelassen. Fanden mehrere tote Kamele, von denen eines erst vor kurzem verendet war und ganz und gar verlassen dalag …

Ourmès. Siesta in den Gärten. Bezaubernder Anblick. Unruhige Siesta wegen all der Fliegen und der Hitze unter den unvermeidlichen Burnussen. Um halb fünf weitergezogen. Ankunft in Koinine gegen sechs Uhr. Zur Maghrebzeit in El Oued.

Vor Habibs Haus abgestiegen, mitten auf dem Weg. Musste über die Seltsamkeit meines Lebens nachsinnen.

Vor dem Einschlafen leichtes Fieber. Ruhige Nacht. Um halb fünf zusammen aufgestanden und das Haus eines Caïds am Platz gegenüber dem Bordj angesehen. Habe es gemietet und mit dem Einrichten begonnen.

Den Hauptmann getroffen. Mittag. Quälende Hitze. Behagliche Siesta.

Am Abend unserer Ankunft zusammen mit Abd-er-Rahmen, Habibs Bruder, auf Maultieren nach Bir Gharby zum Wasserplatz – schöner Ritt. Durchsichtige Nacht im weißen Sand. Tiefer, im Dunkel schlummernder Garten. Frische und Zartheit der Dinge.

Gestern Abend kurzer Halt an einem maurischen Kaffeehaus. Dann zu Fuß zu den Brunnen. Leichter Fieberschub. Schwäche. Ruhige Nacht im Hof. Um dreiviertel fünf aufgestanden.

Endlich bin ich am Ziel angelangt, das mir immer ein wenig utopisch erschien, solange es nur als Plan in meinem Kopf existierte. Nun, da es geschafft ist, muss ich mit all meiner Kraft vorgehen. Sobald das Geld von Eugène eingetroffen ist, muss ich die Miete und Habib bezahlen und anschließend das Nötigste besorgen.

Heute müsste das Gepäck ankommen. Sobald ich halbwegs eingerichtet bin, muss ich mich an die Arbeit machen; das Buch über meine Reise schreiben, in dem Marseille das erste Kapitel sein wird.

Ich bin weit weg von der Welt, der Zivilisation und ihrem scheinheiligen Theater. Ich bin allein, auf dem Boden des Islam, in der Wüste, frei. Die Lebensbedingungen sind ideal. Meine Gesundheit ausgenommen, hängt das Ergebnis meiner Unternehmung also einzig und allein von mir ab …

4. August 1900, nachmittags halb vier

Allmählich frustriert es mich, dass das Gepäck nicht ankommt und ich mein Haus und mein Leben nicht endgültig einrichten kann …

Düstere Stimmung, leichte Gereiztheit, das alles ohne Grund.

Habibs Haus. In einer der verwinkelten Gassen, auf feinsandigem Boden, unweit der Düne ein Würfel aus ungekalktem Lehm.

In einer Ecke eine kleine braune Ziege mit einem Amulett am Hals. Eine Hündin mit ihren Welpen. Die zahlreichen Brüder Habibs kommen und gehen. Die Frau des Alten, großgewachsen und dünn, in lange weiße Schleier gehüllt und mit einem regelrechten Berg auf dem Kopf: schwarze, geflochtene Haarzöpfe, dazu geflochtene Zöpfe und Quasten aus roter Wolle und in den Ohren schwere Eisenringe an Bändern, die in der Frisur befestigt sind. Wenn sie das Haus verlässt, wirft sie sich einen blauen Schleier über. Seltsame, braunhäutige Gestalt, alterslos, dürr, mit trüben, dunklen Augen.

Der alte Kifraucher, abgetaucht in süße Träume …

Heute Morgen bei Abd-el-Kader ben Taleb Saïd gewesen. Gefühl von Hinterlistigkeit. El Mohammed El Héchni: Gefühl von Undurchdringlichkeit. Ein zutiefst verschlagener Mensch.

Am besten ist es natürlich, ich beachte diese Leute und ihre Angelegenheiten gar nicht, die mich schon teuer genug zu stehen gekommen sind.

Sie sind nach Mchara aufgebrochen, wollen dann weiter nach Ouargla. Abd-el-Kader sagt, er werde nach Paris gehen. Der Naïb ist nicht mehr beliebt. *Die Gnade Gottes sei mit ihm!*

Nachher wird es kühl werden. Schon jetzt weht ab und an ein Lüftchen.

Alles in allem bin ich noch nicht in meinem neuen Leben angekommen. Vieles ist noch zu behelfsmäßig.

El Oued, Donnerstag, den 9. August, abends halb acht

Im Augenblick ist alles noch ganz unbestimmt in meinem vollkommen arabischen Dasein und von einer gewissen Trägheit, die allerdings harmlos ist, spüre ich doch, dass sie nicht von Dauer sein wird. Mein kleiner Haushalt nimmt allmählich Form an. Aber das Geld ist immer noch nicht eingetroffen.

Ich darf mir auf keinen Fall etwas beim Bach-adel, dem Gehilfen des Cadi, leihen, denn es ist offensichtlich, dass er Interesse hat. Die Hitze lässt allmählich nach. Kein Fieber mehr. Ausgezeichneter Gesundheitszustand.

In ein paar Tagen wird sich meine Lebensweise grundlegend wandeln.

Allabendliche Ausritte zum Bir Gharby. Über Sand, der im Mondschein weiß wie Schnee, beinahe durchscheinend wirkt. Wir kommen an dem düsteren, unheimlichen Areal des christlichen Friedhofs vorbei: hohe graue Mauern, über denen ein schwarzes Kreuz aufragt …

Gespenstischer Eindruck. Dann reiten wir die niedrige Düne hinauf und weiter in ein enges, tiefes Tal, wo der Oasengarten auftaucht, der genauso aussieht wie alle Gärten des Souf: ein nach einer Seite, zu den Eingängen und Brunnen hin erweiterter Trichter. Dort, am Fuß der steilen Wände des Trichters, stehen die höchsten Palmen. Die niedrigsten stehen in Brunnennähe.

Im fahlen Mondlicht wirken sie durchsichtig, wie zarte Federbüsche sehen sie aus. Zwischen ihren schönen ziselierten Stämmen wachsen in einem satten Grün Honig- und Wassermelonen, auch duftendes Basilikum.

Das Wasser ist klar und frisch. Der Brunnen mit seinem einfachen Mechanismus quietscht, ein Geräusch, das mir inzwischen vertraut geworden ist; der Oumara, ein ziegenlederner Beutel, fällt kurz durch das Dunkel des Brunnens, schlägt unten auf und kommt wassertriefend wieder hoch. Sofort werfe ich meinen Turban in den Sand, tauche mein Gesicht in den Oumara und trinke gierig, mit dem fast beängstigenden Lustgefühl, das kühles Wasser hierzulande auslöst. Dann wird sich für einen Augenblick im Sand ausgestreckt.

In der blauen Nacht herrscht tiefe Stille; der ewige Wind des Souf rauscht geheimnisvoll durch die harten Palmwedel, fast ein Meeresrauschen.

Dann geht es langsam und mühselig zurück Richtung Stadt, die mittlerweile schläft; hin zu dem weißen Haus, das für Gott weiß wie lange meine Bleibe sein wird …

Vor ein paar Tagen habe ich die Nacht mit Slimène in einem großen Garten westlich von El Oued verbracht.

Ein länglicher, ungeheuer tiefer Trichter zwischen gewaltigen Wänden aus weißem Sand, dessen oberer Rand zum Schutz gegen Versandung mit niedrigen Hecken aus getrockneten Palmwedeln versehen war.

Keine Menschenseele im lauen Schatten der Palmen. Erst setzten wir uns an einen Brunnen, aus dem ich mit einem kaputten Oumara vergeblich Wasser zu schöpfen versuchte. Traurig saßen wir da, in einer abgrundtiefen, bei uns beiden letztlich vielleicht ganz ähnlich gearteten Traurigkeit, denn der Gedanke an die Probleme, die aus dem Tratsch im Viertel entstehen könnten, hatte für mich großen Anteil daran.

Zugegeben, bei mir schwingt in jedem Anfall von Traurigkeit immer auch jene unergründliche, unbestimmbare und grundlose Traurigkeit mit, an der meine Seele *grundsätzlich* leidet …

Ach, meine Seele ist gealtert. Sie gibt sich keinerlei Illusion mehr hin. Ich kann nur lächeln über die Träume von Slimènes kindlicher Seele, Slimène, der vielleicht nicht an die Ewigkeit, aber doch an die Dauer der irdischen Liebe glaubt und sich Gedanken darüber macht, was in einem Jahr oder gar in *sieben Jahren* sein wird! Ach, ein wenig graue Asche auf dem Grund unserer einsamen Seelen, die spürbar weit voneinander entfernt sind und auf ewig voneinander getrennt durch die Berge von Asche anderer Menschen, fremder Asche, durch längst verzerrte und verschwommene Erinnerungen … *Allein sie begreifen es nicht!*

Und wozu sollte ich es ihm sagen, wozu ihn traurig stimmen, ihn leiden lassen? Am Tage unserer unvermeidlichen Trennung wird es schon ganz von selbst passieren.

Aber es stimmt, seit einiger Zeit habe ich bedeutsame Lebenserfahrungen gesammelt.

Nicht nur diesbezüglich mache ich mir keinerlei Illusionen mehr, ich verspüre auch *gar nicht das Bedürfnis*, mich irgendwelchen Illusionen hinzugeben oder die Dinge *in die Länge zu ziehen*, die doch nur deshalb süß und gut sind, weil sie vergänglich sind …

Doch all diese Dinge sind derart persönlich, gehören so sehr *zu mir*, dass ich es partout nicht schaffe, sie richtig zu erklären oder sie jemand anderem verständlich, geschweige denn nachvollziehbar zu machen.

Erfahrungen macht man nur um den Preis großen Lebensleids, *mitteilen* lassen sie sich jedoch nie.

Nach einer Stunde, in der wir über die wirklich schrecklichen Dinge, die geschehen könnten, geredet hatten, legten wir uns mit Tränen in den Augen auf unsere Burnusse unter die Palmen schlafen, unter dem Kopf nur ein kleines Polster aus Sand.

Bis ungefähr halb drei geschlafen. In der vor Sonnenaufgang kühler werdenden Luft wieder mühselig die Sandpfade hinauf und nach Hause zurückgekehrt. Kleine verschlungene Gassen, in denen ein drückender Geruch nach Salpeter herrschte, ganz ähnlich wie der in den Oasen im Oued Rhir! Den Marktplatz überquert, auf dem nur ein paar Kamele mit ihren Treibern rings um das reglose Gestell des großen Brunnens schliefen.

Gestern Abend auf dem klapprigen Schimmel von Misbahs Vater, dem Deïra, geritten. Auf der Straße von Kouinine, durch die kleinen Vororte von El Oued, wo die schwarzen und weißen Ziegen über die Hüttendächer aus trockenen Palmzweigen laufen.

Die Düne, noch fahl, wird allmählich golden und nimmt schließlich jene glühend-metallische Farbe an, die sie immer vor dem Abend hat. Die Schatten werden dann jedes Mal ungeheuer lang.

Dann wird alles knallrot mit bläulich-violettem, grünlichem Hintergrund in einer unerhörten Vielfalt an Farbnuancen.

Im Westen, in der Gegend von Kouinine und Touggourt, geht die Sonne als blutrote Kugel in einem Flammenmeer aus Gold und karmesinrotem Purpur unter. Der Kamm der Dünen wirkt wie glühend im Innern, in Farbtönen, die nach und nach dunkler werden. Dann, wenn in der Ferne die

Scheibe der Sonne untergegangen ist, versinkt zunächst alles in violetten Töne … Schließlich wird alles wieder weiß, jenes matte Weiß des Souf, das einen um die Mittagszeit blendet.

… Heute Morgen war es bei Tagesanbruch dunkel und bewölkt, ein überraschender Anblick hier, im Land des unerbittlich blauen Himmels, der unveränderlichen, tyrannischen Sonne …

Fühlte mich flüchtig an bestimmte Momente erinnert, wenn ich früher manchmal im Herbst wach wurde, dort, in der Ferne, und Zeit und Raum sich aufzulösen schienen …

Traurigkeit, in den letzten Tagen.

Im Übrigen nutze ich im Moment mein Leben hier schlecht. Die Siesta spielt eine große Rolle dabei.

Diese spezielle Trägheit überkommt mich übrigens immer, wenn ich mich irgendwo neu einzurichten versuche, besonders, wenn es für lange sein soll. Aber das geht zwangsläufig vorüber.

Seite heute Morgen ziemlich heftiger Schirokko. Der Sand wirbelt herum, und das Wetter ist drückend. Es heißt, in knapp drei Wochen ist es vorbei mit der starken Hitze.

Gesundheitlich geht es mir im Augenblick hervorragend, und bis auf eine große Mattigkeit hin und wieder fühle ich mich besser denn je.

Ich möchte in der Lage sein, mich endlich an die Arbeit zu machen. Aber dafür müsste ich nach dem Wachwerden auch aufstehen und dürfte mich nicht immer gleich wieder hinlegen, sobald Slimène aus dem Haus ist … Wenn ich es doch tue, dann nur aus Langeweile und um die Zeit totzuschlagen – leider.

In Zukunft muss ich sofort nach dem Aufstehen hinaus zu den Gärten, und den Ausritt je nach Gelegenheit auf dem einen oder dem anderen Pferd manchmal schon morgens erledigen.

Eine Viertelstunde damit zugebracht, administrative Maßnahmen gegen die Fliegen zu ergreifen, die meine beiden Zimmer in Beschlag genommen hatten … Diese kleinen Sorgen meines im Grunde doch unkomplizierten Lebens werden mir eines Tages teure Erinnerungen sein.

Aber dafür darf man nicht dauernd *abschweifen*, darf nicht dauernd in *Erwartungshaltung* sein. Ja, sich dem Augenblick ganz hingeben, ihn nehmen, wie er kommt, und nach Eugènes Empfehlung versuchen, das Gute an jeder Sache zu sehen, das zwangsläufig immer vorhanden ist.

Ach, könnte das derzeitige Leben doch ewig so weitergehen, bliebe Slimène doch immer der gute Kamerad, der Bruder, der er momentan für mich ist. Und könnte ich mich doch nur ein wenig mehr dem örtlichen Leben widmen und, sobald es kühler wird, mit der Arbeit beginnen!

Wenn hier ein junges Mädchen heiratet, wird sie auf dem Rücken eines Mannes zu ihrem Bräutigam gebracht. Der muss sich sieben Nächte lang verstecken, bevor er seine Frau sehen darf, muss nach der Maghrebzeit kommen und vor dem Morgen wieder verschwunden sein.

Ganz offensichtlich ein Überbleibsel der früheren Entführungen …

18. August 1900, nachmittags halb vier

Gestern Abend allein in der Gegend der Straße von Touggourt durch die verstreut an den Wegen liegenden Orte geritten, Gara, Teksebet, etc. Durch Teksebet gekommen, ein kleines, melancholisch anmutendes, verfallenes, schon beinahe ausgestorbenes Städtchen, an jeder Ecke einstürzende Ruinen.

Bei Sonnenuntergang machte ich mich auf den Rückweg nach El Oued. Sah in der gräulichen Düne dem unaufhörlichen Fließen des Sandes zu, wie die weißen Wellen eines schweigenden Ozeans. Nach Westen hin schien der Gipfel einer großen, spitzen Düne wie ein Vulkan zu qualmen. Dann färbte sich die zunächst gelbe, von Schwefeldämpfen umhüllte Sonne nach und nach mit den reichen Farbtönen der allabendlichen Apotheose …

Gestern, ich wollte gerade aufsitzen, hörte ich ganz in der Nähe die Klagelaute, mit denen die Araber den Tod verkünden … Die kleine Tochter von Salah, dem Spahi, und Schwester des kleinen Abd-el-Kader, war gestorben. Und heute habe ich Salah gesehen, wie er in einem Geschäft auf dem Markt mit seinem Sohn spielte und lachte.

Gestern, zur Maghrebzeit, wurde die Kleine im heißen Sand begraben … sie ist für immer in der großen Nacht des Jenseits versunken, wie die eiligen Meteore, die hier oft über den tiefen Himmel ziehen.

Montag, den 3. September 1900, abends halb sechs

Aufbruch nach Touggourt, auf Kamelen. Dreiviertel neun in Ourmès angekommen. Am Bordj vorbeigekommen. Am 4. um vier Uhr morgens weitergezogen. Kamen gegen zehn Uhr vormittags in Mouïet-el-Caïd an. Siesta. Um vier Uhr nachmittags auf Eseln weiter. Zwischen M.-el-Caïd und Terdjeun übernachtet. Siesta. Gegen vier Uhr weitergezogen. Die Nacht in Mguétla verbracht. Weiter gegen halb drei. Ankunft in Touggourt am 6. gegen 11 Uhr. Tagsüber bei Taleb Saïd gewesen. Dort übernachtet. Am 7. um acht Uhr aufgebrochen. In der Nähe der Arsa Touggourt genächtigt. Am 8. gegen drei Uhr weitergezogen. Ankunft in Mguétla um acht Uhr. Siesta. Gegen drei Uhr nachmittags weitergezogen. Ankunft in Terdjeun abends gegen halb acht. In der Nähe des Bordj übernachtet. Weiter am 9. morgens um dreiviertel zwei. Ankunft in M.-el-Caïd morgens gegen halb neun. Siesta.

Ich glaube nicht daran (an den Tod). Es handelt sich um einen düsteren Übergang, den jeder von uns zu einem bestimmten Moment seines Lebens passiert. Viele Menschen ängstigt das, alle, die wie Kinder die Dunkelheit fürchten.

Was mich angeht, bin ich ihm drei oder vier Mal nahe gekommen, wobei von der anderen Seite her jedes Mal ein kleines Licht zu mir herüberschimmerte, welches, weiß ich nicht genau, aber es war deutlich zu sehen und hat mich vollkommen beruhigt.

(E. Fromentin, *Une année dans le Sahel)*

Notiert in El Oued, am 17. September 1900, 12 Uhr mittags

Ja, es gibt wirklich ein kleines Licht jenseits der Großen Finsternis.

Montag, den 9. Oktober 1900, 9 Uhr morgens

Gestern Abend, kurz nach dem Maghreb auf meinem Pferd Souf zu Abd-el-Kader, dem Deïra, um den Sattel für heute Morgen zu holen. Hinter dem Café die breiten Sandpisten entlanggeritten, zwischen den halb verfallenen Häusern hindurch.

Die rote Sonne war soeben hinter den Dünen an der Straße nach Touggourt verschwunden, und der Bordj mitsamt den Häusern zeichnete sich als zart-grauer Umriss vor der Glut des Sonnenuntergangs ab.

Vor dem Haus des Deïra angelangt, betrachtete ich das unvergleichliche Schauspiel, das sich meinen Augen bot: die unendlich zartschimmernden silbrig-gelbbraunen Dünen vor dem orange und tiefrot gefärbten Himmel, und das Ganze umflutet von einem lilafarbenen Schein, dessen Farbton von unaussprechlicher Reinheit war.

Kurz zuvor, in dem Augenblick, als die Sonne gerade unterging und El Oued in glänzendem Gold erstrahlte, hatte ich auf der kleinen Düne mit den Kalköfen die weißgekleideten Gestalten zweier Araber erblickt, die wie im Licht der Apotheose dastanden. Ein biblischer Eindruck, der mich in ein früheres Zeitalter zurückversetzte, als die ursprüngliche Menschheit noch die großen, leuchtenden Himmelsspektakel anbetete …

Und abends habe ich dort, an der Grenze zwischen Stadt und Wüste, die Stimmung der herbstlichen und winterlichen Abenddämmerung aus dem Land der Verbannung wiedergefunden, wenn der große verschneite Jura heranzurücken schien und in hellen, bläulichen Farbtönen zerschmolz …

Die Morgenstunden sind kalt geworden. Das Licht hat jetzt eine andere Farbe, der Himmel auch. Das ist nicht mehr das triste Strahlen der drückenden Sommertage. Das Blau des Himmels ist kräftig geworden, belebend und rein.

Alles lebt auf. Auch meine Seele erwacht wieder zum Leben … Doch wie immer empfinde ich zugleich eine grenzenlose Traurigkeit, die meine Seele befällt, ein unaussprechliches Verlangen nach etwas, das ich nicht benennen kann, ein *Fernweh*, für das ich keine Richtung weiß.

Seit ein paar Tagen widerstrebt mir die intellektuelle Arbeit weit weniger als noch im Sommer; ich glaube, ich fange demnächst wieder mit dem Schreiben an … Die Quelle scheint mir keineswegs versiegt.

Habe eine Zeit hinter mir, in der das Geld äußerst knapp war, eine Zeit voller Sorgen, die längst noch nicht ausgestanden sind. Die Zukunft sieht alles andere als rosig aus, ich weiß nicht einmal, wie lange ich noch bleiben kann, hier, im Land des Sandes …

Doch selbst wenn ich die Mittel hätte, wäre ich momentan nicht imstande wegzugehen und Slimène für immer zu verlassen. Warum sollte ich?

Ich glaube, mein Herz hat endlich Frieden gefunden, wenn nicht sogar mein Verstand – ach, ganz im Gegenteil!

… Ungeheure Gefühlsschwankungen! Vorhin, als ich mit diesen Aufzeichnungen anfing, war ich in einer klaren und melancholischen Gemütsverfassung, die ich vor allem von bestimmten lichthellen Morgen her kenne, wenn ich im Galopp auf der Straße von Amiche durchs *Land der Gräber* irrte. Jetzt, wo ich dies hier beende, überkommt mich wieder jene unvernünftige und grundlose Gereiztheit, die ich nur allzu gut kenne, ein Zustand, in dem ich jeden, der das Wort an mich richtet, grob anfahre …

Am 14. Oktober abends bin ich umgezogen. Ins Haus des Brigadiers Némouchi.

El Oued, den 27. Oktober 1900, neun Uhr abends

Am 17. in Amiche gewesen, auf der Suche nach Sid-el-Hussine.

Aufbruch gegen sechs Uhr, kühler Morgen. Gelangten sehr schnell zur großen Zaouia des weißen Scheichs, die am Rande riesiger, trostloser Friedhöfe liegt und absolut leer und verlassen schien … Mit zwei Dienern weitergezogen, durch die langen Häuserreihen und die malerische Unordnung verstreuter Gärten.

Die Zaouia von Sid-el-Imann, einsam und verfallen auf einem Dünenkamm, umgeben von Ruinen und einem schönen grünenden Garten. Von dort aus nach links abgebogen und die Kolonie der Cha'amba durchquert. Gosenelle und den Doktor getroffen … Kurz darauf zwei Cha'amba, die einen der Ihren auf einer Bahre zur ewigen Ruhe trugen.

Schließlich fand ich Sid-el-Hussine ganz am Ende von Ras-el-Amiche auf der Straße von Ber-es-Sof, dort, wo die unendlichen Sandmassen beginnen, die zur geheimnisvollen Stadt Ghadames führen und in den fernen Sudan.

Die Siesta mit dem Scheich in einem engen, unwirtlichen, fensterlosen, gewölbten Raum verbracht, der voller Sand war und das komplette Innere eines einsamen Hauses bildete.

Nach einer Weile kam ein sonderbares Wesen dazu, ein fast schwarzer Mann aus dem Süden mit glühenden Augen, der von einer Art Epilepsie befallen war und jeden, der ihn anfasste oder erschreckte, reflexartig schlug ... zugleich war er extrem sanftmütig und höchst sympathisch. Gegen drei Uhr Aufbruch zur Kolonie der Cha'amba zusammen mit dem Scheich ... Gegen viertel vier von dort allein weiter. Gelangte bei Sonnenuntergang zu den rechts von Amiche liegenden Friedhöfen. Zur Maghrebzeit Halt auf der Düne, die über den Ouled Touati aufragt.

Zu meiner Linken erstreckte sich die leere, ganz und gar rosafarbene Ebene, am Horizont begrenzt durch violette Dünen. Im Dorf ein paar wenige, in blaue Lumpen gehüllte Frauen und ein rotbraunes Dromedar von merkwürdiger Gestalt. Absolute Stille und Frieden ... Rückkehr gegen viertel sechs.

Jetzt habe ich jenen Zustand bitterster Not erreicht, der seit Langem vorauszusehen war. Zugleich aber scheint es mir, als hätte mich die Vorsehung, als sie mich nach El Oued führte, vor dem Verderben retten wollen, das überall sonst unvermeidlich gewesen wäre.

Wer weiß, vielleicht sind all diese Schicksalsschläge nur dazu da, meinen Charakter zu verändern und mich aus dieser *Was-kümmert's-mich-Trägheit*, die mich hinsichtlich der Zukunft häufig überkommt, herauszureißen.

Gebe Gott, dass es so sei! Bis zum heutigen Tag bin ich stets wohlbehalten aus jeder noch so schlimmen und gefährlichen Lage herausgekommen. Vielleicht verlässt mich das Glück noch nicht. *Die Wege des Herrn sind unergründlich!*

Heute auf Souf auf der schönen Debila-Route unterwegs, über Berge und durch Täler, zwischen halbverwilderten Gärten und alten, zerfallenen Häusern hindurch.

Ein paar Salzareale, kleine rötliche Chotts im weißlichen Grau der Dünen und dem Dunkelgrün der Palmen.

Bis zum Schlachthaus gekommen, das von Dünen umgeben in einem etwas größeren Chott steht … Verlassener, trostloser Anblick.

4. November 1900

Heute Morgen mit Souf in den Dünen und Gärten gewesen, die zwischen der Straße nach Touggourt und der nach Debila liegen. Steile Pfade die Dünen hinauf, hoch über den tiefgelegenen Gärten.

In der Nacht hatte es geregnet, und der jetzt gelbliche Sand war feucht, mit einem leichten, angenehm frischen Salzgeruch.

In der Ferne, auf der Straße von Djerid und nach Osten hin, in der Gegend von Trefaoui, wirkten die hohen Dünen azurblau wie die Wellen eines stürmischen Meeres.

Auf den eintönigen Hängen haben ein paar Dickblattgewächse Wurzeln geschlagen, eine Art dürres Sedum in Hellgrün. In den Gärten schimmern die Karotten- und Paprikapflanzen leuchtend grün unter den von ihrem grauen Staub befreiten Palmen. Alles lebt auf, und der afrikanische Herbst wirkt wie die Sommer im Land der Verbannung, vor allem abends, bei Sonnenuntergang.

Mein Dasein ist noch immer dasselbe, eintönig und ohne spürbare Veränderung. Seit einiger Zeit führe ich sogar ein besonders zurückgezogenes Leben, pendle zwischen meinem Haus, das ich bloß noch als Lager betrachte, weil wir in Kürze in eine andere Unterkunft wechseln müssen, und dem vom Mansour. Ansonsten gehe ich zu Abd-el-Kader, zu dem ich eine immer größere Zuneigung fasse. Wenn ich bei ihm nur ein paar Bücher finden könnte, wäre mir das ein großer Trost.

Was Slimène betrifft, ist alles beim Alten, außer dass er mir mit jedem Tag mehr bedeutet und er wirklich zum Familienmitglied wird oder vielmehr: *zu meiner Familie* … Möge es ewig so bleiben, und sei es hier, in dem unveränderlich grauen Sand …!

Manchmal jedoch halte ich inne auf der Rutschbahn meiner Trägheit, die mich immer stärker überkommt, und kann nur staunen über mein außergewöhnliches Schicksal …

Wie man nach so vielen hochfliegenden Träumen, so vielen Wechselfällen hier landen kann, in einer entlegenen Oase inmitten der Wüste!

Welches Ende meine jetzige Situation wohl nimmt? …

El Oued, Anfang November 1900

Die Sünde, das heißt das *Böse*, ist der natürliche Zustand des Menschen, ja aller Lebewesen …

All das *Gute*, das wir tun, ist oft nur *Illusion*. Und ist es zufällig einmal Wirklichkeit, dann nur, weil wir einen langwierigen und schmerzlichen Sieg über unser Naturell erkämpft haben, ein Naturell, das uns niemals dazu treibt, Gutes zu tun, sondern uns unablässig davon entfernt …

Als er an diesem Morgen erwachte, wurde er angesichts dieser nicht wiedergutzumachenden Tat doch von Angst ergriffen, als würde ihn die Vorahnung des Todes streifen. (Pierre Loti, Matelot)

Erinnerung an mein Aufwachen an Bord am 22. Juli 1900.

Noticrt in El Oued (Krankenhaus), am 6.11.1900

El Oued, den 1. Dezember 1900
Im Haus von Salah ben Taliba

Es regnet … Draußen ist es grau und düster, die Düne hat wieder ihr Trauergewand der Schlechtwettertage angelegt …

Dieser Dezemberanfang gleicht auf eigenartige Weise dem Beginn des verhängnisvollen Jahres 1897 … Das gleiche Wetter, der gleiche heftige Wind, der einem wütend ins Gesicht peitscht … Nur hatte ich damals die unendliche graue Weite des tosenden Mittelmeeres vor mir, das mit einem Höllenlärm gegen die schwarzen Felsen des Löwengolfs brandete … Und in meiner kindlichen Seele war die *Lebensfreude* trotz des noch ganz frischen, grausamen Trauerfalls latent und mächtig vorhanden …

Doch seit damals ist alles anders, selbst meine gealterte, durch eine seltsame, peinigende, wunderbare Bestimmung gereifte Seele … Ja, alles hat sich geändert … Augustin hat endlich seinen Hafen gefunden, den »Hafen der Gnade«, den er, wie es scheint, wohl nie mehr verlassen wird … Nach allem, was er durchgemacht hat, nach all den Abenteuern ist er schließlich zur Ruhe gekommen – auf seltsame Art und Weise.

Was mich betrifft, so glaube ich, ebenfalls meinen Hafen gefunden zu haben, zumindest *beginne ich es zu glauben.*

Ich, der das friedliche Glück in einer Stadt irgendwo in Europa oder des Tell-Atlas nie genügen wird, habe in einem Moment der Erleuchtung den gewagten, für mich aber realisierbaren Plan gefasst, mich in der Wüste niederzulassen und dort Frieden und zugleich Abenteuer zu suchen, Dinge, die mit meinem sonderbaren Naturell durchaus vereinbar sind. Das häusliche Glück ist gefunden und wird nicht etwa geringer, sondern mit jedem Tag größer …

Nur durch die Politik ist es bedroht … Aber ach! *Allah*

kennt das Verborgene der Himmel und der Erde! Und niemand kann die Zukunft vorhersehen.

Heute vor genau zwei Wochen bin ich nachts dem *Geliebten* bis kurz vor Kouinine entgegengeritten.

Auf Souf hinaus in grauer, schwindelerregender Dunkelheit …

Kam mehrmals vom Weg ab … Seltsame Empfindungen in der Ebene, wo der Horizont sich in Dünenform aufzuwölben schien und die Dörfer Hecken aus getrockneten Palmwedeln darstellten …

Erinnerte mich an eine Stelle in *Aziyadeh*, wo es um die von einsamen Nachtlichtern erleuchteten Gräber von Istanbul geht, als ich plötzlich vorm Eingang der Koubba auf dem Friedhof von Teksebet stand.

Mehrere Tage hintereinander nachmittags mit Khalifa Tahar oder allein auf der Straße von Debila unterwegs gewesen … Gärten mit Wüstenrosen, melancholische Palmenhaine, Einfriedungen und im Hintergrund die ewigen Dünen des Souf.

Und einmal, als ich allein ausritt, die eigenartige Empfindung einer *Erinnerung*, einer Rückkehr hin zur toten Vergangenheit …

Als ich in den Chott kam, hielt ich mein Pferd unter den Palmen an.

Mit geschlossenen Augen träumend, lauschte ich dem Rauschen des Windes in den Blättern über mir … Erinnerung an die großen Wälder entlang der Rhône und den sarazenischen Park in den nachdenklichen Stunden mancher Sommerabende … Die Illusion war beinahe perfekt.

Doch gleich darauf holte Souf mich durch eine heftige Bewegung in die Realität zurück … Ich machte die Augen auf … Graue, kräuselnde Dünen erstreckten sich ins Unendliche, und das raschelnde Laub über meinem Kopf waren die zähen Blätter der Palmen … Ein Augenblick grenzenloser Traurigkeit …

An einem anderen Tag mit Slimène auf derselben Straße gewesen.

Rückweg allein über die Dünen und durch die äußeren Viertel der Stadt … Herrlicher Sonnenuntergang … Rote Wolken am opalfarbenen, purpurdurchtränkten Himmel … Zur Maghrebzeit kam ich an der Moschee in der Oberstadt vorbei, wo sich weiße Formen im göttlichen, die Erde überflutenden Strahlen drängten.

Hinter unserem Haus, am Fuß der Düne, neben einer Einfriedung mit drei Zwergpalmen eine kleine Moschee, die mit ihren Mauern aus ockerfarbenem Gips, der ähnlich wirkt wie Lehm, ganz und gar afrikanisch anmutet …

Dort steht nur eine kleine, eiförmige Koubba mit Strebepfeilern. Dahinter ragt eine schöne Dattelpalme auf, die von unserer Terrasse aus gesehen direkt aus der Koubba herauszuwachsen scheint. Gestern zur Maghrebzeit bin ich hinaufgegangen … Vor der Glut des Sonnenuntergangs gingen graue, purpurrot gefärbte Gestalten in der Ferne herum … Und während die kleine rötliche Kuppel zu lodern schien und die schleppende Stimme des Muezzins das Abendgebet in unzähligen Wiederholungen in alle Himmelsrichtungen sandte, kamen zu meiner Rechten einige Männer die Düne herunter, in der Herrlichkeit dieser melancholischen Stunde.

In letzter Zeit verfolgen mich wieder verstärkt die schmerzlichen Erinnerungen an das Ende *Des Weißen Geistes* …

El Oued, den 14. Dezember 1900, zwei Uhr nachmittags
Freitag

Nach zwei Tagen voller Leid und Unlust beginne ich wieder zu leben.

Es wird immer kälter. Gestern Abend herrschte dichter Nebel, der mich an die diesigen Tage im *Land der Verbannung* erinnerte.

Im Winter wird es hart werden hier, ohne Feuer und ohne Geld ... Trotzdem verspüre ich keinerlei Lust, dieses einzigartige Land zu verlassen.

Neulich saß ich mit Abd-el-Kader im Hof der Zaouia von Elakbab und betrachtete erstaunt das seltsame Treiben um mich herum: eigentümliche, halb in Grau verschleierte dunkelhäutige Cha'amba ... fast schwarze, energisch-wilde Gesichter aus dem südlichen Troud ... all das in dem verfallenen Hof der Zaouia, man umringte den unglaublich dicken rothaarigen Scheich mit den freundlichen blauen Augen ...

Tag für Tag ein sonderbares Schicksal, mehr noch als mein eigenes!

Und doch, wenn ich einer Sache nachtrauere, dann meinem Traum vom literarischen Schreiben ... Ach, ob er je Wirklichkeit wird?

Von all meinen Erinnerungen an den Süden wird die an den 3. Dezember sicher am lebendigsten bleiben, jenen denkwürdigen Tag, als ich beim schönsten aller Ereignisse dabei sein durfte: der Rückkehr des großen Marabout Si Mahmoud Lachmi, eines unbeschreiblich faszinierenden und anziehenden Menschen, der mich schon in Touggourt durch seinen eigentümlichen Charakter in den Bann zog ... ein Mann wie aus der Zeit gefallen, mit den Gedanken und Ansichten von einst. Si Lachmi ist dazu geschaffen, einen sonderbaren Einfluss auf abenteuerlustige Seelen auszuüben ... Eigentümlicher Rausch an diesem schillernden, reinen Wintermorgen, der Rausch von Pulver, der wilden Musik der Nefzaoua, dem frenetischen Geschrei der Menge, die dem Nachkommen des Propheten und des Heiligen von Bagdad zujubelt, und den rasenden, wahnwitzigen Galoppaden durch Rauch und Lärm …

24. Dezember 1900 (Ramadan)

Trotz meiner Krankheit, meiner Schwäche, der Auswirkungen des Fastens und der weit schlimmeren Geldsorgen haben mir die Nächte und die Morgenstunden des Ramadans auf ganz unerwartete Weise ein beruhigendes und angenehmes Gefühl von Heiterkeit, ja beinahe Freude beschert.

Außerdem habe ich beglückt feststellen dürfen, dass Augustin, der Freund aus früheren Tagen – guten wie schlechten, vor allem aber schlechten –, sich noch an jene Geistesverwandtschaft erinnert, die uns früher, ob nah oder fern, verband, trotz aller Fallstricke und Hindernisse, die das Leben uns unaufhörlich in den Weg zu legen schien …

Mit jedem Tag wird mir klarer, dass es tatsächlich nur eine einzige Möglichkeit gibt, um ein halbwegs ruhiges Leben zu führen, wenn man angesichts von Krankheit, Elend und Tod schon nicht glücklich werden kann: Man muss sich so gut es geht von den Menschen fernhalten, ein paar wenige Auserwählte ausgenommen, vor allem darf man nie von ihnen *abhängig werden*.

Die arabische Gesellschaft, durch den Kontakt mit dem Ausland zerrüttet und verdorben, existiert nicht einmal hier mehr, nicht anders als in den großen Städten. Und was die französische Gesellschaft angeht … hat sie, nach allem, was ich durch den Lieutenant und insbesondere den Doktor erfahren habe, hier viel verloren. Das einzige denkende und gütige Wesen hier war mein alter Domercq, mit dem ich mich über seelische und geistige Dinge unterhalten konnte.

28. Januar 1901, acht Uhr morgens

Wieder einmal wird alles in meinem traurigen Dasein durcheinandergewirbelt, ist alles zerstört: vorbei das gemächliche, süße Leben in der prachtvollen Szenerie aus Flugsand! Vorbei die köstliche Ruhe, der wir beide uns hingegeben haben!

Am 23. haben wir abends durch einen schicksalshaften Zufall von Slimènes Versetzung erfahren, er muss nach Batna zurück ... Eine Stunde unbeschreiblicher Angst, fast schon Verzweiflung ...

Zu dem grenzenlosen Kummer über die Abreise und das harte Leben in Batna, wo wir weiter voneinander entfernt sein werden, kam noch die Anspannung wegen unserer materiellen Lage, die hundert Francs Schulden, von denen wir im Moment nicht mal einen einzigen Sou zurückzahlen können.

Unheilvolle, schlaflose Nacht, die wir mit Kifrauchen und Alkohol herumbrachten.

Am nächsten Morgen in großer Angst zu Sidi Lachmi geeilt. Ich fand ihn umringt von Pilgern, die morgen zur großen Ziara zu Ehren des Scheichs von Nefta aufbrechen. Bedrückt und in Gedanken woanders, redete ich widerstrebend über eine Stunde lang belangloses Zeug. Schließlich nahm ich den Scheich beiseite, und wir kamen überein, dass ich nach dem Maghreb mit Slimène wiederkommen würde. Dann in aller Eile zurück, wie gerädert, die Beine taub von dem langen Ritt.

Slimène wie irre bei meiner Rückkehr, er war so verstört, dass er kaum noch wusste, was er tat. Am Abend, kurz vor dem Maghreb, auf Souf losgeritten. Schickte Aly mit Slimènes Burnussen zum Friedhof der Ouled Ahmed. Bei Sonnenuntergang die letzten verstreuten Gräber an der Straße erreicht. Große Furcht, als ich den Geliebten nirgends entdecken konnte. Schon lange bin ich nicht mehr so bedrückt gewesen wie an diesem Abend. Unheilvolle Gedanken schossen mir durch das fiebrige Hirn.

Endlich, nach dem Gebetsruf zum Maghreb, es war bereits dunkel, taucht Slimène auf der Straße auf, die zur Moschee der Ouled Ahmed führt. Ohne Aly, den ich zur Unterkunft zurückgeschickt hatte, jagten wir zum Garten von Hama Ayéchi.

Schauderhafter Ritt im diffusen Licht des Halbmonds … Die ganze Zeit über fürchtete ich, Slimène würde die Besinnung verlieren und vom Pferd fallen, dazu die bange Angst, ob der Scheich etwas für uns tun würde … Schließlich sind wir dort, ungeduldig erwidern wir die endlosen Begrüßungsformeln von Guezzoun und den anderen Dienern, bis wir endlich allein sind mit dem Scheich, in dem großen, sandigen Raum unter dem niedrigen, trutzigen Deckengewölbe … Eine Kerze beleuchtet den großen roten Teppich, auf dem wir sitzen, während die Ecken des Raums im Halbdunkel verschwinden.

Es herrscht drückende Stille. Ich spüre, dass mein armer Rouh kein einziges Wort herausbringen wird, und auch meine Kehle ist wie zugeschnürt.

Ich sehe, dass Rouh weint, und bin ebenfalls kurz davor.

Doch der Scheich erinnert uns daran, dass man jederzeit zu ihm kommen könne, man dürfe sich nur nie selbst betrügen …

Umständlich und aufgeregt versuche ich ihm zu erklären, was passiert ist, in welcher Lage wir uns befinden … Er schweigt niedergeschlagen, wie abwesend.

Schließlich begegnen sich unsere Blicke, und ich versuche, meine ganze Seele aus meinen Augen sprechen zu lassen, wobei ich gleichzeitig auf Rouh deute, der vor Fieber glüht und das Bewusstsein zu verlieren droht … Da steht der Scheich auf und verlässt den Raum … Es war höchste Zeit, er war den Tränen nahe.

Kurz darauf kommt er zurück, legt 170 Francs vor Rouh hin und sagt: »Gott wird für den Rest sorgen!«

Ohne ein Wort, ohne sie auch nur anzurühren, betrachtet Rouh die Geldscheine und kriegt plötzlich einen Lachanfall, dass dem Scheich und mir angst und bange wird … Aber ein stummes Lachen, das trauriger war als Tränen.

Voller Furcht fragte ich mich, ob er jetzt endgültig den Verstand verlieren würde. Schließlich gehe ich hinaus, hinter die Zaouia … In der Ferne schliefen die gespenstischen Dünen an der Straße nach Taïbet el Gueblia im verschwommenen Mondlicht.

Vor mir erhob sich im groben Sand der eigentümliche Umriss des kleinen Friedhofs, auf dem die Kinder des Scheichs ruhen, so viele unschuldige Wesen, die, kaum waren sie auf der Welt, schon in die geheimnisvolle Finsternis des Jenseits eingegangen sind. Kleine Seelen, deren irdischer Blick gerade erst den weiten Horizont der kargen Dünen erfasst hatte, als er schon wieder erlosch …

Als ich eine Weile im Sand stehenbleibe, den der Westwind an die dicke Mauer mit den schweren Stützpfeilern geweht hat, fühle ich in der tiefen Stille, wie ein seltsames Nachttier ganz nah an mir vorüberhuscht, womöglich ein Fennek, ein kleiner Wüstenfuchs, wer weiß? Die Augen gen Himmel gekehrt, spreche ich leise, aber voller Inbrunst die Fatiha und flehe zum Emir der Heiligen, dessen Gebetskette ich umklammere …

Ich gehe wieder hinein … Dann brechen wir auf, erleichtert und dennoch in schwermütiger Stimmung …

Wir fürchten, uns auf den riesigen Friedhöfen und in den fahlen Dünen zu verirren …

Tatsächlich kommen wir über das Dorf östlich der Ouled Touati zurück. Auf dem schmalen Pfad, der oberhalb des Gartens von Hama Ayéchi verläuft, betrachten wir ein bizarres Schauspiel: In der Tiefe schlafen die Palmen im Dunkel … Und zwischen den Stämmen sickert silbriges, leicht rosafarbenes Licht hindurch.

Tief am westlichen Horizont, über den riesigen Dünen, die den israelitischen Friedhof überragen, geht die gekippte Mondsichel soeben unter.

Es ist fast zehn, und kein Laut trübt die Stille der tristen Einöde, in der wir uns befinden. Alles an diesem Abend scheint diese ganz spezielle Aura anzunehmen, die die Dinge immer haben, wenn unser flüchtiges Schicksal sich entscheidet …

Ein undurchdringliches Geheimnis herrscht ringsum, wir beide empfinden es intensiv. Wir schweigen und lauschen dem dumpfen Hufgeräusch unserer trabenden Pferde im Sand.

Als wir auf den Friedhof der Ouled Ahmed kommen, ist der Mond fast vollständig untergegangen: Für einen Augenblick erscheinen nur noch die beiden roten Sichelspitzen auf dem Kamm der großen Düne, ein sonderbarer, furchteinflößender Anblick … Dann ist es vorbei, alles versinkt im Dunkel …

Aus Angst zu stolpern und zu stürzen, kamen wir kaum voran: Die Straße dort ist mit Gräbern übersät. Auf dem Hinweg, kurz nach dem Maghreb, brannten auf dem Friedhof, den kleinen grauen Totenstätten, noch Misbahs, fahle Flammen im abnehmenden Licht des Tages: Es war Freitagabend.

Jetzt ist alles wieder schwarz, die Lichter sind erloschen, und die Gräber schlummern in der Dunkelheit. Ach, wenn ich daran denke, dieses Land einmal zu verlassen und vielleicht nie wiederzusehen! …

Am Tag darauf informiert Slimène Brigadier Saïd und Embarek, die sich beide als ehrliche, anständige Seelen erwiesen haben.

Vorgestern gegen acht Uhr bin ich mit Aly nach Guemar aufgebrochen. Wir nahmen den Weg über den Friedhof und die Straße von Sidi Abdallah. Dann bogen wir Richtung Westen ab, an Tiksebt vorbei und unterhalb von Kouinine entlang, leicht rechts von der Straße nach Touggourt. Kühler Morgen, leichte Bewölkung. In den Dünen angekommen, ließ ich Aly zurück und ritt erst im Galopp, später im Trab weiter.

Trostloser Anblick der großen Ebene von Taghzout mit dem Umriss der großen Koubba der Tidschaniyya am nördlichen Horizont …

Die Palmen von Taghzout und Guemar, die hinter den riesigen Friedhöfen liegen und am Horizont miteinander verschmelzen, erwecken von Weitem fast den Eindruck, man käme nach Touggourt, wenn man auf der Straße durch den Souf an den letzten Dünen vorbei ist … Die gleiche graue Ebene und eine ebenso schwarze Palmenreihe zwischen den weißen Häusern. Beklommen dachte ich daran, dass ich in ein paar Tagen wieder auf dieser Straße unterwegs sein würde, nur dann Richtung Norden und vielleicht zum letzten Mal!

Gerade in diesen Tagen der Angst, der Ungewissheit und Schwermut spüre ich, wie sehr ich an diesem Land hänge und dass ich ihm ewig nachtrauern werde, wo immer ich in Zukunft auch sein mag, diesem Land des Sandes und der Sonne, der Gärten und der Winde, die Sandwolken über die Dünen treiben und sie so durch die ewiggleichen, eintönigen Jahrhunderte hindurch nach ihrem Gutdünken formen.

Habe die sonderbaren Friedhöfe betrachtet, insbesondere den rechts, unterhalb von Taghzout: Gräber in Form spitzer Glocken, dazu die kleinen Koubbas in Form von Türmen mit Strebepfeilern, das ganze malerische Gewirr dieser Totenstätte rund um die Zwillingsstädte Taghzout und Guemar.

Die verfallene Zaouia von Sidi el-Hussein war leicht zu finden. Trauriges Gespräch in dem armseligen Zimmer, das auf den weitläufigen Hof voller seltsam geformter Steine geht …

Im äußeren Hof dann erblicke ich plötzlich Rouhs Gestalt, seinen roten Uniformrock, auf der Straße zum Markt und schicke Aly hinterher, damit er ihn zurückholt …

Als er den leichenblassen Rouh sieht und von unserem Leid hört, kommen dem gutherzigen Scheich die Tränen, und noch mehr beim Gedanken an unsere bevorstehende Trennung …

Auch mit ihm verbinden uns viele Erinnerungen … Unsere Ausflüge nach Amiche und Ourmès, unsere langen Gespräche und das Geheimnis gemeinsamer Unternehmungen …

Kurz vor dem Asr, dem Nachmittagsgebet, brechen wir auf … In den Dünen von Kouinine trennen wir uns. Zusammen mit Aly reite ich Richtung Westen, nach El Oued, rechts an Kouinine vorbei. Ein paar blau verschleierte Frauen sind auf dem Weg nach Hause, gebückt unter dem Gewicht ihrer randvoll gefüllten Wassersäcke, den Guerbas …

Kaum liegt Kouinine hinter uns, galoppiere ich allein wieder zurück, in der Hoffnung, Slimène noch einzuholen.

Es ist zu spät, und so kehre ich bei Einbruch der Dunkelheit über die menschenleere Straße des Friedhofs von Sidi-Abdallah heim.

29. Januar, neun Uhr morgens

Vorgestern gegen halb fünf erfuhr ich von Aly, Guezzon habe ihm gesagt, Sidi Elimam müsse gestern (am nächsten Tag) nach Nefta aufbrechen … Eine ganze Weile lang zögerte ich: Doch es musste sein, ich musste zu Sidi Elimam und es bei ihm auf dieselbe Weise versuchen, mit der ich bei seinen beiden Brüdern Erfolg gehabt hatte.

Ungefähr eine Viertelstunde vor dem Maghreb jagte ich schließlich auf dem Pferd von Dahmane los.

Schneller Ritt im roten Schein der untergehenden Sonne.

In dem Dorf unterhalb der Zaouia von Elbeyada hörte ich den Gebetsruf zum Maghreb.

Endlich sah ich den Umriss der alten Zaouia von Sidi-Abd-el-Kader mit ihren beiden Kuppeln auf dem niedrigen Hügel, der ältesten im Souf-Gebiet …

Nach und nach verschwamm das Dorf in bläulichen, durchsichtigen, weichen Schatten. Recht ruhige und gute Gemütsverfassung.

Ich fand … *(wurde unterbrochen)*

Gegen halb elf Aufbruch nach Behima, Rückkehr am nächsten Tag, dem 30., gegen drei Uhr nachmittags.

Am 30. Einlieferung ins Krankenhaus …

Wo bist du, mein unvergesslicher Freund, mein wahrer und einziger Freund?
Wo bist du, König, dessen Stimme uns von Wahrheit und Liebe sprach?
Wo bist du nur, und du, gute, schlichte Schuschka, wo bist du?

»Ihr habt erahnt, was inmitten von Schmutz und Verderbtheit, die meine Seele damals befallen hatten, noch in ihr brannte, der heilige Lichtfunken. Dank an euch, ihr Lieben, Bezaubernden und Unvergesslichen! Danke!

In der Stunde der Not und des Leids, in den Klauen des Trennungsschmerzes entsteht vor mir die teure Erinnerung an euch aus dem Dunkel der Vergangenheit. Wird uns das Schicksal jemals wieder vereinen?«

Marseille, 23. Juni 1901, neun Uhr abends. – »Ich bin allein zu Hause, es ist dunkel und trostlos hier, und der mich erleuchtet, ist fern. Wo seid ihr, meine Lieben?«

3. Februar 1901

Besteht mein Schicksal – o Leben – auf ewig darin, in der Welt umherzuirren?
Wo bist du, Hafen, in dem ich mich ausruhen kann?
Wo ist der Blick, den ich bewundern kann?
Wo ist die Brust, an die ich mich lehnen kann?
Auf ewig allein …

»Ach, hier, inmitten der steinfarbenen Wüste, hat es diesen Hafen gegeben. Hier gab es auch die aufrichtigen Augen eines Seelengefährten, und die aufrichtige Brust, doch alles ist verschwunden!«

Heute Morgen (3. Februar 1901) in einem Augenblick ergreifender, rätselhafter Traurigkeit: Vor der Tür zu dem tristen Raum hüpfte auf dürren Stelzen zwitschernd eine kleine, sonderbare Meise über den grauen Sand, grau wie der Wüstensand und mit einer schwarzen Halskrause über der glänzenden Brust, und weckte in mir die Erinnerung an das *Land der Verbannung* … Gerührt überkam mich das süße und zugleich beängstigende Gefühl, es sei vielleicht die Seele *Des Weißen Geistes*, die in dieser anmutigen Gestalt bei mir vorbeischaute, um meine bedrückte Seele in der Stadt des Jammers zu trösten …

Mehr denn je verliere ich mich im Unsagbaren, im dunklen Innern meiner Seele, wo ich mit der Finsternis ringe. Ein düsterer Traum … Wie werde ich daraus erwachen, und wie wird der Morgen sein?

3. Februar 1901

Erinnerungen an den Frühling früherer Zeiten, zart und leuchtend.

Das Glück und unsere Eltern sind uns nur auf Zeit anvertraut,
Eines Tages müssen wir sie wieder zurückgeben.

Erinnerung an den Weißen Geist
Am selben Tag: immer die gleichen Gedanken, die gleichen Anwandlungen

»Zu den verflossenen Jahren, zur vollbrachten Liebe.
Schlaf ein in meiner Brust, Schlange der Erinnerung!
Stör meine traurige Ruhe nicht auf!
Von seinen Augen, die einst im Gewitter des Lebens
die Glut der Liebe für mich schöpften,
Aus der feuchten Erde, unter Platten aus Stein,
Weiß ich: seit Langem bleibt keine Spur!
Nebelhafte Schatten der Vergangenheit,
Heitere Tränen der Vergangenheit,
Oh, warum seid ihr in einem gequälten Herzen voller Schmerz
so plötzlich wieder erwacht?
Fort mit euch. Täuscht nicht länger
Meine tote, lebensmüde Seele mit eurem Charme.«

»Alles riecht nach Frühling. Über den Gewölben des grauen Hauses gegenüber funkelt das strahlende Gewölbe der Son ne … Und ich, allein und verlassen, leide qualvolle Angst in einem armseligen Krankenhausbett!«

9. Februar 1901

Da das Böse *Unordnung* im Ablauf der göttlichen Gesetze bedeutet, kann es fatalerweise nicht auf geregelten Bahnen zum Abschluss gelangen. Aus diesem Grund gibt es bei jeder bösen Absicht auch etliche zerrissene Maschen und Fallstricke.

Naturgemäß kann das Böse für denjenigen, der ihm als Werkzeug dient, nur böse enden.

Der Gedanke kam mir heute Abend nach der einzigartigen, ganz speziellen Stunde des Maghreb, die eine Welt aus neuen Gefühlen in mir weckte und einen Prozess in Gang brachte, dessen Ende ich nicht kenne und nicht zu erraten wage.

… Ja, in diesen düsteren Stunden meines Lebens leidet meine Seele wie unter einer Geburt.

Wie wird die Zukunft aussehen, wenn ich nicht mehr in der Finsternis umherirre?

Wir leben umgeben von Mysterien und fühlen beide, wie uns die mächtigen Schwingen des *Unbekannten* streifen, angesichts wahrhaft wundersamer Ereignisse, mit denen wir immer und überall gesegnet sind …

Heute Nachmittag gegen siebzehn Uhr haben sie Abdallah Mohammed in eine Gefängniszelle gebracht.

Ich war dabei, als er ankam, und konnte beobachten, wie die Soldaten ihn durchsuchten … Empfand starkes Mitleid für diesen Mann, dieses blinde Werkzeug einer Bestimmung, die er nicht durchdringt … Als ich die graue Gestalt mit dem gesenkten Kopf, flankiert von blauen Turkos, sah, hatte ich die vielleicht sonderbarste und durchdringendste Empfindung von *Geheimnis*, die mir jemals widerfuhr.

Wie sehr ich auch in meinem Herzen nach Hassgefühlen gegenüber diesem Mann forsche, ich finde keine. Und erst recht keine Verachtung.

Vielmehr empfinde ich etwas Eigenartiges für diesen Menschen: Wenn ich an ihn denke, ist mir, als würde ich dicht vor einem Abgrund stehen, einem Rätsel, dessen letztes … oder vielmehr dessen erstes Wort noch nicht ausgesprochen worden ist, welches jedoch den *gesamten Sinn meines Lebens in sich birgt*. Solange ich die Antwort auf dieses Rätsel nicht kenne – und ob ich sie je kennen werde, weiß Gott allein –, werde ich weder wissen, *wer ich bin* noch den *Grund* und das *Ziel* meines Schicksals, eines der wunderbarsten überhaupt.

Und doch scheint es mir, dass ich nicht verschwinden soll, ohne von dem tiefen Mysterium Bewusstsein erlangt zu haben, das mein Leben von seinem eigentümlichen Beginn bis zum heutigen Tag umgibt.

»Wahnsinn«, werden die Ungläubigen urteilen, die simple Lösungen mögen und für Rätsel keine Geduld aufbringen.

Doch nein, denn die Abgründe zu schauen, die das Leben birgt und von denen Dreiviertel der Menschen nichts wissen, ja noch nicht einmal etwas ahnen, kann nicht einfach mit dem Wort »Wahnsinn« abgetan werden – auch ein Blindgeborener hat kein Verständnis, wenn ein Künstler ihm die Herrlichkeit eines Sonnenuntergangs oder einen nächtlichen Sternenhimmel beschreibt.

Es ist leicht, seine angsterfüllte, durch die Nähe des *Unbekannten* verschreckte Seele mit Hilfe einer banalen Erklärung zu beruhigen, die man aus der trügerischen Erfahrung der Menschen und »gängigen Vorstellungen« schöpft, jenem formlosen Haufen zusammenhangloser Gedankensplitter, oberflächlicher Kenntnisse und Vermutungen, die die maßlose moralische Feigheit der Menschen für die Realität hält!

Wäre mein eigentümliches Leben bloß das Ergebnis von *Überheblichkeit*, nur eine *Pose*, ja, dann könnte man durchaus sagen: »Sie hat es so gewollt« … Aber nein! Keiner hat so absichtslos und vom Zufall bestimmt gelebt wie ich, und es sind eindeutig die Ereignisse selbst, die mich durch ihre verhängnisvolle Verkettung dahin gebracht haben, wo ich bin, und nicht etwa ich habe sie herbeigeführt.

Vielleicht lässt sich die Eigentümlichkeit meiner Natur in diesem besonderen Charakterzug zusammenfassen: um jeden Preis nach neuen Erlebnissen zu suchen und Untätigkeit und Unbeweglichkeit zu meiden.

5.2.1901, halb drei nachmittags

Nichts von dem, was ich seitenlang oder in ganzen Bänden sagen könnte, gäbe die namenlose Melancholie jenes Gefühls wieder … (P. Loti: *Fantôme d'Orient)*

Ich denke an El Oued, an das geliebte Haus bei den staubigen Dünen … Ich bin noch immer hier, in der einzigartigen Stadt, aber ich habe nicht mehr das Gefühl, hier zu sein … und als ich heute Morgen durch die Zinnen der Mauer zum Kaffeehaus, zur Straße und zum Haus des Caïd hinüberspähte, schien es mir, als würde ich eine x-beliebige Landschaft ansehen, in irgendeiner unbekannten Stadt, wie man sie während eines kurzen Aufenthaltes von einem Schiff aus erblickt … Meine tiefe und fast schmerzliche Bindung zu ihr wurde brutal zerstört … Ich bin hier nur noch ein Fremder …

Wahrscheinlich werde ich mit dem Konvoi am 22. aufbrechen, das heißt in siebzehn Tagen … Dann wird es vorbei sein, vielleicht für alle Ewigkeit.

Von diesen sechs Monaten wird mir nicht mehr als eine süße, melancholische und unendlich sehnsüchtige Erinnerung bleiben … und die zweifellos unveränderliche Zuneigung zu dem guten und aufrichtigen Menschen, der in den schwersten Stunden an meiner Seite war und der trotz aller Schwierigkeiten, die das Zusammenleben mit mir bedeutet, ohne Frage auf immer ganz zu mir gehört … Er ist mit Sicherheit der einzige, den ich je geliebt habe, geliebt wie eine Liebende und wie ein Bruder, und in den ich uneingeschränktes Vertrauen hatte.

So weiß ich doch bei all meiner Not, dass es auf dieser ganzen weiten Welt einen Menschen gibt, der bereit ist, mein Leben zu teilen, wie auch immer es sein mag, der das Gute in mir schätzt und das Schlechte verzeiht, ja der versucht, es zu mindern, indem er die blutenden Wunden meines Herzens heilt.

Erinnerung. – An dem Tag, als Abd-el-Kader abgesetzt wurde, begaben wir uns abends gegen sechs in aller Heimlichkeit zur Zaouia in Elbeyada.

Nachdem wir uns am christlichen Friedhof getroffen hatten, gingen wir vorsichtig weiter, Aly vorneweg. Wir nahmen die westliche (untere) Straße. Ich war krank …

Ich erinnere mich, dass mich hinter der Zaouia einen Moment lang das beängstigende Gefühl überkam, nicht wieder aufs Pferd steigen zu können. In meinem Kopf drehte sich alles, und eine bleierne Schwere befiel meine Glieder.

Auf dem Rückweg durch die Nacht, unter dem von glitzernden Sternen gesprenkelten Himmelszelt erreichen wir gegen neun Uhr die ersten Häuser der Stadt. Es herrschte beklemmende Stille, nur unterbrochen vom regelmäßigen Knirschen der arabischen Trensen in den zerschundenen Pferdemäulern …

Doch schon bald verrieten uns die wilden Hunde der Souakria, die in den einsamen Abradj des Souf-Tals gezüchtet werden, indem sie mit ihrem ohrenbetäubenden Gekläffe anfingen. Genau in dem Moment löste sich am westlichen Horizont eine Sternschnuppe und fiel langsam in Richtung der Straße von Allenda herab … Plötzlich wurde sie größer, sprühte wie ein lautloser Feuerwerkskörper und loderte in einem blauschillernden, wunderschönen Flammenbrand, der für einen winzigen Augenblick die ganze bleiche Gegend erleuchtete …

Dann erlosch alles, und die Sterne funkelten wieder auf ihre unerschütterliche, friedliche Art.

»Das ist das Fanal der Heiligen … Manchmal, des Nachts, kommt es zu jenen herab, die sterben müssen.«

Abd-el-Kaders Stimme verhallte in der Stille, und wir kehrten stumm zu meinem Haus zurück.

Und wieder: Wo werde ich in einem Jahr um diese Zeit sein, unter welchem Himmel und auf welchem Boden?

Donnerstag, den 7.02.1901, acht Uhr abends
(Fortsetzung des Berichts vom 29. Januar,
der wegen der Abreise aus Behima unterbrochenen wurde)

Bei der Ankunft in dem weitläufigen Hof die Diener gefunden. Sidi Elimam war noch dabei, seinen Rosenkranz nach dem Abendgebet zu beten. Während ich auf ihn wartete, lauschte ich den Tolba, die in der großen, schon dunklen Moschee rhythmisch und langsam den Koran rezitierten …

Endlich tauchte der Scheich auf … Ich saß auf der Matte an der Mauer und wartete ungeduldig, bis die zahlreichen Besucher Sidi Elimam begrüßt hatten. Endlich zogen wir uns in den großen, sandigen Raum unter der ersten Kuppel zurück.

Dann, während der Scheich nach Hause gegangen war, um das Abendessen anzuweisen und um vorzubereiten, worum ich ihn gebeten hatte, stützte ich mich neben einem der geöffneten Fenster mit den Ellbogen auf.

Im matten Schein einer Kerze an der Wand tauchten die Gruppen von Gläubigen in einem gräulichen Gewirr auf. Langsam und rhythmisch wiederholten sie den Dhikr des Djilani:

»Es gibt keinen Gott außer Gott.«

Tiefe, süße Traurigkeit. Allein mit dem Scheich in einem Raum der weitläufigen Zaouia spät zu Abend gegessen, bedient von den seltsamen Negerinnen, die sich untereinander in der Sprache des fernen Bornu verständigten, in klagendem melodischen Tonfall.

Schnelle Heimkehr in einer klaren, mondhellen Nacht. Gegen zehn Uhr waren wir da.

Das letzte Mal, als ich mit dem Doktor in Elakbab war, bin ich durch die Dünen der Straße von Trefaoui zurückgekehrt. In Elbeyada dann weiter auf der großen Straße.

Nie sind mir die Gärten des Souf so schön erschienen, in dem gewaltigen goldenen Nachmittagslicht. Ein Gefühl übergroßer Zärtlichkeit für dieses Land, dessen Herrlichkeit ich vielleicht noch nie so intensiv empfunden habe.

12. April 1901, in Batna

Nach einem schrecklichen Tag voller Trübsinn und düsterer Traurigkeit habe ich noch einmal in den melancholischen Aufzeichnungen hier gelesen.

Seit ein paar Tagen weht der Schirokko, die Hitze ist drückend geworden. Ich fühle mich erschöpft und krank … Noch ungefähr dreihundertzehn Tage dieses unerträglichen Lebens!

In der Tat, rückblickend werden diese elf Monate erzwungenen Einsiedlerlebens in Batna vielleicht die härteste Prüfung meines Lebens gewesen sein. Was mich quält, ist nicht die Armut, sondern das Elend, das heißt das Fehlen des Allernötigsten, ohne das man zum Sklaven ewiger Sorgen um den nächsten Tag wird.

Tausend Mal gepriesen seien im Vergleich dazu die beängstigenden letzten Tage in El Oued, die Katastrophe von Behima und die ersten Tage im Krankenhaus. Das war Leiden … Hier aber ist es Überdruss, trister Überdruss, unter geistlosen Leuten in entsetzlicher Mittelmäßigkeit und inmitten der Schwatzhaftigkeit von Weibern zu leben, die es nicht verdienen, als menschliche Wesen bezeichnet zu werden. Oh! Wann endlich wird sie uns beiden gegeben sein, die gesegnete Einsamkeit und die Stille der Wüste, weit weg von den Menschen und ihrer Beschränktheit!

Abgesehen von Slimène ist der einzige Mensch, dessen Gegenwart mir nicht lästig ist, Khelifa, die schlichte, gute Dienerin, die meine Verbindung zur Vergangenheit ist, wenn sie mir von unserem Souf und verflossenen Tagen erzählt. Die einzigen Stunden, in denen ich ein wenig abschalten kann, sind die Nächte mit Rouh, in dieser *ruhigen Sicherheit*, wo nichts uns trennt, und auch jene Stunden, in denen ich allein mit Souf durch lichtüberflutete Felder reite und träume, weit weg von der Stadt, einer der niederträchtigsten und dümmsten überhaupt, in der erholsamen Stille der Gräser und Blumen, beim unschuldigen Gezwitscher der Vögel.

Hier, oder bei Lamri, oder in jeder anderen Umgebung, wo ich nicht mit Rouh zusammen oder auch ganz allein sein kann, werde ich sofort gereizt, eine unbestimmte Wut auf die Leute und Dinge erfasst mich, ein unüberwindbarer Ekel.

Zumindest enthalten diese Aufzeichnungen eine Art *Schema* meines Lebens, meiner Gedanken und Eindrücke während der sonderbarsten, unruhigsten und zweifellos auch entscheidendsten Phase meines Lebens.

Begonnen mit Zitaten am Tag vor meiner Abreise aus Paris und fortgeführt in Marseille, Genf, Algier und vor allem El Oued, gibt dieses Buch die Trostlosigkeit, Irrtümer und Ängste dieser gerade erst vergangenen und doch bereits toten und begrabenen Zeit wider.

In Wirklichkeit ist diese Phase meines Lebens in Behima zu Ende gegangen, am 29. Januar …

Drittes Tagebuch

Notizen, Gedanken und Eindrücke
begonnen im Militärlazarett von El Oued, Februar 1901

»Im Namen Gottes, des Allmächtigen, des Erbarmers!«

»Alle auf Erden sind sterblich; nur dein Gott, der anbetungswürdige und zu lobpreisende, wird überdauern.«

»Oh! Der bittere und unheilbare Kummer, nie, nie mehr auch nur einen Gedanken mit ihr teilen zu können!« (P. Loti, *Fantôme d'Orient*)

Die lange, schlaflose Winternacht dehnt sich endlos in der Totenstille. Hier, in dem schmalen, winzigkleinen Krankenhauszimmer ist es dunkel, man erstickt förmlich. Die Nachtlampe an der Wand direkt neben dem Fenster wirft ein schwaches Licht auf die armselige und trostlose Szenerie: die feuchten Wände mit dem gelben Sockel, zwei weiße Pritschen, ein kleiner schwarzer Tisch, Bretter, auf denen Bücher und Fläschchen stehen ... Das Fenster ist mit einer Armeedecke verhängt ... Kein Laut draußen in dem riesigen Kasernenhof ... Hin und wieder dringt fernes, lang anhaltendes Hundegebell an mein Ohr, das überwache Ohr einer Kranken ... Dann wird alles wieder still. Scht! Man hört Geflüster, den Schritt eines Soldaten, gleichmäßig, mechanisch. Dann das harte Aufschlagen von Gewehrkolben, ein kurzer, harscher Befehl … dann erneut Schritte, die sich nach rechts entfernen, in Richtung Infanteriekaserne. Die Wache an den Toren ist abgelöst worden … Wieder herrscht Stille … Und ich, ich harre einsam aus. Mein verletzter, gemarterter Kopf glüht … Mein ganzer Körper tut weh … Und dann mein kaputter Arm, wohin damit? Er schmerzt, ist mir im Weg und furchtbar schwer. Mit meinem rechten Arm, dem gesunden, hieve ich ihn entnervt von einer Stelle auf die andere … Nirgends liegt er richtig. Egal, wie ich ihn ablege, er tut weh, so sehr, dass mir regelrecht übel wird …

Düstere, schreckliche Gedanken beschleichen mein krankes, entzündetes Hirn. Meine Lage erscheint mir unglücklicher und verzwickter, als sie es in Wirklichkeit ist. Verzweiflung überkommt mich. Blankes Entsetzen schnürt mir die Brust zusammen. »Ja, ich werde den Fängen der Mörder nicht entkommen …« Und alle, alle, sogar der Doktor, stecken hinter diesem Komplott. Dann fällt mein Blick unvermittelt auf ein weißes Blatt Papier an der Wand, auf dem in Schönschrift die Dienstvorschrift geschrieben steht …

Obwohl das Zimmer im Halbdunkel liegt, versuche ich verzweifelt, die belanglosen Zeilen zu lesen. Meine müden Augen schmerzen vor Anstrengung, doch ich gebe mir Mühe, die enge, rundliche Unteroffiziers-Handschrift zu entziffern … Dass ich es nicht schaffe, ist niederschmetternd, es lässt mich schier verzweifeln.

Dann tauchen plötzlich wieder sämtliche Einzelheiten des schicksalhaften Tages in meiner Erinnerung auf … Von einem Schlag auf den Kopf getroffen, liege ich da und öffne die Augen: Vor mir steht der Mörder, der zu einem erneuten Schlag ausholt … Ich kann nicht genau erkennen, was er in den Händen hält … Dann wanke ich stöhnend, halb auf einen großen Koffer gestützt. Mir ist schwindlig und speiübel, ich leide … meine Gedanken verschwimmen … Alles hat sich urplötzlich verfinstert, alles erlischt … Ich sinke in einen bodenlosen Abgrund … Ein einziger Gedanke nur wabert durch mein vernebeltes Hirn: *Der Tod … weder Kummer noch Furcht …* »Es gibt keinen Gott außer Gott, und Mohammed ist sein Prophet!« Alles ist erloschen … Kalter Schweiß steht mir auf der Stirn. Erneut verrücke ich voller Verzweiflung meinen lädierten Arm … Der Knochen verursacht einen dumpfen Schmerz; der Muskel, der durchtrennt worden ist, zieht sich zusammen, so dass meine Finger verkrampfen … Die tiefe, genähte Wunde brennt und sticht. Ich kann nicht mehr! Eine schreckliche, unaussprechliche Angst befällt meine Seele, und mir laufen ohnmächtige, kindliche Tränen über die Wangen …

… Durch das Fenster über der Tür sehe ich den fahlen Mondschein über dem Gebäude gegenüber, in dem sich der Autopsiesaal mit dem Metalltisch und den Desinfektionsmitteln befindet … Womöglich liege *ich* schon bald auf diesem grauenvollen Tisch! … Der Tod selbst schreckt mich nicht … Nur vor den Schmerzen habe ich Angst, vor langen und sinnlosen Schmerzen … und vor etwas Dunklem, Unklarem, Finsterem, das mich zu umgeben scheint, unsichtbar, doch für mich deutlich zu spüren …

Die funkelnden Sterne schauen unbeteiligt mit ihren klaren Augen, als blickten sie aus der Höhe des unerreichbaren Himmels in mein Gefängnis hinein … Mysterium, das große, auf ewig unergründliche Mysterium der Welt! Mutlos senke ich den Kopf: Ich bin allein, arm und krank … Von nirgends habe ich Gnade oder Hilfe zu erwarten. Die Boshaftigkeit der Menschen ist unermesslich … Das einzige Wesen, das mich liebt und das mir teuer ist, wurde mir durch die grausame Macht der Pharisäer entrissen und weggeschafft … die rührende, brüderliche Aufmerksamkeit einer reinen Seele wurde von meinem Schmerzenslager verbannt. Ich bin allein!

Maman ist tot, und ihr *Weißer Geist* hat die verderbte irdische Welt auf ewig verlassen – sie war ihr ohnehin immer fremd. Auch der greise Denker ist in die Finsternis des Grabes eingegangen, und mein Seelenverwandter ist weit fort … Ich bin allein! *für immer* …

Wenn es geschrieben steht, wenn es mein Schicksal ist, dass ich hier sterbe, in der schneebleichen Wüste, wird keine brüderliche Hand mir die toten Augen schließen … Im letzten irdischen Moment wird kein brüderlicher Mund mir Trost und Zärtlichkeit spenden …

In meiner Ohnmacht weine ich, ich beweine mein kaputtes, allzu früh verlorenes Leben …

… Langsam, wie mit wohlüberlegter Langsamkeit, wird es Tag …

Endlich färbt sich auch der westliche Horizont über den grauen Kuppeln grau … Triste, schwarzblaue Wolken hängen über der Erde, der unwirtliche, trübe Morgen dringt in mein Zimmer …

Ein merkwürdiger Anblick, hier, wo die Sonne normalerweise immer strahlt und so unermüdlich königlich am Himmel steht! …

Meine Seele ist noch düsterer, noch erloschener …

In der Ferne krähen die unzähligen Hähne der Stadt … Mein geschultes Ohr erkennt am Ton, in welchem Viertel sie krähen, und in meiner erschöpften Phantasie erwachen die Bilder meines hier verbrachten Lebens …

Doch da ertönt plötzlich nebenan, in dem niedrigen Säulengang der Infanteriekaserne, ein Trompetenruf, zuerst heiser, dann durchdringend und laut … Gleich darauf ist das Knarzen der schweren Festungstore zu vernehmen, die für den Tag geöffnet werden. Dann sind im Gebäude des Krankenhauses Geräusche zu hören, die mir inzwischen vertraut sind: der Lazarettgehilfe in den ausgelatschten orientalischen Pantoffeln, die beiden Gefreiten mit den schweren, eisenbeschlagenen Stiefeln, der Unteroffizier, all diese Leute kommen und gehen. In den Kasernen wird gerufen, man hört

Anranzer, Lieder und Gelächter ... In der Ferne, aus östlicher Richtung, ist das Wiehern der Spahi-Pferde zu hören, die zur Tränke geführt werden ... Mir ist, als würde ein Stein von meiner Seele genommen.

Endlich ist es wieder Tag, sind wieder Leute da und Geräusche! Gleich wird der hinkende, wortkarge, sanftmütige Lazarettgehilfe auftauchen, mit einer Kaffeekanne und einem Glas .... Und dann werden auf dem zementierten Gehweg leichte Schritte widerhallen ... In der Tür wird ein leuchtend roter Uniformrock erscheinen, und das wunderbare, sanfte Licht brauner Augen, sein weiches und wie strahlendes Licht wird das ganze triste Zimmer erhellen ... Eine tiefe, leicht bebende Stimme mit dem singenden Tonfall des Nordens wird zu hören sein ...

Meine Seele wird sich wieder leichter fühlen, mir wird es wieder wärmer ums Herz werden ...

In Erinnerung an die Nächte des 28., 29. und 30. Januar 1901. Aufgeschrieben im Lazarett am 3. Februar 1901.

... Allein beim Wort SENEGAL lebten in ihm die matten roten Abende, an denen sich eine riesige Sonne über die Wüste senkt, wieder auf ... All das übte eine sonderbare Anziehungskraft auf ihn aus, vor allem die Randgebiete der Sahara, die undurchdringlichen Randgebiete der Mauren.
(Pierre Loti, *Matelot*)

El Oued, 20. Februar 1901, 7 Uhr morgens

Gestern erster Ausritt auf der Straße nach Amiche ...

In den letzten Tagen bedrückten mich die grauen Mauern des Viertels, sie schienen mich einzuschließen, ein seltsam beklemmendes Gefühl. Ich kam mir gefangen vor ... Doch nach dem gestrigen Ausritt würde ich hier am liebsten eingesperrt bleiben, bis zu dem Tag, an dem ich das Souf-Gebiet wohl für immer verlassen werde.

Bei diesem kurzen Ausflug überkam mich einer der bittersten Traurigkeitsanfälle meines Lebens!

Die Dünen sind immer noch da, und auch die graue Stadt, und die tief liegenden Gärten …

Doch der ungeheure Reiz dieses Landes ist weg, die zauberhaften Ausblicke, die Lichterspektakel … der Souf ist leer, hoffnungslos leer.

Die Dünen wirken trostlos, doch es ist nicht mehr die wunderbare, geheimnisvolle Trostlosigkeit, die ich früher mit ihnen verband … Nein, sie sind tot … Die Gärten sind kümmerlich, ohne jeden Charme … Der Horizont ist leer, das Licht trüb und grau …

Ich fühle mich hier fremder als irgendwo sonst auf der Welt, einsamer, und ich sehne mich danach fortzugehen, weg aus diesem Land, das nur noch ein Schatten dessen ist, was ich einst so sehr geliebt habe.

Jetzt stelle ich fest, und das wird für immer meine Gewissheit bleiben, dass der gesamte Zauber, den wir bestimmten Gegenden der Erde zuschreiben, nur Illusion und Täuschung ist; solange das Äußere der uns umgebenden Natur unserem Gemütszustand entspricht, glauben wir, Herrlichkeit darin zu erkennen, eine ganz besondere Schönheit … Doch sobald sich unsere unbeständige Seele verändert, fällt alles in sich zusammen und verschwindet …

Ich fühle mich traurig, so unendlich traurig. Wie gern hätte ich den Souf in dem Gemütszustand verlassen, in dem ich mich *vor* Behima befand, wie gern hätte ich ihn in der Vorstellung zurückgelassen, dass er noch immer seinen ungeheuren melancholischen Reiz besitzt, und sie sorgsam bis zu meiner Rückkehr bewahrt, die noch in weiter Ferne liegt und überhaupt ganz fraglich ist …

Als ich vor sieben Monaten hier ankam, *gab es ihn nicht,*

diesen Zauber … Wie sehr habe ich seitdem an die reale Existenz dieses überaus geheimnisvollen Etwas geglaubt, das ich in diesem Land vermeintlich verspürt habe und das doch nichts weiter war als der Widerschein des traurigen Geheimnisses meiner Seele, der sich auf alle Dinge legte!

Und also bin ich dazu verdammt, meine ganze große Traurigkeit, diese ganze Welt aus Gedanken auf immer stumm mit mir herumzuschleppen, durch die Länder und Städte dieser Erde, ohne je das Ikarien meiner Träume zu finden!

Was mich besonders belastet, ist, dass ich sie nicht ausdrücken kann, all die Gedanken und Empfindungen, die die einsame Stille meiner Seele bewohnen und mir oft entsetzliche Angst einflössen.

Ist es möglich, dass meine Seele über Monate und Jahre immer düsterer wird, und in welch tödlicher Finsternis muss das enden!

Ist es möglich, dass sich das Einzige, was mir in diesem Leben noch Glück verschafft und das mit Sicherheit von mir selbst und nicht von der äußeren Welt ausgeht, ebenfalls verschwindet und ich für immer *allein* auf der Welt bleibe, ohne jeden Trost!

Ich glaube, hätte ich die *absolute, vernünftige* und *unwiderrufliche* Gewissheit, innerhalb kürzester Zeit zu dem düsteren Schluss zu gelangen, dass der dunkle, unergründliche Trübsinn, der mich zuweilen erfasst und maßlos quält, mein permanenter Normalzustand wäre, fände ich sofort die Kraft, dieser Aussicht durch einen gelassenen, nüchtern geplanten Tod entgegenzuwirken … Denn nur diese verschlossene und ureigenste Welt in meiner Brust hält mich vom Selbstmord ab … und die Hoffnung, sie möge so lange bestehen wie ich selbst und, vielleicht, sich noch entwickeln und erweitern. Das Leben *an sich* bedeutet mir, ehrlich gesagt, nichts, und der Tod übt einen eigentümlichen Reiz auf meine Vorstellungskraft aus …

Eigentlich hatte ich versucht, alles, was mich so unglücklich gemacht hat, gestern aufzuschreiben, als es mir noch klar, so hieb- und stichfest erschien … Doch es ist mir nicht gelungen, wie jedes Mal, und letztlich hatte dieser Versuch nur zum Ergebnis, dass mein Geist noch verwirrter und unsicherer wurde …

Von mir selbst und der äußeren Welt weiß ich nichts, *rein gar nichts* … Das ist vielleicht die einzige Wahrheit.

Am Tag darauf, 21. Februar 1901, mittags

Gestern war ich mit dem Doktor in Guemar, bei dem gütigen Scheich Sid-el-Hussine.

… Nun, keineswegs! Der Oued Souf ist keineswegs leer und die gewaltige Sahara-Sonne durchaus nicht erloschen …

Es war nur mein Herz, das neulich leer und düster war. Es war meine Seele, die unempfindlich geworden war für all die Pracht.

Gestern spontaner, schneller Ausflug unter einer blassen, schönen Sonne. Der Wind breitete ein Tuch aus Staub über die Palmen und brachte die Dünen zwischen Kouinine und Tarzout wieder einmal durcheinander. Die kleinen traurigen Städte Gara, Teksebet und Kouinine wirken unter den mächtigen Winterwinden noch ausgestorbener und trostloser.

Der Souf ist fahl, unter einem blassen Himmel, und die Dünen sind bleich … Abends dringen hin und wieder zauberhafte Klänge zu mir herüber, die unendlich traurigen Melodien einer kleinen Beduinenflöte …

Diese fernen Klänge, die ich in ein paar Tagen schon nicht mehr hören werde, erfüllen mich mit tiefer, unergründlicher Melancholie.

… Heute Morgen, während der Doktor leise vor sich hin summte, verspürte ich so ein Gefühl, als würden Erinnerungen geweckt an mein tunesisches Leben – dabei ist es doch tot und tief begraben unter all der grauen Asche, wie es mein Saharaleben auch bald sein wird …

Ich erinnerte mich an einen Abend im September vor zwei Jahren, als ich mit Aly am kleinen Fenster der jüdischen Kneipe von La Goulette saß, am Abend vor der *unheilvollen* Abreise, als ich das Gefühl hatte, alles um mich herum und in mir würde zusammenbrechen, und der Tod mir als einziger Ausweg erschien und ich auf der einen Seite das sanfte Wogen des ruhigen Meeres hörte und auf der anderen die helle und reine Stimme der kleinen Noucha, die das traurige andalusische Lied sang:

Mein Verstand ist fort, mein Verstand ist fort!

Alys warme, leidenschaftliche, sonore Stimme wiederholte wie im Traum den melancholischen Refrain, und ich, ich hörte zu …

In letzter Zeit kommen mir oft solche plötzlichen Erinnerungen an die jüngste, schon ganz vergessene Vergangenheit. Vor allem verfolgen mich die Erinnerungen an Tunis. Ganz automatisch fallen mir längst vergessene, unwichtige Straßennamen ein …

… Der weiße Scheich ist wieder da. Morgen gehe ich zu ihm … Und wozu?

Heute, als ich nach Hause kam, verspürte ich ein schreckliches Gefühl der Leere.

Als ich hereinkam, dachte ich insgeheim schauernd: »Rouh wird nie wieder durch diese Tür treten.«

Nie wieder werden wir unter der weißen, gewölbten Decke unseres Zimmers schlafen, einer im Arm des anderen, eng umschlungen, als hätten wir eine unbestimmte Vorahnung gehabt, dass feindliche Mächte im Dunkeln darauf lauerten, uns auseinanderzubringen … Nie wieder wird uns der

Rausch der Sinne unter diesem Dach vereinen, das wir beide so sehr geliebt haben.

Ja, alles ist vorbei.

In vier Tagen werde auch ich fortgehen, wieder über die Straße Richtung Norden, die ich hoffte nie mehr nehmen zu müssen.

In einer letzten Anwandlung melancholischer Albernheit will ich, dass mein Grab dort steht, im weißen Sand, den die große, alles verschlingende Sonne morgens und abends golden und purpurn färbt …

… Ich muss fort … Dort, weit weg, am Horizont, wartet als Ziel dieser Reise das geliebte Wesen, aufrichtig und gütig, das ich mir erwählt habe, um mein einsames Nomadenleben zu versüßen …

Da ist diese ganz junge Seele, die mir gehört, die ich eifersüchtig liebe und die ich mit aller Kraft versuchen werde nicht nach meinem Bilde zu formen, das wäre ein Frevel, sondern so wie ich sie mir wünsche, vor allem so, wie es dem *Weißen Geist* gefallen hätte! Oh, sie hätte ihn mit Sicherheit geliebt, mit ihrer ganzen Seele, der die unschuldige Güte und die Reinheit des Herzens alles bedeuteten!

Ich muss fort, und schon vermisse ich all das hier, nicht nur das prächtige Land, in dem ich so gern hätte leben und sterben wollen, nein, sogar diese »Pflegeanstalt« und das Viertel, an das ich mich gewöhnt habe, und auch die vertrauten Gesichter der Krankenwärter und Infanteristen …

Vor allem vermisse ich die oft bissigen, aber nie boshaften oder heuchlerischen Gespräche mit dem guten Doktor, dem so ziemlich einzigen denkenden und ehrlichen Menschen hier.

Ich glaube, dieser Mann hat geahnt, dass sich unter all der Verschrobenheit und Zusammenhanglosigkeit meines Lebens Aufrichtigkeit und Sensibilität verbergen und in meinem Verstand noch immer das Feuer der Intelligenz lodert.

Ich empfinde für ihn jene Zärtlichkeit, die zu großen Teilen aus Dankbarkeit besteht und die ich für all die empfinde, die nicht so dumm oder unverschämt sind, den Stab über mich zu brechen, sondern unter der ganzen Asche erkennen können, wer ich wirklich bin und was ich hätte werden können, wäre ich nicht mutterseelenallein und hätte ich nicht so viel Unglück erfahren.

Wie sehr ich es liebe, in meinen Tagebüchern zu lesen, diesen Büchern, die für andere nur zusammenhangloses Stückwerk sind, in denen es immer nur um das geht, was … *meine Seele am Leben hält!*

In manchen Stunden kann einzig diese Lektüre mir heilsame Erholung verschaffen.

Gerade die Abwechslung darin macht ihren Reiz für mich aus …

Auf eine getreue und für mich verständliche Weise sollen darin all jene Dinge zum Ausdruck kommen, die mich bezaubert haben …

Marseille, 8. Juli 1901, 9 Uhr
Abfahrt von El Oued am 25. Februar (Montag) 1901,
nachmittags um halb zwei

25. – Zusammen mit dem Doktor bis Tarzout. Von dort aus bei Sid-el-Hussine gewesen. Übernachtet. Am 26., um acht Uhr morgens, Abfahrt mit Lakhdar, dem Deïra. In den Dünen zur Karawane gestoßen.

26. – In Bir-bou-Chama um die Maghrebzeit angekommen.

Dunkler Himmel, graue Finsternis, heftiger, eisiger Wind von Norden her.

Karawane: der Bach-hamar Sasi. Deïra: Naser und Lakhdar. Ein Infanterist: Rezki, Embarek C. Salem und El Hadj

Mohammed aus Guemar. Zwei Geisteskranke, begleitet von einem jungen Mann aus Algier. Hennia, die Mutter des Spahi Zouaouë und ihr Sohn Abdallah.

Bir-bou-Chama, düsterer, trostloser Eindruck

27. – Am 27. gegen sieben Uhr in der Früh aufgebrochen. Ankunft gegen 5 Uhr nachmittags in Sif-el-Menedi. Straße: Bäume, Ebenen mit Glimmer und Talk, Sumpf; ein paar Chotts in der Gegend des Bordj.

Sif-el-Menedi: Bordj auf einer niedrigen Seite, am Horizont Sumpf. Ausgezeichnet bewirtschafteter Garten, Salztümpel neben dem Garten. Angenehmer Eindruck, ähnlich wie in den Salzoasen im *Oued Rirh*. Abends riss das Dromedar von Lakhdar aus, und der Deïra machte sich auf die Suche. Ich war erschöpft, Kopfschmerzen (hatte ein Drittel der Strecke zu Fuß zurückgelegt). Saß auf meinem Bett und dachte, wie schön es wäre, für einige Zeit hier zu leben, immer die ungeheure Weite der Sumpflandschaft vor Augen. Im Garten sangen Kinder. Anhaltender Eindruck vom *Oued Rhir.*

28. – Donnerstag, gegen 7 Uhr morgens aufgebrochen. Mit Lakhdar über den Chott Bou-Djeloud. Die Karawane nimmt einen Umweg. Salziges Gelände, Geröll, ein graues, lehmiges Gelb. Dürre Vegetation. Dann ein paar lehmige Hänge und spitze Hügel, blaue und rote Tonerde. Chotts, durchzogen von Geröllhängen. Erste braune Chotts, dann Salpeter direkt am Boden. Links (im Westen) und rechts tiefe, unter Wasser stehende Chotts. Klares blaues Wasser. Nach Westen hin, da wo der große Chott Melrhir liegt, riesige graugrüne Seen mit geschichteten Inseln in Form von kleinen senkrechten Mauern, die aus dem Wasser auftauchen und sich darin spiegeln. Zwischen zwei Inseln öffnet sich die unendliche Weite des Chott Melrhir, ohne spürbaren Horizont, als gin-

ge er übergangslos in die unendliche Weite des blassblauen, leicht dunstigen Himmels ein.

Vom steinigen Gelände stieben Lerchen auf und senden flügelschlagend ihren zärtlichen, melancholischen Ruf hinaus, bevor sie ins Strauchwerk hineinprasseln.

Schwieriger Weg über den großen, aufgeweichten Chott.

Souf rutscht bei jedem Schritt aus. Weiter zu Fuß.

Am Eingang zum Chott erinnern zwei Steinpyramiden an den Ort, wo sich vor ungefähr dreißig Jahren zwei Stämme bekämpft haben.

Gelbe Geröllebenen, durchbrochen von dunkelvioletten, weißen oder blauen Flecken der Chotts. An manchen Stellen hat der Boden genau die Farbe von Lebkuchen mit Zuckerguss.

Der Bordj von Stah-el-Hamraïa an einem steinigen Hang mit den tief gelegenen Chotts im Westen. Oberhalb des Chotts ein Garten, im Norden ein großer Springbrunnen.

Diskussion mit dem *Bach-hamar.* Durchgesetzt, dass ich in Stah-el-Hamraïa schlafen darf. Leichtes Fieber. Morgens schönes Wetter, gegen Mittag leichter Wind und Wolken.

Aufgeschrieben in Stah-el-Hamraïa, am 28.2.1901,
Donnerstagabend

Wie sehr der klangvolle und ferne Name Stah-el-Hamraïa mich jetzt, auf dem Boden der Verbannung, in melancholische Träume versetzt, bezeichnet er doch einen Ort, den ich liebe.

Marseille, 8.7.1901

Freitag, 1.3.1901, Chegga, 9 Uhr abends

Die Nacht in Stah-el-Hamraïa verbracht. Abends im großen Raum des Bordj gesessen und zugehört, wie Lakhdar und die Kameltreiber sangen.

In einem Zimmer mit Khelifa und dem Infanteristen Rezki geschlafen. Brachen vor einem blutgetränkten Himmel auf, beim Aufgang der roten Sonne, die sich langsam über den riesigen, von rötlichen Flächen durchsetzten Chotts erhob.

Der Garten von El Hamraïa: ein schlammiges, salziges Gelände voller Sumpfgräser. Ein paar Palmen, Tamarinden und Feigenbäume, verstreut im Sumpf, nordwestlich des Bordj.

Zu Pferde los. Abwechselnd salziges und steiniges Gelände. Weiß blühender Ginster, Saharabäume, kleine, blau blühende Sträucher. Ein paar Chotts, die Erde und der gelbe Sand salzig. Pause in der Nähe der ersten Gmira. Mittagessen nach der zweiten, hinter dem letzten, kahlen Chott; Ginster.

Kurz vor der Gmira, links, befindet sich im Sumpf ein guter Brunnen mit Frischwasser. Kaufte Jägern ein paar Hasen ab. Weiter zu Fuß. Mehrere Karawanen getroffen. Links, am Fuße eines Hügels, entdeckte ich das Zelt eines Hauptmanns vom Ingenieurkorps.

Der Chott Melrhir taucht wieder auf, ein Meer ohne Horizont, milchig, durchsetzt von weißen Inselchen. Steiniges Gelände. Zusammen mit Rezki im Bordj von El-Mguebra angekommen. Wasser aus dem Brunnen geschöpft, Kaffee getrunken, dann weiter (zu Pferde). Der Bordj auf einer Anhöhe. Die Gmira südöstlich des Bordj überragt ein verfallenes Bauwerk. Unten drei Brunnen, von denen einer sehr salzhaltig war. Ein Garten in der Nähe des Brunnens, aus dem wir mit Hilfe von Rezkis Koppel Wasser tranken.

Wir zogen weiter. Kurz vor Sonnenuntergang überholten wir die Karawane. Trafen Elhadj Mohammed, einen der zwei Geisteskranken, und ihren Begleiter. Bei Einbruch der Dunkelheit vom Pferd abgestiegen und Elhadj aufsteigen lassen. Rechts von uns einen der Geisteskranken aus Chegga gesehen.

Ankunft in der Nacht. Streit mit den Wächtern.

Chegga, 1. März. – Die Gärten steigen in dem salzigweißen Gelände staffelförmig an.

Khelifa, Rezki und ich schlafen in dem kleinen Zimmer links: nebenan, im großen Zimmer, sind Hennia und ihr Sohn untergebracht. In dem anderen sind die Geistesgestörten, ihr Betreuer und die Exilierten. Die Deïra schlafen draußen am Springbrunnen, zusammen mit den Kameltreibern.

Daneben, in dem von Salzwasser überschwemmten Garten, quaken die Kröten melancholisch in der großen Stille der Wüste.

Als wir heute Abend unterwegs waren, sangen die Vögel matt. Sengende Hitze den ganzen Tag über.

Habe voller Liebe an die Sahara gedacht, die mich für mein ganzes Leben verhext hat, und an die Freude zurückzukommen. Fühlte mich wagemutig dem Schicksal gegenüber und durchdrungen von eisernem Willen, den ganzen Tag über … vor allem heute Abend.

Dennoch verfolgt mich noch ein anderer Gedanke, der meinen müden Geist nicht zur Ruhe kommen lässt: In Batna erwarten mich Räusche, und allein bei dem Gedanken daran spüre ich, wie sich mir das Herz vor lustvoller Angst zusammenkrampft.

Übermorgen oder in zwei Tagen werde ich dieser Verrücktheit der Sinne, die mich heute Abend quält, endlich freien Lauf lassen können und die schön verrückten Nächte von El Oued zu neuem Leben erwecken … meinen Meister in die Arme schließen und an mein Herz pressen, das wegen all der unbefriedigten Liebe ganz bedrückt ist.

... Heute Abend kommt mir zu Bewusstsein, dass ich noch jung bin und das Leben keineswegs schwarz und blutleer ist, ich habe noch immer Hoffnung ...

Solange die herrliche Weite der Sahara existiert, weiß ich, wohin ich mich flüchten kann und wo meine gequälte Seele Ruhe findet vor der Schäbigkeit der modernen Welt.

Ich möchte Rouh fortbringen, in die Wüste, weit weg von den Menschen, um kühne Abenteuer zu erleben und unbeschreiblichen Träumen nachzuhängen, unterbrochen von Stunden voller Wildheit ...

Batna, 20. März, 11 Uhr abends

Am 1. März in Chegga übernachtet.
Am 2. bei Tagesanbruch im Garten spazieren gegangen.
Rot ging die Sonne über der unermesslichen Weite auf. Das Aurès-Gebirge im Norden schimmerte purpurn und rosa. Im Garten: ein Bewässerungskanal, am Eingang ein großes Becken.

Zu Pferde bis Djefir. Vor der Karawane im Trab angekommen. Fand den Wächter nicht, schöpfte Wasser aus dem großen Brunnen. Einen Konvoi getroffen, der auf dem Weg nach Touggourt war. Ließ Si Said Grüße ausrichten. Weitergezogen. Ich zu Fuß, Rezki auf dem Pferd. Mittagessen mit Blick auf Saada. Weiter zu Fuß. Rouh eine Viertelstunde vor Saada getroffen. Weiter zu Pferde. Rast jenseits des Wadis.

Ankunft in Biskra am 2. März. Als wir im alten Biskra zur Maghrebzeit ankamen, hielten wir die Pferde an und machten Richtung Sahara kehrt, die im Flammenmeer des Sonnenuntergangs lila loderte. Die Nacht bei Zitouni verbracht.

In Biskra den 3. März und die darauffolgende Nacht geblieben. Weiter nach Batna am 4. gegen ein Uhr mittags. Ankunft gegen fünf Uhr. Die Nacht bei Goussou verbracht. Am 5. die Unterkunft gewechselt.

Am 17. März 5 Uhr abends nach Constantine aufgebrochen, Sonnenuntergang. Gegen neun Uhr angekommen. Im Restaurant des Grand-Hotel übernachtet. Morgens 8 Uhr beim Kriegsgericht gewesen. Weiter am 18. um 3 Uhr 35. Ankunft in Batna am 18., abends halb neun.

Das inzwischen echte Elend und das Eingesperrtsein unter den arabischen Frauen würden mir nicht viel ausmachen … Sogar die vollkommene Abhängigkeit von Rouh wäre ein gesegneter Zustand, in dem ich mich bald ja auch befinde … Doch was mich quält und mir das Leben beinahe unerträglich macht, ist das Getrenntsein von ihm und die bittere Traurigkeit, ihn so selten und immer nur für ein paar flüchtige Augenblicke sehen zu können. Was bedeutet schon alles Übrige, für mich, die sofort auflebt, wenn ich ihn so wie gestern in die Arme schließen und ihm von »Angesicht zu Angesicht«, wie Aziyadeh sagt, in die Augen schauen kann?

Nun ist sie also doch erwacht, unbewusst und ganz ohne Absicht, die große Liebe meines Lebens, die ich nie für möglich gehalten hatte!

Welche Qual und welche Freude, welche Verzweiflung und welcher Rausch!

Batna, 26. März. Dienstag, 1 Uhr mittags

Heute mit Souf am Fuße des Berges gewesen; habe das Pferd auf der Wiese stehen lassen, mich unter eine Pinie gelegt und träumend das weite Tal betrachtet, die blauen Berge gegenüber und Batna, die Stadt der Verbannung und des Elends, in deren Armenvierteln ewig Panik herrscht. Ein Gefühl wollüstiger Trunkenheit unter dem weiten Himmel und der großen Sonne, weit weg von den grauen Mauern meines eintönigen Gefängnisses. Alles wird wieder grün, die Bäume blühen, der Himmel ist abgrundtief blau, und überall zwitschern Vögel …

Dort oben auf dem Berg, der mich immer ungeheuer stark an den Jura und den Mont Salève erinnert hat, ist die Luft erfüllt vom Duft des Wacholders und des Lebensbaums.

Sanft rauschte der kühle, belebende Wind in den Pinien, und die Berge warfen ein tiefes Echo zurück.

… Wo ist der ferne Herbsttag hin, als ich mit geschlossenen Augen und ruhigem Herzen (o große Blindheit der menschlichen Natur!) dem mächtigen, ewigen Wind des Souf lauschte, wie er geräuschvoll durch die zähen Blätter der Palmen im Chott von Debila fuhr! Wo ist unser Souf hin, die weißen Dünen, seine Gärten und das friedvolle Haus von Salah ben Teliba am Rande der Dünen von Sidi-Mestour und der stillen Gräberstadt, wo die Ouled Ahmed schlafen! Wo ist der Boden der heiligen Zaouias und der Marabout-Gräber, die harte, blanke Erde, auf der die Flamme des Glaubens brennt und wo wir glücklich waren? Wo ist all das hin, und werde ich es jemals wiedersehen?

Hier herrscht äußerstes Elend … Nichts zu essen, kein Geld, keine Heizung … Nichts!

Trotzdem mache ich mir deswegen kaum Sorgen.

Heute versinkt meine Seele in grenzenloser, wenn auch gelassener, ruhiger und sanfter Traurigkeit.

Die Tage gehen dahin, sie verschwinden im schwarzen Nichts der Vergangenheit, und jede neue Dämmerung bringt uns dem Tag der Erlösung näher, dem 20. Februar 1902, der für uns beide endlich der *Beginn* des wahren Lebens sein wird. *Und wenn Allah einen Wunsch kundtut und sagt: So soll es sein, so wird es sein!*

Alles liegt in den Händen Gottes, und *nur sein Wille geschieht.*

Batna, Freitag, 12. April 1901, 5 Uhr nachmittags

In letzter Zeit reite ich morgens immer mit meinem treuen Souf aus, um ein paar ruhige Stunden auf den Wegen zu verbringen.

Nach ein paar wilden Runden im Galopp auf dem Exerzierplatz und einer kleinen Übungsstunde für Souf nehme ich die Straße nach Lambèse und reite bis hinter den vierten Kilometerstein.

Dort steige ich ab und setze mich am Straßenrand an den weitgestreckten goldgelben Teppich eines Rapsfeldes, ich rauche und überlasse mich Tagträumen, während ich Souf, der gierig das saftige Gras zwischen den Blumen abzupft, am Zügel halte.

Entlang des weißen Straßenbandes steigen die trostlosen Farmen mit den sattgrünen Feldern staffelförmig auf.

In der Ferne, Richtung Norden, schimmern die Felder von »Schwefelblumen« an den Hängen blasslila und silbern. Die Silhouette der traurigen Kasernenstadt mit ihren Amtsgebäuden liegt weit hinter mir. Ich kehre ihr den Rücken zu und betrachte die blühende Landschaft, in der die Lerchen singen und Schwalben auf der Suche nach Nahrung herumschwirren.

Momente echten Glücks und tiefen Friedens hier, an diesem Ort, der mir mittlerweile schon vertraut ist.

Neulich Abend lag ich mit Slimène auf Khelifas Matte und betrachtete durch das Fenster den blauen Himmel, an dem ein paar von der untergehenden Sonne vergoldete Wolken trieben, ich sah die plötzlich grün gewordenen Baumkronen und den Wipfel einer Pappel: Jäh tauchte die Vergangenheit wieder vor mir auf, so intensiv, dass mir die Tränen kamen ... Überhaupt verfolgen mich dieser Tage in diesem ähnlichen Landstrich die Erinnerungen an die *Villa Neuve*.

Seit zwei Tagen weht der Schirokko. Der Himmel ist neblig, und man fühlt sich abgespannt. Heute langer Ausritt über die triste, reizlose Piste von Biskra. Danach langweilige Besorgungen für Lamris Familie.

Gegen 1 Uhr 30 kam ich zurück, vollkommen fertig, blieb bis halb fünf auf der Matte liegen und las in meinen alten Tagebüchern. Traurigkeit, Sehnsucht nach dem Souf, Schwermut, Unwohlsein …

Batna, 26. April, 11 Uhr abends

Heute Abend bin ich irgendwie traurig, seit ein paar Tagen schon, auf eine undefinierbare Art und Weise. Ohne Ouiha fühle ich mich schrecklich einsam und blase Trübsal. Nach dem Unwetter gestern ist Batna überschwemmt, düster, eisig, voller Schlamm und ekliger Rinnsale. Mein armer Souf ist ziemlich krank, und so bin ich um meine melancholischen Ausritte gebracht – auf den Straßen oder hinauf zum trostlosen Friedhof auf der Anhöhe, am Fuße des grauen Hügels, wo die kaputten Gräber, die beängstigend wie halboffene Türen den Blick auf das entsetzliche Nichts des menschlichen Staubes freigeben, in wilder Unordnung zwischen den duftenden Büscheln aus grauem Beifuß und rotem Seidelbast verstreut sind, und daneben das grüne Feld, wo violetter Flachs wächst, weiße Anemonen und scharlachroter Mohn …

Neulich irrte ich inmitten der Flöten, Trommeln und Banner der alten islamischen Feste zwischen den Moslems umher, die um Regen baten, jenen Regen, der den flüchtigen und vorzeitigen algerischen Frühling etwas verlängert, der in der Hast des Wiedererwachens die Blumen des Sommers mit denen des Frühlings vermischt und schon drauf und dran schien, mit den schwülen Tagen des Schirokkos zu Ende zu gehen.

Nach sechs langen Tagen, in denen ich ihn nur nachts gesehen habe, und immer nur für ein paar kurze Augenblicke, flüchtig nur, am Eingang zu dem verfluchten Viertel, in das er verbannt wurde, ist Rouh gestern zu mir gekommen ... Ich habe ihn in die Arme genommen, und plötzlich, nach dem irren, fast wilden Feuer der ersten Umarmung, ohne dass wir wussten warum, flossen bei uns beiden wortlos die Tränen, und eine rätselhafte Angst schnürte uns die Herzen ein.

Dann, in der Nacht, nach dem idiotischen Lauf durch den sintflutartigen Regen, den ich nur auf mich genommen habe, weil ich mich lustig machen wollte über Tarhat, diesen Heuchler – der jedoch so viel Geschmack besitzt, sich nicht zu verstellen –, las ich noch kurz und schlief dann ein, da ist mir Wawa erschienen; er überhäufte Rouh mit Zärtlichkeiten und drückte mir in seiner Art von früher seine Wertschätzung aus ... Ich erinnere mich nur verschwommen an den Traum, als läge er schon lange zurück, trotzdem hinterließ er einen tiefen und sanften Eindruck, wie eine geheimnisvolle Bestätigung der tröstlichen Depesche, die Augustin mir geschickt hat ...

Gestern habe ich einmal mehr festgestellt, wie unschuldig, gutherzig und schön Slimènes Seele ist, als er sich kindlich darüber freute, dass Augustin sich mir wieder zugewandt hat und uns beiden nun doch Gerechtigkeit zu Teil werden lässt. Trotz allem, was ich erlitten habe, erleide und noch erleiden werde, danke ich Gott und dem Schicksal dafür, dass sie mich in dieses unvergessliche Reich aus Sand geführt haben, um mich diesem Menschen zu schenken, der mein *einziger Trost* ist, meine einzige Freude auf dieser Welt, hier, wo ich der Bedürftigste der Bedürftigen bin und mich dennoch reicher fühle als irgendwer sonst, besitze ich doch einen unermesslichen Schatz.

Aus purer Gewohnheit dauernden Leidens frage ich mich manchmal voller Angst, oft sogar, ob das eifersüchtige Schicksal mir dieses Glück nicht irgendwann durch den Tod entreißen wird.

Allerdings hätten, nach ihm, mit dieser Erfahrung Warten und Hoffen keinen Sinn. Mehr noch: Selbst wenn ich wüsste, dass ich nach seinem Verschwinden einen anderen fände, der mich ebenso liebt, würde ich nichts davon wissen wollen, ganz einfach deshalb, weil es *ein anderer* wäre, während doch *er* es ist, dem meine bedingungslose Liebe gilt, eine Liebe, die ebenso sanft und zärtlich wie glühend ist.

Ich bin ihm gegenüber oft hart und ungerecht gewesen, habe ihn grundlos vor den Kopf gestoßen, manchmal war ich so verrückt, dass ich ihn schlug, ich schämte mich, weil er sich nicht wehrte und meinen blinden Zorn nur belächelte … Hinterher verursacht mir das kleinste Unrecht gegen ihn echte Schmerzen und tiefe Abscheu vor mir selbst.

War am Abend beim Polizeibeamten, der sicher vom Feind beauftragt wurde, mir nachzuspionieren. Ganz gleich, was ich neulich Abend zu ihm gesagt habe, ich würde es in aller Öffentlichkeit wiederholen, und es stimmt, denn er ist es gewesen, der als erster den Verdacht geäußert hat, das P. es gewesen sei, der meinen Tod wollte, und dass der Mörder nicht bestraft werden würde. Wenn das tatsächlich stimmt, bedeutet es mein Todesurteil, wo auch immer ich im Süden hinkomme, der einzigen Gegend, wo wir leben könnten …

Wenn das Verbrechen von Behima unbestraft bleibt oder nur leicht bestraft wird, wäre dies ein zynisches Bekenntnis und auch ein deutliches Signal für die Tidschaniyya: »Tötet Si Mahmoud ruhig, ihr habt nichts zu befürchten.«

Doch Gott hat die Hand des Mörders schon einmal gestoppt, und Abdallahs Säbel schlug fehl … Sein Wille geschehe! Wenn Gott will, dass ich als Märtyrer sterbe, wie ich es in der Nacht von Elhadj von ihm verlangt habe, wird mich Gottes Wille erreichen, wo auch immer ich bin. Wenn nicht, werden sämtliche Machenschaften derer, die unendliche

Schuld auf sich geladen haben, am Ende nur dazu dienen, sie selbst zu überführen.

Der Tod schreckt mich nicht, nur möchte ich nicht auf unklare Weise sterben und vor allem nicht sinnlos. Jetzt, da ich ihm ins Auge geblickt habe, da mich seine schwarzen, eiskalten Schwingen gestreift haben, weiß ich, dass sein Kommen augenblicklich zu einer völligen Loslösung führt, zu einem endgültigen Verzicht auf alles, was von dieser Welt ist. Ich weiß außerdem, dass mein Nervenkostüm und mein Wille bei großen *persönlichen* Prüfungen nicht versagen und dass ich meinen Feinden nie den Gefallen tun werde, mich feige oder ängstlich zu erleben.

Dennoch ist da etwas, was mich im Hinblick auf die Zukunft erschreckt: Gegen ein Unglück, das Slimène oder Augustin zustoßen könnte, bin ich absolut nicht gewappnet. Gegen sowas bin ich vollkommen hilflos. Da verlässt mich meine wunderbare Sorglosigkeit, und ich werde hilfloser als ein Kind. Eine verzweifeltere Lage als die, in der ich mich befinde, ist nur schwer vorstellbar: Eigentlich macht sie mir nur Sorgen, weil unsere Schulden für Slimène katastrophale Folgen haben könnten.

Ansonsten … mal abgesehen davon, dass die unvermeidliche Pfennigfuchserei meinem aristokratischen Wesen widerstrebt, schert mich die Lage, in der ich mich persönlich befinde und die nur wenige ertragen würden, herzlich wenig. Zum Glück hält mich der Feind für reich, wie ich den Worten des Polizeibeamten entnehmen konnte.

Ich habe recht daran getan, vor zwei Jahren in Biskra und hier das Geld wortwörtlich aus dem Fenster zu schmeißen: Dass ich im Ruf stehe, reich zu sein, ist im Hinblick auf unsere Verteidigung ebenso nützlich, wie wenn wir tatsächlich reich wären. Oh! Wenn diese Halunken wüssten, wie groß meine Not ist und dass sie mich mit der kleinsten Schikane loswerden könnten, würden sie sofort zur Tat schreiten!

Aber welche Verbrechen müssen sie auf dem Gewissen haben, welche Heidenangst vor dem Licht, dass sie so vor mir zittern, dabei habe ich – abgesehen von den Nachforschungen in El Oued – ja gar nicht viel unternommen, einerseits aus Nachlässigkeit, aber dann eben auch aus Angst, Slimène zu schaden!

Sie haben eindeutig Angst. Warum verhaften sie mich sonst nicht einfach, wegen Spionage zum Beispiel, oder warum weisen sie mich nicht einfach aus?

Eben nur, weil »diese Verrückte für eine Menge Ärger sorgen könnte«, wie P. sich ausdrückte.

Ich habe recht daran getan, meine ärmliche Lebensweise auf meine Unbekümmertheit und Eigenheit zu schieben: Auf diese Weise war mein Elend nicht so deutlich zu erkennen.

Tatsache ist, dass ich soweit gesunken bin, die Leute *ganz bewusst zur Essenszeit* zu besuchen, einfach, um mein Wohlbefinden zu gewährleisten, etwas, das mir früher ebenso unmöglich erschienen wäre wie diese andere Sache, die ich ja auch getan habe: so geheimnisvolle und unnahbare Persönlichkeiten wie die Marabouts aufzusuchen und sie um Geld zu bitten …

Bestimmt habe ich eine stählerne Gesundheit, denn ich halte entgegen aller Wahrscheinlichkeit durch: Die Angstzustände in den letzten Tagen in El Oued, die Verletzung, meine nervliche Zerrüttung und der große Blutverlust in Behima, das Krankenhaus, die zur Hälfte zu Fuß zurückgelegte Reise, das Elend hier, die Kälte und die mangelhafte Nahrung, die größtenteils aus Brot besteht – all das hat mich nicht in die Knie gezwungen. Wie lange wird das noch so gehen?

Ich glaube, dass die Kraft meiner zählebigen Seele und mein unbekümmertes Wesen viel dazu beitragen. Ich bräuchte bloß länger über meine Lage nachzugrübeln, und sofort würde ich krank werden.

Wie zum Teufel lässt sich erklären, dass sich bei mir damals, zu Hause, trotz bester Kleidung und einem Kaminfeuer, trotz denkbar gesunder Ernährung und Mamans abgöttischer Pflege die kleinste Erkältung in eine Bronchitis verwandelte, und ich jetzt, obwohl ich unter der eisigen Kälte in El Oued gelitten habe, das Krankenhaus eingeschlossen, obwohl ich unterwegs der schlechten Witterung ausgesetzt war und hier regelrecht erfriere, dauernd nasse Füße habe und in Sommerkleidung und kaputten Schuhen rumlaufe, nicht einmal einen Schnupfen bekomme?

Der menschliche Körper ist nichts, die menschliche Seele alles. Im Übrigen ist eine schöne Seele die einzig wirkliche Schönheit, denn ohne sie existiert die physische Schönheit für einen wahren Ästheten nicht ... Wieso liebe ich Rouhs Augen? Doch nicht wegen ihrer Form oder ihrer Farbe, nein, es ist das sanfte und herzliche Strahlen in seinem Blick, das sie so erstaunlich schön macht ...

In der Praxis wäre die höchste Form seelischer Schönheit für mich ein Fanatismus, der *harmonisch*, das heißt auf dem Wege absoluter Aufrichtigkeit, zum Märtyrertum führt.

Sidi Mohammed Taïeb ist wirklich tot, und ich empfinde tiefe Traurigkeit beim Gedanken an diesen Mann, den ich noch vor mir sehe mit seinem schönen Adlerkopf, im blauen Schein des Vollmondes, auf der Terrasse des verfallenen Hauses von Taleb Saïd vor den kleinen grauen Dünen im Norden von Touggourt, am Abend meiner Abreise, im letzten September ... Und ich höre wieder, wie er zu mir sagt: »Wir werden uns noch einmal wiedersehen, Si Mahmoud, *so Allah will!*«

Damals wusste er ebenso wenig wie alle anderen, welche Pläne der Feind insgeheim gegen mein Leben und seines schmiedete, dass dieser Abschied ein großes Lebewohl für immer sein würde! ... und wir uns nie wiedersehen würden, *bis zum Tag der Wiederauferstehung*, an jenem anderen Ort, wo gewiss die Vernunft und Gerechtigkeit herrschen, an denen es dieser Welt mangelt, hier, wo die Gerechten und die Märtyrer niedergetrampelt werden von der Menge, die beständig danach drängt, die Spuren der Tyrannen, Betrüger und Verbrecher in ihrem eigenen Blut und im Staub ihrer Toten zu küssen!

Welche bedauerlichen Folgen wird dieser Tod für die Zukunft der Bruderschaft und unsere Scheichs haben?

3. Mai 1901, Freitag 9 Uhr 45 morgens

Gestern Abend habe ich von meiner Ausweisung erfahren.

O Toura, weißt du: ob meine Nacht ein Ende haben wird. Weißt du, ob meine Liebe Beistand finden wird. Die ganze Nacht hindurch erleide ich die Qualen der Liebe. Und die Glut meines Verlangens erregt mich. Ich verstecke meine Liebe: doch ein Zeichen in meiner Brust verrät sie. Ich verstecke meine Leidenschaft und mein Verlangen nach IHR. Und ich zeige die Liebe meines Herzens nicht. Ich gedulde mich bis zu dem Tag, an dem mein Wunsch in Erfüllung geht. Gepriesen sei der Lohn, der das geduldige Warten krönt!

Am selben Tag, 3 Uhr nachmittags

Wieder einmal ist alles zerstört, vernichtet, niedergemäht. Wieder einmal hat das Schicksal sämtliche menschlichen Pläne durchkreuzt und unsere Häupter unter seinem grausamen Odem gebeugt.

Doch derlei Prüfungen, von denen es schon mehr als genug in meinem Leben gab, können meine Seele nur stählen. Ich werde den Mut aufbringen, gegen die infame Ungerechtigkeit, die mir widerfahren ist, zu kämpfen, in der Hoffnung, mit Gottes Hilfe und der Hilfe unseres Herrn El Djilani den Sieg davonzutragen.

Doch wie soll ich es schaffen, für unbestimmte Zeit von Rouh fortzugehen, der so fest mit meinem inneren Wesen verbunden, ja mittlerweile ein Teil meiner selbst geworden ist? Wie soll ich auf seine Gegenwart verzichten, wenn mir die Tage ohne ihn endlos vorkommen?

Es gab nur noch eine einzige Freude, einen einzigen Trost in meinem Leben: ihn zu sehen. Noch zwei Mal werden wir Arm in Arm schlafen ... Noch zwei Mal werde ich sehen, wie seine geliebte Gestalt in dieses armselige Zimmer tritt, das uns genau wie all die anderen Herbergen unserer Liebe ans Herz gewachsen ist.

Und dann, nichts mehr ... Die düsteren Erinnerungen an Bône und Marseille, wo ich zwar die Freude haben werde, Augustin wiederzusehen, doch wie sollte ohne meinen Seelenverwandten Zuizou echte Freude aufkommen?

Seine Liebe und seine Güte haben die dunkelsten Stunden des letzten Jahres aufgehellt ... Wenn er nicht da ist, wird alles schwarz und düster.

Sonntag, 5. Mai, 9 Uhr morgens

Mitten in der schrecklichen Verzweiflung der letzten Tage, die finsterer waren als je welche zuvor, stelle ich erfreut fest, dass mir der Sinn für Schönheit geblieben ist, und auch meine Liebe zur Kunst und zur Natur besteht unvermindert weiter.

Ich habe die äußerste Grenze des Elends erreicht, wo Hunger und Not und die beständigen Ängstigungen des materiellen Lebens herrschen. Ich bin wie ein gehetztes Tier, das erbarmungslos gejagt wird, mit dem offenkundigen Ziel, es zu töten, es zu vernichten. Ich werde getrennt sein von dem, was mir das Liebste ist auf der Welt, was mir mein trostloses Dasein trotz allem aufhellte, trostlos in einem *grundsätzlichen* Sinn, seit jeher und für alle Ewigkeit. Seit Jahren wusste ich *mit Gewissheit*, dass ich diesen Grad des Elends irgendwann erreichen würde.

Doch selbst in dieser Lage, nach all dem Kummer und angesichts der Gefahren, fühle ich, dass ich nicht schwach werde, dass zwei Dinge mir erhalten bleiben: meine Religion und mein Stolz, Stolz darauf, dass ich den Schmerz dieser keineswegs niederen Leiden ertrage, mein Blut vergossen zu haben und wegen meiner Überzeugung verfolgt zu werden.

Meine Lebenskraft ist nicht erloschen, sie ist nunmehr gewaltig und unbezwingbar, und das bittere, düstere, grausame Leben ist durchaus nicht *farblos* und *abscheulich*. Um es aufzuhellen, ist da noch immer die tiefe Liebe von Rouh, ob nah oder fern, jener wesentlich schönen und für alle echte Schönheit offenen Seele. Und außerdem ist da der inzwischen vielleicht noch feinere und ernsthaftere Sinn für die Kunst, die Schönheit und die Natur.

Früher kam es mir wie den meisten immer paradox vor (obgleich ich schon so eine Vorahnung hatte), dass das Elend und die Gemeinheit es dennoch nicht vermögen, den erhabenen Sinn für das Schöne und die Liebe zum Guten zum Erliegen zu bringen. Nun, keineswegs … Bei mir verherrlichen sie ihn eher.

In allen Dingen ist Schönheit, und sie zu erkennen ist allein die Gabe des Dichters: Diese Gabe ist in mir keineswegs abgestorben, und ich rühme mich dessen, denn einzig der Schatz der Gedankenwelt ist *unvergänglich*. Der für die meisten Menschen stumme Stein eines Bauwerks bewahrt eifersüchtig die Gedankenwelt dessen in sich, der seine Form entwarf, jedenfalls solange es steht.

Während ich auf das Almosen wartete, das meine Feinde *womöglich* um einen letzten Triumph bringen wird, und wenn man von jeglicher menschlichen Achtung absieht, konnte ich heute die Schönheit eines feinsinnigen Buches von D'Annunzio genießen …

An den armseligeren Tagen, an denen ich solche geschmackvollen Freuden entbehren musste, erfreute ich mich am purpur-goldenen Widerschein der Sonnenuntergänge über den wellenförmigen Kämmen der weißen Dünen in meiner Wahlheimat … Ich fühlte die Harmonie der wogenden Wölbungen und der satten Frühlingsfarben auf den mit duftenden Blumen und Pflanzen übersäten Hügeln des trostlosen Batna, dieser Stadt der Verbannung und der Qual.

Arm, arm wie einst der große Eyoub, diese Inkarnation des menschlichen Leidens, fühlte ich mich als der uneingeschränkte Herrscher über die kolossalen Weiten der geliebten Wüste und die wilden Berge des Aurès-Gebirges.

Wie ein Landstreicher saß ich am Wegesrand neben dem unschuldigen, treuen und bescheidenen Gefährten, der mir nun auch für immer genommen wird, und sah mit dem Blick eines Gutsherrn über die Felder mit dem golden blühenden Raps, dem Smaragdgrün des Hafers und des Weizens, dem Opal der Beifußbüschel mit ihrem berauschenden Duft. Jenen Reichtum kann nur das Grab mir nehmen, die Menschen aber niemals … wer weiß, sollte das Schicksal mir die Zeit lassen, noch ein paar Seiten zustande zu bringen, wird er mich in der Erinnerung mancher Menschen vielleicht sogar noch überleben.

Nur diese höchsten Formen des Lebens sind es wert, gelebt zu werden – wenn sie das nur wüssten, der geizige, dumme Geldsack und die reiche, umschmeichelte »Frau von Welt«, die sich für schön hält, sie würden neidisch werden auf den armseligen Plunder, die verlauste Bleibe und das karge Brot derjenigen, die die Quelle der Liebe gefunden hat (was nur dann möglich und wirklich ist, wenn sämtliche niederen, eigennützigen Absichten außen vor bleiben), die sich das riesige Universum mit seiner geheimnisvollen Seele stolz zu eigen macht, es besitzt und es vollkommener genießen kann, als irgendein Aristokrat in früherer Zeit seine vermeintliche Macht genoss.

Was für eine göttliche, einzigartige Freude, im Spiegel eines menschlichen Auges *bedingungslose* Liebe zu erkennen und in den Weiten der Welt bis hinauf zu den schwindelerregend fernen Sternen die unbestreitbare *Besitzurkunde*!

*»Das nutzlose Bedauern über alle verlorene Freude, die Erinnerung an alles vergängliche Gut, das höchste Flehen, das über die Meere entschwindet und sich hinter den Bergen vor der Sonne verbirgt, das unerbittliche Verlangen und die Notwendigkeit des Todes, all diese Dinge waren in dem einsamen Gesang enthalten und wurden kraft der Kunst in erhabene Substanzen verwandelt, die die Seele aufnehmen konnte, ohne an ihnen zu leiden.« (*D'Annunzio, *Das Feuer)*

Habe Batna am 6. Mai 1901 um vier Uhr morgens verlassen. Ankunft in Bône am selben Tag gegen 3 Uhr nachmittags. Vom 6. bis 8. einschließlich der Nächte in Khoudjas Haus geblieben.

Notiert in Bône am 8. Mai, 6 Uhr abends.

Ja, ein Leben ohne Slimène ist schlicht und ergreifend *unmöglich*. Alles ist farblos, trist, und die Zeit zieht sich endlos in die Länge. Armer Ouiha Kahla! Armer Zuizou! Wann werde ich ihn wiedersehen?

Marseille, 22. Mai 1901, 9 Uhr abends
Mittwoch, Abreise

Habe Bône am Donnerstag, den 9. Mai um 6 Uhr abends verlassen, auf der *Berry* von der *Compagnie Générale des Transports Maritimes*, Überfahrt 4. Klasse unter dem Namen Pierre Mouchet, Tagelöhner. Ankunft in Marseille, Samstag den 12., um 3 Uhr nachmittags. An der Mole das Schiff verlassen. Mit der Straßenbahn bis zur Rue d'Oran.

Morgen, wenn ich mich von den Anstrengungen der letzten zwei Tage ein wenig erholt habe, schreibe ich genauer über die Eindrücke von Bône, die Überfahrt und die ersten Tage in Marseille … Heute Abend will ich hier nur die psychologische Seite dieser letzten Phase festhalten, die mit Tränen und Angstzuständen begann und sich plötzlich in eine angenehme, weil *nützliche* Phase verwandelte, die glückliche Zufälle mit sich brachte, wie zum Beispiel jene außergewöhnliche Begegnung mit Abd-el-Aziz-el-Agreby, dem alten Gefährten aus Sousse, eine Begegnung, die für Ouihas und meine Lage eine große Verbesserung bringen könnte; vielleicht wird er in Algier etwas erreichen; vielleicht findet er in Tunesien ja einen Ersatzmann für Slimène? (eine traumhafte Vorstellung!) Auf jeden Fall wird er mir jetzt höchstwahrscheinlich nach und nach einen Teil des Geldes zurückzahlen, das er mir schuldet …

Es liegt kein Ausweisungsbeschluss gegen mich vor, und so ist wenigstens diese wahrhaft schreckliche Gefahr abgewendet. Ich kann also, sobald ich die Mittel dazu habe, zu Slimène zurückkehren. Diese Mittel wird mir das Kriegsgericht mindestens bis zum 18. Juni verschaffen. Bis dahin und *ab morgen* muss ich mich an die russische Arbeit machen und sie zu Ende bringen, wozu ich Zeit genug habe.

Der Horizont hat sich nach allen Seiten hin aufgehellt. Nach der sonderbaren Begegnung gestern mit Abd-el-Aziz habe ich aufrichtige Freundschaft für ihn empfunden. Ein seltsam sanftes Gefühl, große Freude und wahre Rührung.

Vielleicht hat Gott ihn ja auf meinen Weg gesandt, genau jetzt, um mir durch diese schwierige Phase meines Lebens zu helfen!

Ich denke an Slimène, und ich denke an ihn; zum *ersten Mal* vielleicht auf *vernünftige* Weise.

Ja, wenn ich wieder bei ihm bin, muss ich mein Verhalten ihm gegenüber sofort ändern, um das Glück unserer häuslichen Beziehung nicht zu gefährden, denn die Ehe sollte nicht allein auf Liebe beruhen, die, wie groß und mächtig sie auch sein mag, keine hinreichend feste Grundlage bildet. Ich muss die oft harte, aber unerlässliche Aufgabe der Hingabe übernehmen, um ihn durch mein Verhalten, das von gleichbleibender Güte sein muss, über alle Bitterkeit des Lebens hinwegzutrösten. Ich muss genügend Selbstbeherrschung aufbringen, um nicht mehr gewalttätig oder egoistisch ihm gegenüber zu sein, damit er nicht eines Tages die Geduld verliert, denn sonst ist keine gemeinsame Zukunft möglich … Ich muss mich zu etwas zwingen, was mir angesichts meiner Natur äußerst schwer fällt: Unterwerfung. Diese hat gewiss auch ihre Grenzen und darf keinesfalls zur Geschmacklosigkeit werden, würde aber unser gemeinsames Leben zu zweit auf jeden Fall versüßen … Alles in allem muss ich mich zusammenreißen, an meinem Charakter arbeiten und ihn erträglicher machen, was mir bei Slimènes gutmütigem Charakter und seiner nachsichtigen, sanften Art nicht allzu schwerfallen sollte …

Marseille, 12. Mai 1901

Habe das Haus in der Rue Bugeaud am 6. Mai um 3 Uhr morgens verlassen. Alle Dinge strahlten große Ruhe aus, Mondschein, tiefe Stille in den Straßen. Slimène, Labbadi und

Khelifa haben mich zum Bahnhof gebracht … Kurzer Halt in der Straße … Ich drehte mich ein letztes Mal zu der geliebten roten Gestalt um, die in der Dunkelheit schon fast nicht mehr zu erkennen war …

Wenngleich wir tieftraurig waren, haben wir uns doch nicht allzu bedrückt getrennt: Wir hatten beide die Vorahnung eines baldigen Wiedersehens …

Die Landschaft zwischen Batna und El Guerrah karg und trostlos … Die *Sabchas*, also Seen, waren in weißen Nebel gehüllt. Hinter El Guerrah unglaublicher Reichtum an Farben und Schattierungen; Teppiche aus Klatschmohn, wie blutige Flecken im Dunkelgrün der erntereifen Felder, schneeweiße Anemonen, purpurne und bläuliche Gladiolen, goldene Rapsflecken … ach, ganz ähnlich wie mein Feld an der Straße von Lambèse, hinter dem vierten Kilometerstein, zu dem ich an den Aprilmorgenden in aller Frühe mit meinem armen treuen Souf hinausritt … Wo ist Batna, die Stadt der Liebe, der Verbannung und der Bitterkeit, an die ich heute wehmütig zurückdenke, weil der arme Freund mit dem guten, lieben und sanftmütigen Herzen dort zurückgeblieben ist? … Wo ist Souf, mein tapferes und treues Pferd, stummer Gefährte meiner unvergesslichen Ausflüge in die Dünen unseres Landes? … Wo ist Khelifa, wo sind all die armseligen Dinge hin, die wir ehrfürchtig von El Oued mitgebracht hatten, weil sie die heiligen Überreste unserer geliebten Behausung dort waren? … Wo ist all das geblieben, was der Wind des Schicksals verstreut und vernichtet hat?

… Um 3 Uhr kam ich in Bône an. Intensive Erinnerung an einstige Tage bei Khoudja, in dem engen bläulichen Hof, in dem ich so oft und damals noch sorglos die bezaubernde Stunde der sommerlichen Morgendämmerung verbracht und vor mich hin geträumt habe und wohin sich der *Weiße Geist* ebenfalls setzte! … Ein Gefühl von *Traum*, von *Unwirklichkeit*, das diese Stadt bei mir hinterlässt, von der ich nichts wiedergesehen habe, außer das arabische Haus und ihre unvergleichliche Silhouette bei der Abfahrt.

Ging am 9. Mai um 5 Uhr nachmittags unter einem klaren, strahlenden Himmel an Bord …

»Am 12. Mai diese Notizen unterbrochen, weil ich plötzlich wieder in schreckliche Verzweiflung über die Trennung von Slimène verfiel … Wie nur soll ich es dermaßen lange ohne ihn aushalten, verbannt und ohne Bleibe, wo ich mich doch schon daran gewöhnt hatte, endlich ein *Zuhause* zu haben, wie ärmlich es auch gewesen sein mag!«

Tage voller Trübsal und Angst in Bône, die ich damit zubrachte, gegen die Angst anzukämpfen, dass mir Ouiha verlorengeht, dann Khoudjas gemeine Untätigkeit und das anhaltende, äußerst dunkle Gefühl der *Unwirklichkeit* meiner Umgebung.

… Bône mit seiner unveränderlichen Silhouette, die man vom Meer aus sehen kann, ist noch immer die einzigartige, unvergleichliche Stadt, die mich zwei sehnsüchtige und leidvolle Jahre hindurch in der Erinnerung verfolgt hat … Merkwürdig, seit ich 1899 dorthin zurückgekehrt bin, scheint die magische Anziehungskraft gebrochen, und wenn sich nicht das Grab des *Weißen Geistes* dort befände, würde es mich vielleicht gar nicht mehr dorthin zurückziehen! …

Hastiger, fieberhafter Aufbruch. Rannte mit irgendeinem Lastträger durch die Altstadt, die an mir vorüberflog … Sah, wie sich die einst so vertraute und nun für immer fremde Silhouette Bônes entfernte … Auf der *Berry* dann saß ich ganz vorn, in meinem schäbigen Matrosenanzug und unter dem Namen Pierre Mouchet, und fühlte mich traurig wie ein Auswanderer, ein Verbannter, der dem heimatlichen Boden gewaltsam entrissen wird … Und dort, unter den erstaunten Blicken der Passagiere – wenigstens belächelten sie mich nicht – kamen mir plötzlich die Tränen, ich konnte sie einfach nicht zurückhalten … Niedergeschlagen betrachtete ich das bunte Treiben an Land, die rötlichen Quaimauern, den Idou, Saint-Augustin und den heiligen grünen Hügel mit den düster-schwarzen Zypressen … Mit stechendem Schmerz dachte ich daran, dass dies der Boden Afrikas war, der leidenschaftlich geliebte Boden, auf dem Slimène lebt, wo die herrliche Sahara liegt, und der sich nun rasch entfernte, bis ich ihn in der aufsteigenden Dunkelheit des Abends kaum noch erkennen konnte.

Diese Rückkehr nach Bône gleicht einem Alptraum, so flüchtig, kurz, bewegt und vor allem qualvoll war sie.

… Ich saß neben dem Spill, wo die Ankerkette eingeholt wird, auf meinem Bündel und dachte an die große Not, in die ich geraten bin, meine völlige Mittellosigkeit … Dachte auch an meine *Kostümierungen* von früher, die *prophetischen* Matrosenanzüge, die ich in den inzwischen weit zurückliegenden Zeiten des Wohlstands aus Spaß zur Schau trug.

Schlug mein Nachtlager an dieser halbwegs warmen Stelle auf und schlummerte in einem echten Wohlgefühl – dem seltsam traurigen und lustvollen Wohlgefühl des *Heimatlosen* – über dem durch die Gewohnheit des Leidens schon fast versöhnlichen Gedanken ein: *Eden-Purée* … elendes Eden – wie es mal irgendein Spaßvogel an die Tür des Wachturms in Kef-ed-Dor gekritzelt hat, wahrscheinlich ein Afrika-Soldat …

Ein heftiges Gewitter riss mich aus dem Schlaf … brachte meine Siebensachen unter die Brücke neben dem Lampenputzraum … Von dort wieder vertrieben, irrte ich mit meinem halboffenen, schmutzigen, durchnässten Bündel durch den strömenden Regen.

Schließlich fand ich dank eines anständigen Matrosen Unterschlupf auf dem Vorschiff, zusammen mit zwei halbverwilderten Neapolitanern und einem Alten, der, glaube ich, gerade aus Japan zurückkam und eine schwarze arabische Jacke, eine Kachebia, trug.

Ich lief herum, auf der Suche nach Wasser. Trank was aus einer Kiste! Verbrachte eine halbwegs gute Nacht auf dem Boden. Schlief den ganzen nächsten Tag (10. Mai), bis 4 Uhr. Dann zieht ein Unwetter auf; der alte Neapolitaner seekrank. Überflutung, die mich von meinem Platz hinter der Ankerwinde vertreibt. Der mürrische Schiffsjunge bringt mich nach Steuerbord, wo ich mich auf einem Haufen Schiffstaue niederlassen kann.

Die ganze Nacht über tobte der Sturm, das Schiff schwankte heftig, immerfort Sturzwellen, die mit Getöse auf das Vorderdeck krachten. Schreckliche Nacht; von überall her spritzte es, ernsthafte Befürchtung einer Katastrophe. Der Wind heult, die riesigen Wellen donnern und tosen … Eine große Symphonie des Schreckens.

… *Verzweifelt* klarsichtige Überlegungen in jener Nacht des Fiebers und Wahnsinns, eine habe ich behalten:

»Es ist die *Stimme des Todes*, die da brüllt, sie ist es, die hartnäckig gegen die *Berry* wütet, das durchgerüttelte, gequälte arme Ding, das wie eine Feder auf dem unheilvollen Meer hin und her gerissen wird.«

Merkwürdig, aber ich suche beflissen nach Worten, um solch folgenlose Sätze zu drechseln, als wollte ich trotz meiner physischen Leiden schreiben: Bin leicht seekrank, vor Hunger krampft sich mir der Magen zusammen, habe Schmerzen auf der rechten Seite, mir ist eiskalt, ich bin erschöpft, und die Nierenschmerzen sind so stark, dass ich mich immerfort auf die nassen, harten Schiffstaue hinstrecken könnte …

In der Nacht gingen fast alle Passagiere unter Deck in die dritte Klasse. Ich blieb allein zurück, wie abgeschnitten von der Welt durch die unaufhörlichen Sturzfluten, die mit Donnergetöse über mir grollten und aufs Deck krachten, sodass wohl jeder, der versucht hätte, dort langzugehen, unweigerlich zermalmt worden wäre …

Ankunft an einem klaren, sonnigen Nachmittag. Klugerweise die Straßenbahn genommen, von der Magdeleine aus ging ich zu Fuß weiter, eine ziemliche Mühsal mit meinem Gepäckbündel. Entsetzen, keine Nachricht von Slimène vorzufinden. In der Nacht schreckte ich jäh hoch, so voller Angst, dass ich fast Augustin geweckt hätte.

Am darauffolgenden Vormittag kam ich nicht zur Ruhe, bis endlich die Depesche von Slimène eintraf ... Das gibt mir wieder Mut, um diese neuerliche Prüfung durchzustehen, die härteste von allen: die Trennung.

Hier bin ich froh, allerdings *nicht um meinetwillen*, wenn zwar keinen Wohlstand, so doch wenigstens die Sicherheit eines Wohlergehens vorzufinden, das sich im Vergleich zu meinem sonstigen Elend wie Reichtum ausnimmt.

Die Eindrücke vergangener Zeiten drängen sich wieder auf, vor allem die meines Aufenthaltes hier im November 1899. Vorhin hörte ich das vielstimmige *chaotische* Glockengeläute der Kirchen von Marseille und durchlebte noch einmal die Erinnerungen an die heiteren Tage von damals, als Popowa und ich durch diese Stadt liefen, die ich auf eigenartige Weise liebe, in der ich aber nicht wohnen möchte ... Das Château d'If und Saint-Victor ... Klare provenzalische Herbsttage, schon so fern! ...

... Wer aber bringt mir meinen ewig sonnigen Souf zurück, die weißen Zaouias, die friedlichen Häuser mit den grauen Kuppeln und den unendlichen Horizont aus Sand ... die ganze Kulisse meines letzten halben Jahres dort unten, in der herrlichen Wüste ... Wer bringt mir Slimène zurück, den Bruder und Geliebten, der alles ist, was ich an Familie auf dieser Welt habe?

... Gott, vielleicht ... an den ich glaube und dem ich bedingungslos vertraue, und Abd-el-Kader Djilani ...

(Abgeschrieben und fertig geschrieben am 25. Mai)

Marseille, Dienstag 28. Mai, abends halb elf

... Heute Abend an das Elend gedacht, das fortan mein Schicksal auf Erden ist.

Während ich, wie gewöhnlich allein im Haus, am Küchenfenster lehnte, kam ich in der Behaglichkeit und Klarheit des hellen Abends zu der absolut aufrichtigen Überzeugung, dass das Elend, welcher Art auch immer es sein mag, sich nicht *direkt* auf den ästhetischen Sinn auswirkt, und dass ich die Herrlichkeit der Dinge gegenwärtig ebenso gut wie früher empfinde, wenn nicht sogar *noch besser*; ein letztlich doch tröstlicher Schluss.

Trübsal und Sorge, Slimène allein dort unten zu wissen, umgeben von all den niederträchtigen Leuten, Mouloud, Bornia usw., meinen feigen und boshaften Feinden. Ich glaube, dass er siegreich aus dieser Prüfung hervorgehen wird, *so Allah will*!

Für ihn bin ich zu allem bereit; wenn wir zu zweit sind, kann ich mich *ihm gegenüber*, aber *nur ihm* gegenüber sanft und absolut unterwürfig zeigen; doch keiner von dieser kriminellen Bande, die sich einbildet, sie könnte über diesen Mann bestimmen – warum eigentlich?, wo doch er allein über mich bestimmen darf und ich über ihn, über seine Treue und sein Verhalten –, keiner von diesen Leuten soll sich an meiner Freiheit oder Würde vergreifen. *Verflucht seien sie in alle Ewigkeit!*

Ich empfinde gegen all diese Elenden den gleichen unbändigen Hass, der mich gegen einen Aly oder einen ben Osman beseelt; nicht etwa, weil sie mich bestohlen, sondern weil sie mich beleidigt haben, und weil sie *gemein*, nichtswürdig und unverschämt sind.

Die Niederträchtigkeit und Gemeinheit im Bösen haben mir dieses stets noch unausstehlicher und verhasster gemacht, genau wie übrigens jede Mittelmäßigkeit.

Marseille, 3. Juni 1901, 9 Uhr abends

Ich habe das Bedürfnis, hier rasch meine augenblicklichen Empfindungen und ein paar richtige und wichtige Befunde festzuhalten.

Zunächst das Wichtigste: mein Wunsch, so *schnell wie möglich* wieder abzureisen, Slimène wiederzusehen und ihn nie mehr zu verlassen, ja eifersüchtig über ihn zu wachen, bin ich doch endgültig zu der Überzeugung gelangt, dass ich auf dieser Welt nur noch ihn habe und ich so weit von ihm entfernt einfach nicht mehr leben kann. Zugegeben, Augustin tut sein Möglichstes für mich, doch seine Ehe hat ihn auf ewig von mir entfernt, und ich kann nicht mehr auf ihn zählen, wie ich es mir ausgemalt hatte. Dann ist da noch die zwangsläufige *Naivität* seiner Frau, eines Kindes aus dem Volk, und zwar dem impulsivsten Volk überhaupt, die jemandem wie mir, der das Leben und die Dinge nur allzu gut versteht, das Gemeinschaftsleben unerträglich macht.

Der einzige Mensch, mit dem es mir gelungen ist, in Harmonie zu leben, und bei dem ich mich in Sicherheit fühlte, ist Slimène (wie süß es ist, inmitten der gegenwärtigen Ängste an dieses Gefühl zurückzudenken!).

Im Moment betrachte ich die Stunde, da wir wieder vereint sein werden, als eine Stunde der *Erlösung*, und ich stelle mir vor, dass ich in jenem Moment das selige Gefühl dessen empfinde, der eine drückende, lebensbedrohliche Last mit sich herumgetragen hat und diese plötzlich los ist.

Ich glaube sogar, zumal es an der Geschichte mit dem Kriegsgericht nichts ändern würde, dass ich ganz bestimmt Samstag nach Philippeville abreisen würde, wenn ich mit der Mittwochspost Geld von Agreby bekäme, um so das glückliche Wiedersehen und damit das Ende der ständigen Angstzustände, in denen ich seit meiner Abfahrt aus Batna, also seit einem Monat, lebe, um eine Woche vorzuverlegen.

Sicherlich werde ich versuchen müssen, mein Leben so einzurichten, dass es dort unten erträglich wird, vor allem, wenn wir für längere Zeit in Batna bleiben müssen ... Wenn ich nach dem Kriegsgericht wieder dort bin, müssen wir nur noch *acht harte Monate* durchstehen, an deren Ende die *Gewissheit* der offiziellen Eheschließung und der Freiheit steht. Bislang hatte Gott Erbarmen mit uns und hat uns selbst in den grausamsten Stunden nie verlassen. Ich habe mich schon daran gewöhnt, mit tröstlichem Gefühl an ihn und unseren geheimnisvollen Beschützer *Djilani* zu denken.

Außerdem stelle ich fest, dass ich wieder einmal eine Phase der *inneren Verwandlung* hinter mir habe bzw. mich noch immer darin befinde, deren Ergebnisse ich zu spüren beginne: Ich begreife die Menschen und Dinge besser, und der Horizont meines Lebens ist weniger düster, wenn auch noch immer unendlich traurig.

Das Leben ist nicht nur ein fortwährender Kampf gegen die äußeren Umstände, sondern vielmehr ein unaufhörlicher Kampf *gegen uns selbst*. Eine Wahrheit, die so alt ist wie die Welt, trotzdem weiß dreiviertel der Menschheit nichts davon oder lässt sie einfach außer Acht: daher die vielen Unglücklichen, die Verzweifelten und Böswilligen.

Die Seele hat eine *enorme* Macht über sich selbst, insbesondere bei bestimmten Individuen, und diese Macht wächst, je mehr man sich ihrer bedient.

Oft lässt sich diese wohltuende Fähigkeit vor allem durch Leiden erwerben, wie in meinem Fall. Leiden ist gut, weil es einen *läutert* ... ganz bestimmt für die unbekannten Wege des Jenseits, denn ohne Jenseits ist alles *niederträchtig und dumm*. Nur das Leid bringt die Herrlichkeit großen Mutes und großer Hingabe hervor, wie auch die großer Gefühle und weitreichender Ideen ...

Was mich am Heldentum entzückt, ist nicht etwa das Laute, Auftrumpfende, das vielleicht einen Menschen aus dem

Volke begeistern und ihn zu einem *leichtsinnigen* Helden machen kann: Nein, es ist die *reine Schönheit* der Tat, die *Harmonie* ihrer Züge sozusagen, und vor allem die durch den absoluten *Verzicht* auf sämtliche tieferen Bindungen an unser tierisches Wesen unmittelbare Erhebung zur bedingungslosen *Aufrichtigkeit*, die *nur* in der höchsten, der göttlichen Stunde gelingt, wenn der Mensch dem Tod, wie das heilige Wort sagt, von Angesicht zu Angesicht gegenübersteht … Doch dafür braucht man die nach menschlichen Maßstäben absolute *Gewissheit* des *bevorstehenden und unvermeidlichen* Todes, ohne die das Heldentum oft und vor allem bei den einfach gestrickten Leuten nur übertriebenes Vertrauen in das ist, was man vage und auf wenig tröstliche Weise Gelegenheit und Glück nennt.

Bewusst und gelassen zu sterben, seinen wie auch immer gearteten *Glauben bezeugend und um seinen Glauben zu bezeugen*, das ist reine Herrlichkeit. Doch wie schon gesagt, die Tat muss *bewusst* passieren.

Was mich angeht, bin ich sicher, hätte ich die Wahl zwischen dem sofortigen, unzweifelhaften Tod und dem *Abschwören*, würde ich mich für den Tod entscheiden, und zwar aus mehreren Gründen: zunächst wegen der Feierlichkeit des Augenblicks, vor allem aber aus Stolz mir selbst gegenüber, denn das Gleichgewicht zwischen moralischer und intellektueller Welt, von dem ich so zehre, wäre zutiefst gestört, wenn nicht sogar auf immer verloren, und außerdem wegen meiner instinktiven Geringschätzung des Lebens selbst, mal abgesehen von allem, was es verschönert und es lebens- und *erforschenswert* macht. Merkwürdig: Als ich mit diesen Aufzeichnungen begann, das heißt, nachdem ich von meinen Gefühlen für Slimène und meinem derzeitigen Leben gesprochen hatte, wollte ich etwas komplett anderes schreiben als das, was ich nun tatsächlich und auf so unvollkommene Weise geschrieben habe.

... Da ist noch etwas, wie ich jetzt feststelle, das ich nie verstanden habe und nie verstehen werde: *Augustins Charakter und sein Leben.* Ist er so *geworden*, wie er ist, oder war er schon immer so? Ich neige eher zu Letzterem, wenngleich er nach seiner Rückkehr aus Korsika und bis zu seiner Abreise zur Fremdenlegion und auch während der ersten Zeit nach seiner Rückkehr aus Tunis wirklich der gewesen ist, den ich in ihm zu erkennen glaubte. Damit ist es jetzt vorbei, und zwar endgültig. Er scheint mehr und mehr in seinem gegenwärtigen Leben zu versacken, einem Leben, in dem der Intellekt fast keinen Platz mehr hat und das mich zunehmend anwidert und befremdet.

... Wie wird unter solchen Umständen die meines Erachtens sehr düstere Zukunft für diesen Menschen aussehen, der mir physisch auf geheimnisvolle Weise gleicht und der, dessen bin ich mir sicher, ohne dass ich sagen könnte warum, mir auch psychisch ähnlich ist ... Arme kleine Hélène, in der ich mit einer Art *Rührung* und *Angst* bestimmte Züge von mir widererkenne! Du wirst wahrscheinlich nie von mir erfahren, wo ich doch so wenig Platz einnehme in dem Haus, in dem du aufwachsen musst, und in dem ich künftig so selten wie möglich auftauchen werde! Was werden ihre Eltern aus all dem machen?

Und wo ist die *Wesensverwandtschaft* geblieben, die Augustin und mich stets verband und die er immer lauthals beschwor? ... Ach, ach, je länger ich hinschaue, desto weniger kann ich sie entdecken! O Slimène, Slimène, bleib für mich das, was du mir zehn Monate lang gewesen bist, verlass mich nicht und lass mich eine Zuflucht bei dir finden ... nur du, du allein bist mir noch geblieben!

Marseille, 4. Juni, Dienstagmittag

Habe eine scheußliche Nacht hinter mir, zweifelte an allem, insbesondere an Rouh; das alles quälte mich dermaßen, dass ich dachte, ich würde den Verstand verlieren. Selten habe ich körperlich und seelisch so viel durchgemacht wie seit Sonntag. Der Verstand ist hauptsächlich physiologisch: wegen der dummen Szene neulich ist mein ganzer Kreislauf komplett gestört.

Was für Ängste, was für düstere Gedanken!

Um zwei Uhr blies ich das Licht aus und dämmerte erst lange danach weg, dann, gegen drei Uhr, wieder hochgeschreckt mit grundloser Angst, die nur das Vorspiel zu dem schrecklichen Verzweiflungsanfall war, der bis zum Morgen anhielt.

Gereiztheit, Angst, Unruhe, heftige seelische Schmerzen, zum Wahnsinnigwerden – das hat mir dieser letzte Aufenthalt hier gebracht. Und mit jedem Tag fliegt mein Herz Slimène stärker entgegen. Auch dort unten wird es Leid, Elend, Schwermut, die ewigen Entbehrungen geben … Doch es wird auch den unermesslichen Trost geben, ihn dort zu wissen, ihn sehen zu können, seine Stimme zu hören, endlich jemanden zu haben, dem ich meinen Schmerz und all meine Gedanken anvertrauen kann, der mich in fast allem versteht und für den ich das bin, was er selbst für mich ist.

Ruhig sein, sicher, dass die Seele sich am Abend *Erleichterung verschaffen wird.*

Es gibt einen Hoffnungsschimmer, was die russische Arbeit angeht; sie birgt ein erhebliches Verbesserungspotential in sich.

Ach! Wenn Atabek mir 20 Francs schicken würde und Agreby 30, könnte ich Freitag los und nach Batna fahren und diesem unerträglichen Zustand ein Ende machen.

Mein Verstand rät mir sogar, mir nicht noch eine Woche derartige Leiden anzutun, außerdem würde ich auf diese Weise auch den Bettlern der Familie von Bornia entgehen.

Mein Gott, ich würde alles tun, alles, nur um ihn wiederzusehen, und sei es auch nur flüchtig am Eingang zum Viertel, wie damals während der einen Woche!

Marseille, Freitag 7. Juni 1901

Am 6. ist mein Brief über die Sache in Behima in *La Dépêche Algérienne* erschienen.

Am 7. habe ich die Richtigstellung abgeschickt.

Die Briefe

Sehr geehrter Herr Herausgeber,
am 18. Juni wird das Kriegsgericht von Constantine den Einheimischen namens Abdallah ben Si Mohammed ben Lakhdar aus dem Dorf Behima in der Nähe von El Oued (Kreis Touggourt) verurteilen. Dieser Mann ist des Mordes, oder vielmehr des geplanten Mordversuches, angeklagt und überführt.

Ich war Opfer dieses Angriffs, der mich beinahe das Leben gekostet hätte.

Zu meinem großen Erstaunen musste ich feststellen, dass keine einzige algerische Zeitung diese Angelegenheit auch nur mit einem Wort erwähnt hat, dabei gehört sie zu den ungewöhnlichsten und rätselhaftesten, die je vor ein algerisches Gericht kamen. Ich nehme an, dass die Presse über die näheren Umstände dieser Angelegenheit nicht informiert worden ist. Um der Wahrheit und der Gerechtigkeit willen halte ich es für nötig, dass die Öffentlichkeit die Einzelheiten dieses Prozesses noch vor der Urteilsverkündung erfährt. Ich bitte Sie daher höflichst, den vorliegenden Brief mit meiner

Unterschrift zu veröffentlichen. Ich übernehme die volle und ganze Verantwortung dafür.

Erlauben Sie mir, zunächst einige zum Verständnis des folgenden Berichts notwendige Erklärungen zu geben.

Während der Untersuchungen in der Sache Abdallah ben Mohammed haben die mit der Ermittlung betrauten Offiziere wiederholt ihr Erstaunen bekundet, als sie erfuhren, ich sei Muslimin und gehöre sogar der Bruderschaft der Qadiriyya an, auch wunderten sie sich, dass ich arabische Kleidung trage, Frauenkleider oder Männerkleider, je nach den Umständen und Notwendigkeiten meines hauptsächlich unsteten Wanderlebens.

Um nicht als Nacheiferer von Dr. Grenier zu gelten oder als eine Person, die sich kostümiert und sich aus irgendwelchen selbstsüchtigen Motiven mit einem religiösen Etikett versieht, lege ich Wert darauf, an dieser Stelle zu erklären, dass ich nie Christin war, dass ich nicht getauft wurde und dass ich, wenngleich russischer Staatsangehörigkeit, seit langem Muslimin bin. Meine Mutter, Angehörige des russischen Adels, ist 1897 in Bône gestorben, nachdem sie Muslimin geworden war, sie wurde auf dem arabischen Friedhof dieser Stadt beerdigt.

Ich hatte also keinerlei Veranlassung, mich als Muslim auszugeben und auch keinerlei Grund mich zu verstellen, was meine algerischen Glaubensbrüder so gut verstanden haben, dass Scheich Si Mohammed el-Hussein, Bruder von Si Mohammed Taïeb, Naïb der Bruderschaft in Ouargla, problemlos meiner Weihe zugestimmt hat, als Besiegelung derjenigen, die ich schon früher von einem seiner Mokkadem erhalten hatte. Mir liegt nicht nur aus dem oben genannten Grund an einer Erläuterung, sondern auch, damit Abdallahs Attentatsversuch nicht mit fanatischem Hass auf alles Christliche erklärt wird, denn ich bin keine Christin, das weiß jeder im Souf-Gebiet, einschließlich Abdallah!

Hier nun der Bericht über das Attentat, dessen Opfer ich am 29. Januar um 3 Uhr nachmittags wurde, im Hause eines gewissen Si Brahim ben Larbi, Grundbesitzer im Dorf Behima, 14 Kilometer nördlich von El Oued, an der Straße, die nach Chott el Djerid, dem großen tunesischen Salzsee, führt.

Schon bei einer ersten Reise durch die Sahara von Constantine im Sommer 1899 hatte ich El Oued gesehen und einen unauslöschlichen Eindruck zurückbehalten von diesem Land der makellosen Dünen, tief gelegenen Gärten und schattigen Palmenhainen. Im August 1900 ließ ich mich schließlich in El Oued nieder, ohne genau zu wissen, für wie lange. Dort wurde ich denn auch in die Bruderschaft der Qadiriyya aufgenommen und besuchte in der Folge regelmäßig die drei Zaouias in der Umgebung von El Oued, nachdem ich das Wohlwollen der drei Scheichs, des Sohns des Sidi Brahim und der Brüder des verstorbenen Naïb von Ouargla gewonnen hatte. Am 29. Januar begleitete ich einen von ihnen, Si Lachmi, in das Dorf Behima. Der Scheich war mit seiner Bruderschaft auf dem Weg nach Nefta (Tunesien), um am Grab seines Vaters Sidi Brahim das Ziara-Fest zu begehen. Da persönliche Umstände mich daran hinderten, bis nach Nefta mitzugehen, begleitete ich den Scheich bis Behima, wo die Pilgergruppe die Nacht verbringen sollte. Ich selbst beabsichtigte, noch am selben Abend nach El Oued zurückzukehren, mit meinem Diener, einem Einheimischen, der mich zu Fuß begleitete. Wir betraten das Haus eines Si Brahim ben Larbi, und während sich der Marabout für das Nachmittagsgebet in ein anderes Zimmer zurückzog, blieb ich im großen Saal zurück, zu dem ein offenes Vorzimmer gehörte, welches wiederum nach draußen auf den Platz ging, auf dem eine dichte Menschenmasse kampierte und wo mein Diener auf mein Pferd aufpasste. Außer mir waren fünf oder sechs angesehene arabische Persönlichkeiten aus dem Ort und der näheren Umgebung in dem Saal anwesend. Ich saß zwischen zweien von ihnen, dem

Eigentümer des Hauses und einem jungen Händler aus Guemar, Ahmed ben Belkassem. Dieser hatte mich gebeten, drei geschäftliche Depeschen für ihn zu übersetzen, von denen eine so schlecht geschrieben war, dass ich meine liebe Not damit hatte. Ich hatte den Kopf gesenkt und die Kapuze meines Burnus über den Turban gezogen, weswegen ich nicht sehen konnte, was vor sich ging. Plötzlich spürte ich einen heftigen Schlag auf den Kopf, gefolgt von zwei weiteren auf den Arm. Ich hob den Kopf und sah vor mir einen lumpig gekleideten Menschen, folglich keiner aus unserem Kreis, der eine Waffe über meinem Kopf schwang, die ich zunächst für einen Knüppel hielt. Ich sprang hoch und wollte zur gegenüberliegenden Wand stürzen, um mir den Säbel von Si Lachmi zu schnappen. Doch der erste Schlag hatte direkt meinen Kopf getroffen, und ich war völlig benommen. Mit heftigen Schmerzen im linken Arm sank ich auf einen großen Koffer.

Inzwischen war der Mörder von einem jungen *Mokkadem* der Qadiriyya, Si Mohammed ben Bou Bekr, und einem Diener von Sidi Lachmi namens Saad entwaffnet worden, schaffte es jedoch, sich loszumachen. Als ich ihn auf mich zukommen sah, raffte ich mich hoch, um erneut nach irgendeiner Waffe zu greifen, doch das Schwindelgefühl und der stechende Schmerz in meinem linken Arm hinderten mich daran. Der Mann stürzte hinaus in die Menge und schrie: »Ich hole ein Gewehr und bringe sie um!« Saad brachte mir einen arabischen Säbel mit blutiger Klinge und sagte: »Hier, damit hat er dich verletzt, der Hund!«

Der Marabout, der wegen des Lärms herbeigeeilt kam, und dem von Augenzeugen sofort der Name des Täters genannt wurde, ließ den unabhängigen Scheich von Behima holen, der genau wie der Täter zur Bruderschaft der Tidschaniyya gehört, die bekanntlich die erbittertsten Feinde der Qadiriyya in der Wüste sind. Dieser sonderbare Beamte widersetzte sich hartnäckig dem Marabout, indem er behauptete, der Mörder sei ein Cherif usw. usf. Woraufhin ihm der Marabout vor aller Öffentlichkeit drohte, ihn als Komplizen beim Arabischen Büro anzuzeigen, und energisch verlangte, den Mörder sofort zu ergreifen und ihn herbeizuschaffen. Was der Scheich nur äußerst widerwillig veranlasste.

Als man den Mörder in den Raum brachte, in dem man mich auf eine Matratze gelegt hatte, tat er zunächst, als sei er nicht ganz klar im Kopf, dann aber, als ihn seine eigenen Mitbürger, die ihn als vernünftigen, ruhigen, nüchternen Menschen kannten, der Lüge überführt hatten, schwenkte er um und sagte, Gott habe ihn gesandt, mich zu töten. Da ich bei vollem Bewusstsein war, konnte ich feststellen, dass mir das Gesicht dieses Mannes absolut unbekannt war, und ich begann, ihn selbst zu befragen. Er sagte, er würde mich auch nicht kennen, dass er mich nie gesehen habe, aber dass er gekommen sei, mich zu töten, was er auch erneut versuchen würde, wenn man ihn loslasse. Auf meine Frage, was er gegen mich habe, antwortete er: »Ich habe gar nichts gegen dich, du hast mir nichts getan, ich kenne dich nicht mal, aber ich muss dich töten.« Der Marabout fragte ihn, ob er wisse, dass ich Muslim sei, und er bejahte. Sein Vater erklärte, sie seien Tidschaniyya. Der Marabout trug dem örtlichen Scheich auf, das Arabische Büro zu verständigen, und verlangte nach einem Offizier, der den Mörder abführen und die Ermittlungen aufnehmen sollte, sowie nach dem Stabsarzt für mich.

Gegen 11 Uhr trafen der mit den Ermittlungen betraute Offizier, Leutnant des Arabischen Büros, und der Stabsarzt ein. Der Arzt stellte fest, dass meine Kopfverletzung und die Wunde am linken Handgelenk weitestgehend harmlos waren; ein glücklicher Zufall hatte mir das Leben gerettet: Eine Wäscheleine, die offenbar über meinem Kopf gespannt gewesen war, hatte den ersten Säbelhieb abgefangen, der mich sonst unweigerlich getötet hätte. Aber das Gelenk meines linken Ellbogens war an der Außenseite offen, dort waren Muskel und Knochen in Mitleidenschaft gezogen. Durch den starken Blutverlust, den ich – immerhin sechs Stunden lang – erlitten hatte, war ich dermaßen geschwächt, dass ich an dem Abend in Behima bleiben musste.

Am darauffolgenden Tag wurde ich auf einer Krankentrage ins Lazarett von El Oued gebracht, wo ich bis zum 25. Februar dieses Jahres blieb. Trotz der aufopferungsvollen und klugen Behandlung von Dr. Taste verließ ich das Krankenhaus als Invalide, da ich für den Rest meines Lebens nicht in der Lage sein werde, den linken Arm zu gebrauchen, und sei es auch nur für die geringste Tätigkeit.

Obwohl ich anlässlich meiner ersten Reise Auseinandersetzungen hatte mit dem Arabischen Büro in Touggourt, dem das in El Oued unterstellt ist, und zwar Auseinandersetzungen, die allein dem Misstrauen dieses Büros geschuldet waren, haben sich der Vorgesetzte der Zweigstelle in El Oued, die Offiziere des Arabischen Büros und der Garnison sowie der Stabsarzt mir gegenüber äußerst entgegenkommend gezeigt, und ich lege Wert darauf, ihnen an dieser Stelle meine Dankbarkeit zu bezeugen.

Aus den Ermittlungen geht hervor, dass Abdallah vor seiner Tat fünf Tage lang versucht hat, Schusswaffen zu kaufen, jedoch keine auftreiben konnte. Dass er seine Familie – dieser Unglückselige hat kleine Kinder – am Tag unserer Ankunft in Behima mit all seinem beweglichen Hab und Gut ins Haus seines Vaters, von dem er seit sechs Jahren getrennt lebte, verbracht hatte. Obwohl offenkundig als Tidschaniyya lebend, sagten sich sein Vater und er mit einem Mal von der Bruderschaft los. Der Vater erklärte mir, er sei ein Qadiriyya, und der Sohn gab zu Protokoll, er gehöre der Bruderschaft von Mouley-Taïeb an. Der Kriminalbeamte, Leutnant Guillot, konnte Abdallah in diesem Punkt der Lüge überführen.

Kurz vor meiner Abreise aus El Oued hörte ich in Eingeborenenkreisen das Gerücht, Abdallah, der bis dahin hochverschuldet war, sei einige Tage vor seiner Tat nach Guemar (dem Zentrum der Tidschaniyya) gereist und habe bei seiner Rückkehr alle seine Schulden bezahlt, sogar einen Palmengarten soll er gekauft haben. Etwa zu dieser Zeit ging Abdallahs Vater in die Zaouia von Sidi Lachmi und sagte ihm vor Zeugen, dass sein Sohn bestochen worden sei, um das Attentat auf mich zu verüben, er aber nicht wisse, wer die Drahtzieher seien, und er darum um Erlaubnis bitte, seinen Sohn in Anwesenheit von rechtsverständigen Personen zu sehen, um ihn zu einem vollständigen Geständnis zu bewegen. Der Marabout hatte ihm geraten, sich an das Arabische Büro zu wenden. Der alte Mann bat mich über einen meiner Diener um ein Gespräch, bei dem er sagte: »Dieses Verbrechen kommt nicht von uns« und äußerte auch mir gegenüber seinen Wunsch, seinen Sohn zu sehen, um ihn zu einem Geständnis zu drängen. Soweit die Fakten.

Zunächst einmal liegt es auf der Hand, dass Abdallah mich nicht aus Hass auf die Christen töten wollte, sondern von anderen Personen dazu gedrängt worden ist und es sich des Weiteren um ein geplantes Verbrechen handelt. Ich habe bereits zu Protokoll gegeben, dass ich den Mordversuch zum großen Teil dem Hass der Tidschaniyya gegen die Qadiriyya zuschreibe und außerdem vermute, dass die Anhänger der Tidschaniyya gemeinsame Sache gemacht haben, um mich aus dem Weg zu räumen, sahen sie doch, dass ihre Feinde mich mochten – was die tiefe Bestürzung der Qadiriyya-Anhänger erklärt, als sie von der Tat erfuhren. Als ich bei meiner Überführung ins Krankenhaus auf einer Bahre durch die Dörfer um El Oued getragen wurde, kamen die Dorfbewohner, Männer wie Frauen, auf die Straße und stimmten ein lautes Wehklagen an, was ein gängiges Ritual bei ihren Beerdigungen ist. Ich hoffe, dass das Kriegsgericht von Constantine sich nicht allein auf die Verurteilung von Abdallah ben Mohammed beschränkt, sondern auch versuchen wird, Licht in diese mysteriöse Angelegenheit zu bringen.

Für mich ist Abdallah nur ein Werkzeug in den Händen anderer, und seine Verurteilung allein kann mir nicht wirklich Genugtuung verschaffen, wie übrigens keinem, dem etwas an Wahrheit und Gerechtigkeit gelegen ist.

Ich möchte nicht nur Abdallah auf der Anklagebank sehen, sondern jene, die ihn angestiftet haben, das heißt die wahren Schuldigen, wer auch immer sie sind.

Ich hoffe, dass Sie, sehr geehrter Herr Herausgeber, der Leserschaft Ihres geschätzten Blatt diese, wie ich glaube, durchaus interessante Mitteilung nicht vorenthalten werden. Zwar unterscheidet sich das algerische Tell-Gebiet in politischer oder gar gesellschaftlicher Hinsicht nicht sonderlich von den anderen französischen Departements, doch gilt dies nicht für die Sahara, wo die Dinge ganz anders liegen, und zwar auf eine Weise anders, wie es sich in Frankreich niemand vorstellen kann.

Isabelle Eberhardt

Marseille, 7. Juni 1901

Sehr geehrter Herr Herausgeber,
ich danke Ihnen ganz herzlich für die freundliche Veröffentlichung meines langen Briefes vom 29. Mai dieses Jahres: Die allseits bekannte objektive Berichterstattung der *Dépêche Algérienne*, die entgegen dem aggressiven Ton, der für einige algerische Blätter leider zur Norm geworden ist, stets Zurückhaltung bewiesen hat, ließ mich zu Recht darauf hoffen. Und doch scheint mir, dass ich in einem Augenblick, da der Aufenthalt von Ausländern in Algerien ein aktuelles Thema geworden ist, nicht nur das Recht, sondern auch die Pflicht habe, all denen, die sich die Mühe gemacht haben, meinen ersten Brief zu lesen, einige öffentliche und freimütige Erklärungen zu liefern.

Sie haben mir die ganz und gar unverdiente Ehre zu Teil werden lassen – auf die ich es im Übrigen nie abgesehen habe –, mir einen gewissen religiösen Einfluss auf die Einheimischen im Kreis von Touggourt zuzusprechen: Allerdings habe ich nie eine politische oder religiöse Rolle gespielt oder gar spielen wollen, halte ich mich doch weder für befugt noch befähigt, mich in so ernste, komplizierte Dinge, wie religiöse Fragen es in einem Land wie diesem sind, einzumischen.

1899, bevor ich nach Touggourt reiste, hielt ich es für meine Pflicht, Oberstleutnant Fridel, damals Chef des Kreises Biskra, persönlich von meiner Abfahrt zu unterrichten. Dieser Offizier, der mich äußerst freundlich empfing, fragte mich nach militärischer Sitte frei heraus, ob ich nicht Engländerin oder Methodistin sei, woraufhin ich ihm Dokumente vorlegte, die eindeutig bewiesen, dass ich Russin bin, meine Papiere in Ordnung sind und ich mich mit dem Einverständnis der staatlichen Behörden im Ausland aufhalte. Ich erläuterte Herrn Oberstleutnant Fridel meine persönlichen Ansichten zur Frage der englischen Missionen in Algerien, und sagte ihm, dass mir Bekehrungseifer im Allgemeinen zuwider sei, vor allem aber die Scheinheiligkeit des englischen Charakters, der uns Russen ebenso wenig sympathisch ist, wie er jedem Franzosen verabscheuungswürdig erscheint.

In Touggourt stellte sich mir als Chef des Arabischen Büros Hauptmann de Susbielle vor, ein Mensch von recht eigenartigem Wesen und, um einen volkstümlichen Ausdruck zu gebrauchen, nicht gerade umgänglich. Auch dort musste ich wieder beweisen, dass ich keineswegs eine arabisch verkleidete Miss bin, sondern vielmehr eine schreibwütige Russin. Wenn es auf dieser Welt ein Land gibt, in dem ein Russe leben können sollte, ohne böser Absichten verdächtigt zu werden, dann ist dieses Land doch wohl Frankreich, möchte ich meinen!

Der Chef der Zweigstelle von El Oued, Hauptmann Cauvet, ein überaus pflichtbewusster, gebildeter Mann, konnte sich sechs Monate lang mit *eigenen Augen* davon überzeugen, dass mir außer einer gewissen Eigenart, einem für eine junge Frau leicht sonderbaren, aber vollkommen harmlosen Lebensstil, nichts vorzuwerfen war … und die Tatsache, dass ich statt eines Rockes lieber einen Burnus trage und Dünen einem häuslichen Herd vorziehe, hielt er keineswegs für eine Gefährdung der öffentlichen Sicherheit.

In meinem ersten Brief habe ich erwähnt, dass die Soufi, die der Bruderschaft von Sidi Abd-el-Kader und den befreundeten Bruderschaften angehören, ihren Schmerz kundtaten, als sie von dem Mordversuch erfuhren. Dass diese rechtschaffenen Leute eine gewisse Zuneigung für mich empfanden, lag daran, dass ich ihnen aufgrund einiger medizinischer Kenntnisse, über die ich verfüge, oft half, Augen- und Bindehautentzündungen, die in dieser Gegend häufig auftreten, zu behandeln. Ich habe versucht, an dem Ort, an dem ich lebte, ein wenig Gutes zu tun … das ist die einzige Rolle, die ich je in El Oued gespielt habe.

Auf dieser Welt gibt es wohl nur wenige Menschen, die keinerlei Passion für irgendetwas haben, oder wenn man so will, keinerlei *Besessenheit*. Um nur von meinem Geschlecht zu sprechen: Es gibt Frauen, die alles tun würden, um schillernde Kleider zu besitzen, und dann gibt es wieder andere, die über Büchern dahinwelken, nur um Diplome zu erlangen und den Bauern zu helfen … Was mich angeht, brauche ich nichts weiter als ein gutes Pferd, den treuen, stummen Gefährten im Leben eines einsamen Träumers, und ein paar Diener, ebenso unkompliziert wie mein Reittier, damit ich in Frieden leben kann, so weit wie möglich entfernt von der – meiner bescheidenen Ansicht nach – fruchtlosen Unrast der Zivilisation, in der ich mich fehl am Platze fühle.

Wem sollte es schon schaden, dass mir der gewellte, unbestimmte Horizont der grauen Dünen lieber ist als die Boulevards?

Nein, verehrter Herr Herausgeber, ich bin keine Politikerin, ich bin nicht der Vertreter irgendeiner Partei, denn in meinen Augen haben sie allesamt kein Recht, sich so aufzuführen, wie sie es tun, ich bin nur eine Exzentrikerin, eine Träumerin, die fernab der Zivilisation ein freies Nomadenleben führen möchte, um später zu schildern, was ich gesehen habe, und zu versuchen, einigen Menschen von dem melancholischen und bezaubernden Schauer zu berichten, den ich angesichts der düsteren Pracht der Sahara verspürt habe … Das ist alles. Die Intrigen, die Treulosigkeiten und Tricksereien von Sonia d'Hugues Le Roux sind mir ebenso fremd, wie ihr Charakter mir fern ist … Ich bin ebenso wenig Sonia, wie ich die englische Methodistin bin, für die man mich früher hielt … Es stimmt, der Sommer 1899 war extrem heiß in der Sahara, und die Fata Morgana lässt die Dinge anders erscheinen, was so manchen Irrtum erklärt!

Isabelle Eberhardt

Endlich, jetzt steht einigermaßen fest, dass ich nächsten Freitag abreise. Ich muss also nur noch eine Woche hierbleiben. Ich bin sicher, dass Augustin sein Möglichstes tun wird, um mir das nötige Geld zu beschaffen.

Armer Augustin! So rätselhaft er mir manchmal erscheint, tut dieser Mensch mir dennoch gut, und nichts auf der Welt wird je etwas an meiner tiefen, ewigen Zuneigung für ihn ändern. Wirklich bedauerlich, dass seine Ehe ihn daran hindert, zu Slimène und mir zu kommen, das könnte ein schönes Leben werden!

Und doch ist es für alle besser, wenn ich fahre, und am Ende dieser Woche erwartet mich das unglaubliche Glück, Slimène wiederzusehen, ihn in meinen Armen zu halten und, *so Allah will*, nie mehr zu verlassen.

Gestern habe ich wieder die halbe Nacht mit furchtbaren Qualen zugebracht; Schwindelanfälle, schreckliche Kopfschmerzen.

Wenn ich erst in Batna bin, muss ich besser wirtschaften und versuchen, von dem Geld, das ich verliehen habe, möglichst viel wieder einzutreiben, vor allem aber muss ich an den russischen Texten arbeiten: Das ist die einzige Chance, relativ kurzfristig an Geld zu kommen. Es wird mir auch nicht allzu schwer fallen, wenn nur meine schrecklich angeschlagene Gesundheit mitspielt. Arbeiten, um bei Ouiha bleiben zu können, das ist meine einzige Pflicht. Er wird mich über diese Mühen hinwegtrösten.

… Heute Abend, als ich einen Brief an Ahmed Chérif schrieb, erinnerte ich mich wieder an den Herbst 1899.

Wo ist das abenteuerliche, geheimnisvolle Leben in den riesigen Olivenhainen des Sahel geblieben?

Wie fremd die einst so vertrauten Namen jetzt für mich klingen: Monastir, Sousse, Moknine, Esshyada, Ksar, Ibellal, Sidi N'eidja, Beni-Hassane, Anura, Chrahel, Melloul, Grat-Zuizoura, Hadjedj … Wo ist dieses auf der Welt so einzigartige Land, das afrikanische Palästina mit den satten, weichen Wiesen, den kleinen weißen Dörfern, die sich im blauen Wasser der friedlichen Buchten spiegeln?

Wo ist Sousse, mit seinen weißen maurischen Mauern und seinem sich drehenden Leuchtturm, das weiße Gestade von Monastir, wo die tosenden Wellen sich immerfort an den Klippen brechen?

Wo sind das weiße Minarett von Ksar-Hellal und die große einzelne Palme, die dem kleinen Ort im Sahel den Anschein eines Wüstenstädtchens gaben. Ich sehe noch vor mir, wie sie sich vor der ungeheuren Glut des Sonnenuntergangs abhob, an dem Abend, als ich mit Chérif am Strand von Séyada beobachtete, wie die Nacht über dem in weiße Nebel gehüllten Meer hereinbrach, während mein hübscher Mellouli, der

Vorgänger vom armen Souf, angeleint an einem Olivenbaum ungeduldig im Garten wartete …

Wo ist Mellouls Garten, in dem Chérif und ich zur Maghrebzeit unter Granatbäumen träumten und uns unterhielten? … und die vom Mond erleuchtete Straße, auf der wir unterwegs waren, als der Aufstand der Räuberbande losbrach, und ich mir mit der Reitpeitsche in der Hand als einziger Waffe mühsam einen Weg bahnte, während Chérif beschwichtigend auf sie einredete.

Habe Marseille am Donnerstag, den 13. Juni 1901 mittags verlassen.

Nacht vom 13. auf den 14. auf See. Traf am Freitag, den 14. um 10 Uhr abends in Philippeville ein. Verbrachte die Nacht an Bord in Gesellschaft von Ammara, einem ehemaligen Insassen der Strafanstalt von Chiavari. Samstag, den 15., um 6 Uhr Abreise nach Constantine. Ankunft um 9 Uhr 10. Im Café Zouaoui gewesen. Zusammen mit dem Lastträger Hamou auf der Suche nach Ben-Chakar gewesen. Fand ihn gegen Mittag. Abends im Café Sidi Ksouma. Am Sonntag den 16. Zug um sechs genommen, Ouiha getroffen. Nacht im Hotel Métropole in der Rue Base-Damrémont. Montag den 17. Ankunft von Sidi Lachmi.

18., 6 Uhr – beim Gericht. Um 11 Uhr wieder draußen. Donnerstag, den 20., 6 Uhr 30 Aufbruch nach Philippeville. Um 9 Uhr 35 angekommen. Nacht im Hotel Louvre.

Erstes Heft des zweiten Teils von *Das Leben in der Sahara*, das mit der Ankunft in El Oued endet. In der ursprünglichen Beschreibung des Souf habe ich die Bauart der Gärten in Kouinine erwähnt, Tekksebet und Ighara werden beschrieben. Die Arbeit schließt mit der Beschreibung der Hügel des Djebel Amour; am Ende heißt es: »Sonderbar tönt der Wald in der Totenstille der Wüste, über den grauen Kuppeln, die allmählich im bläulichen Nebel des Abends versinken …«

Erklärung von Isabelle Eberhardt

Wie ich bereits sowohl den Ermittlern als auch in meinen zwei Briefen an die *Dépêche Algérienne* erklärt habe, bin ich davon überzeugt und werde es immer sein, dass Abdallah ben Si Mohammed ben Lakhdar das Werkzeug anderer Leute war, die ein tatsächliches oder eingebildetes Interesse daran hatten, mich loszuwerden. Es liegt auf der Hand, dass er – wie er übrigens seinem Vater bei seiner Verhaftung erklärte – dafür bezahlt worden ist, mich zu töten. Abdallah konnte eigentlich nicht damit rechnen, den Lohn für seine Tat einzustreichen, denn er hat mich in einem bewohnten Haus und in einem Kreis von Leuten angegriffen, die mir wohlgesinnt waren, was ihm bekannt war. Er war sich also bewusst, dass er sofort verhaftet werden würde. Es ist daher klar, dass Abdallah ein Geistesgestörter, ein Besessener ist. Er hat Reue gezeigt und mich bei der Gerichtsverhandlung sogar um Vergebung gebeten. Ich bin der Ansicht, dass das heute gefällte Urteil außerordentlich hart ausgefallen ist, und ich lege Wert darauf festzuhalten, dass ich diese Härte bedaure. Abdallah hat Frau und Kinder. Ich bin eine Frau, und diese Witwe und die Waisen tun mir aus ganzem Herzen leid. Für Abdallah selbst empfinde ich tiefes Mitgefühl. Ich war schmerzlich überrascht, als ich heute Morgen nach der Gerichtsverhandlung erfuhr, dass ein Ausweisungsbefehl gegen mich vorliegt, den der Generalgouverneur gegen mich erlassen hat. Dieser Befehl verbietet mir den Aufenthalt auf dem gesamten algerischen Territorium, ohne Unterscheidung zwischen zivilen und militärischen Gebieten. Ich frage mich, aus welchen Gründen diese Maßnahme ergriffen worden ist, ausgerechnet gegen mich, eine Russin, die sich meines Wissens nichts zuschulden kommen lassen hat. Ich habe nie an einer antifranzösischen Aktion teilgenommen noch davon Kenntnis gehabt, weder in der Sahara noch im Tell-

Gebiet. Ich habe im Gegenteil mit all meinen Kräften den seligen Naïb von Ouargla, Sidi Mohammed Taïb, der ruhmreich unter der Trikolore gestorben ist, gegen die Anschuldigungen einiger Moslems verteidigt, die vom Islam nichts verstehen – vom echten Islam, dem des Korans und der Sunna –, die den Naïb beschuldigten, den Islam verraten zu haben, als er Franzosen in In-Salah wohnen ließ. Ich habe vor den Einheimischen immer und überall für die Sache Frankreichs plädiert – meiner Wahlheimat. Warum also bin ich Gegenstand einer Maßnahme, die mich in meinen Gefühlen als Russin extrem kränkt und mir zudem auch noch in anderer Hinsicht großen Kummer bereitet, da sie mich auf Monate von meinem Verlobten trennt, der als Unteroffizier in der Garnison von Batna nicht mit mir kommen kann. Ich hätte vielleicht akzeptiert, wenn man mir, um mich vor der Rache des Stammes von Abdallah zu bewahren, den Aufenthalt in den militärisch verwalteten Gebieten untersagt hätte. Doch ich habe ohnehin nicht die Absicht, in den Süden zurückzugehen. Ich verlange einzig und allein, dass man mich in Batna bleiben lässt, damit ich den Mann heiraten kann, der mein Gefährte im Unglück war und meine einzige seelische Stütze auf dieser Welt ist. Das ist alles …

Donnerstag, 4. Juli 1901, mittags

Zuizous Abreise auf der *Touareg*. Schwarzer Tag voll tödlicher Schwermut, Angst und Verzweiflung … Wann werden wir uns wiedersehen?

Ich habe mein Vertrauen in Allah gesetzt und unseren Herrn und Scheich Abd-el-Kader-el-Djilani. Amen!

Marseille, 5. Juli 1901

Wieder mache ich eine Phase voller Schwermut und Leid durch, die für jemanden wie mich noch unerträglicher ist, weil sie so zäh und dumpf ist: nichts Akutes, keine Entwicklung: Gestern ist Rouh abgereist … und ich, ich bin ausgewiesen aus diesem Land und kann nicht dorthin zurück, es sei denn, ich wäre so dreist … aber selbst wenn, könnte ich nicht in die Gegend um Constantine. Zwei Wochen, vielleicht sogar noch länger, muss ich auf Zuizous Rückkehr warten. Ein halber Monat größter Lebensmüdigkeit, voller Unwohlsein und dauernder Angst bei dem Gedanken daran, dass der Feind dort unten lauert und alles tun wird, um uns weitere Steine in den Weg zu legen.

Doch man muss sich gedulden, denn niemand außer Gott kann an dieser Situation etwas ändern.

Gestern betrübte Fahrt mit der Straßenbahn bis zum Quai de la Joliette. Grauer Himmel, stürmischer Wind. Die Schiffe im Hafen schaukelten auf und ab.

Einschiffung auf der *Touareg* … Während des gesamten Ablegemanövers habe ich Zuizou nicht aus den Augen gelassen, mein Herz war am Zerreißen, meine Seele trauerte …

Danach zu Fuß langsam über den Boulevard Mérentié zurück, ohne Eile, aber auch ohne jedes Verlangen, diesen Spaziergang, der einer Rückkehr vom Friedhof nach einer Beerdigung glich, in die Länge zu ziehen.

Tiefe, absolute Gleichgültigkeit gegenüber allem in der Welt. Wieder zu Hause, legte ich mich hin und stand erst gegen acht Uhr wieder auf, und auch nur, weil Augustin mich dazu drängte.

Habe den halben Tag in einer Art unbestimmtem Wahnzustand verbracht, formlos und beängstigend. Als es dann wieder Nacht war, durchlebte ich einen Moment entsetzlicher Verzweiflung. Hier erinnert mich gegenwärtig alles an Zuizou, was meinen Schmerz noch verschlimmert.

... Merkwürdig, mein grundlegendes Bedürfnis besteht aus *Abwechslung* der Umgebung. Ohne sie erscheint mir jede Freude fad, reizlos, das Glück schleppt sich eintönig und schal dahin, und der Schmerz quält mich.

Große Kämpfe und Verzweiflungsanfälle dagegen beflügeln mich und beruhigen meine Nerven ... Eintönigkeit der Umgebung und mittlere Stimmungslagen – das ist der wahre Feind!

Deshalb wird mir dieser halbe Monat sicher schwerer erträglich vorkommen als die düsteren Stunden in El Oued, Behima oder Constantine ...

... Über die Eindrücke der letzten Zeit ließe sich vieles sagen ... Zunächst, am Abend meiner Ankunft in Philippeville auf der *Félix-Touache* ein durchaus wohliges Gefühl gehabt, ein Gefühl der *Verjüngung*, das mir die Ankunft an der gesegneten Küste der afrikanischen Heimat jedes Mal aufs Neue verschafft und das in diametralem Gegensatz steht zu den immer düster werdenden Gefühlen bei einer Ankunft in Marseille ... hier: ewig triste Eindrücke, während dort jedes Mal Freude aufkommt!

Philippeville bei Nacht, schwarzer Umriss eines hohen Hügels, gespickt mit Gaslichtern.

Rundgang durch die Stadt mit Si Mahmud ben Hassen aus Bône. Um Mitternacht Rückkehr an Bord. Begegnete dem Verurteilten Ammara im stickigen Zwischendeck.

Wir stiegen auf das menschenleere Deck, wo wir uns in der Stille und Frische des nächtlichen Hafens steuerbords niederließen. Um drei Uhr ging ich allein ins Zwischendeck hinunter: Streichhölzer feucht, unmöglich, Licht zu machen. Zog mich tastend im Dunkeln an. Wieder an Deck, weckte ich Ammara; das Bettzeug zusammengefaltet, die Bündel geschnürt, grauer Morgen. Ein paar Regentropfen.

Philippeville bei Tage: europäischer Ort, charakterlos, aber durchaus charmant zwischen dem herunterrankenden

Grün oberhalb der blauen Bucht. Flache, ans Meer grenzende Viertel, Erinnerung an den Hafen in Bizerte, den ich 1899 in einer Sommernacht kurz zu Gesicht bekommen hatte …

Abfahrt um 6 Uhr. Bis Constantine Berge, fruchtbare Hügel und Ebenen. Ammaras kindliche Freude beim Anblick der Felder, Zelte und Herden. In dieser dunklen, krummen, reuelosen Seele hält sich noch immer die Liebe des Beduinen für den moslemischen Boden, für die Heimat der Nomaden … Endlich zeichnen sich die gewaltigen Berge von Constantine am Horizont ab.

Im Bahnhof steigen wir aus. Si Mahmoud begleitet mich bis zur ersten Straße links. Dort trennen wir uns, und ich gehe ziellos allein weiter. Leicht verschämt wegen meiner Kopfbedeckung, die mich als Europäerin entlarvt, betrete ich schließlich das Café Zouaouï … Nach einem ziemlich langen Aufenthalt dort und einem Gespräch mit dem Wirt, einem alten Kifraucher, mache ich mich mit dem *hamel* Hantou auf die Suche nach Mohammed-ben-Chakar. Enge, gewundene, steile Straßen, abschüssige Plätze, unübersichtliche Kreuzungen, schattige, stille Ecken, makellose, fein gearbeitete Vorbauten alter Moscheen, überdachte Bazars, all das versetzt mich in einen wohlbekannten Rausch, der mich in den alten arabischen Szenerien jedes Mal befällt. Ähnliche Eindrücke wie in Tunis oder Algier … vor allem ersterem …

Die Lauferei und das Nachfragen nehmen kein Ende … Endlich entdecken wir Ben-Chakars Lagerstätte: ganz am Ende eines schmalen Treppenweges eine Sackgasse, über der sich kaum 1,60 m über der Erde der aus Balken gezimmerte Boden eines *ali* befindet, eine Art dunkler Höhle, durch die man vier oder fünf Meter weit gebückt gehen muss. Dahinter plötzlich maurische, bläulich weiße Innenräume, wie die in Bône.

Der Bruder von Mohamed ben Chakar, ein Cannabis- und Kifraucher, mal Lastträger, mal Wirt, mal Krapfenverkäufer – äußerst sympathisch. Auch seine Frau, ein aufgewecktes Mannweib, scheint nett.

Nachmittags zusammen mit Ben Chakar zu den Schluchten am Rhumel, ungeheure Abgründe, über die wacklige, oft im Dunkeln liegende Hängebrückchen führen, dazu unterirdische Treppen und endlose Gänge.

Begegneten mehreren Handwerkern aus Constantine. Plantschten in den jüdischen Bädern wie große Kinder. Rückweg über den Weg oberhalb des Abgrunds, auf dem der Stadt gegenüberliegenden Ufer.

Abends im Café Sidi Ksouma gewesen, mit dem deutlichen Gefühl, *Zuizou sei in Constantine* … In meiner arabischen Kleidung, unter der ich es bequem hatte, saß ich in einer Ecke und lauschte bis spät in die Nacht dem Gesang und den Klängen des Tamburins. Das Fest von Beldia, bleiche, vornehme, ausdruckslose Gesichter mit halbgeschlossenen Augen …

Schlechte Nacht, wegen der Unruhe und der *Flöhe* …

Sonntag, den 16. Juni. – Überflüssiger Gang zum Bahnhof. Mit dem kleinen Salah nach Bab-el-Oued spaziert. Den Gehilfen des Cadi von Biskra getroffen.

Abends begründete Verzweiflung, da ich noch immer nichts von Zuizou gehört hatte, um 6 Uhr 35 mit Elhadj am Bahnhof gewesen – Ankunft des Zuges aus Philippeville. Mutlos saßen wir auf einem Stein und warteten. Schließlich entdeckte Elhadj Ouiha, gekleidet wie ein einheimischer Zivilist. Als Maure gekleidet zum Abendessen bei ben Chakar, danach ins Hotel Métropole in der weit entfernten Rue Basse-Damrémont.

Eine Nacht voller Freude, Zärtlichkeit und Frieden.

Montag, den 17. morgens gleich zum Bahnhof, um Sidi Lachmi zu treffen. Vor dem Bahnhof die hochgewachsenen Gestalten der Zeugen aus dem Gerichtsprozess gesehen: Hama Nine, Mohammed ben bou Bekr und Brahim b. Larbi.

Ich bin ganz ergriffen, hier *diese Landsleute* anzutreffen, die mit dem Akzent von dort sprechen und mich mit Tränen in den Augen umarmen, vor allem Hama Nine, der gute Alte.

(Unterbrechung, fortgesetzt am selben Abend, 6 Uhr)
... Heute Abend große Ruhe, alles ganz vernünftig. Hoffnung, Geistesverfassung so gut wie sie eben sein kann, wenn ich nicht bei Ouiha bin. Auch mein körperlicher Zustand ist halbwegs gut. Wenn das doch nur so bliebe für die Zeit unserer Trennung, der letzten, *so Allah will*!

Und woher dieser ganze seelische Umschwung? Aus welchen geheimnisvollen Gründen? Keine Ahnung! ...

War mit den Zeugen, die ich wiedergetroffen hatte, am Quai, zum Empfang des großen geliebten Scheichs, der mir zulächelte, als er mich erkannte.

Mit Hama Nine ewig auf der Suche nach einem Hotel herumgelaufen. Überall Feindseligkeit, Ablehnung. Schließlich trafen wir ein provisorisches Arrangement mit dem *Métropole*. Überaus angenehmes Gefühl, den Scheich, Béchir und all die anderen wiederzusehen. Scherereien im Hotel. Das »Nomadenkloster« zog ins Hotel Ben Chimou am Kamelmarkt um, neben dem Theater.

Verbrachte die Nacht in einer jüdischen Pension in der Rue Sidi-Lakhdar Nr. 6, im zweiten Stock.

Am 18., Dienstag, kommen wir gegen 6 Uhr 30 ins Gericht. Der Gerichtsdiener bringt mir einen Kaffee in den Zeugenraum, wo ich allein bin und die neugierigen Blicke der Offiziere und Damen auf mich ziehe, die immer zahlreicher werden.

Ich sehe Abdallah mit gefesselten Händen, eskortiert von Zuaven.

Hauptmann Martin, Regierungsbeauftragter, kommt mit seiner Schwester, um mir die Hand zu geben. Um 7 Uhr holt der Gerichtsdiener mich schließlich herein. Der Saal ist brechend voll. Ich fühle mich nicht sonderlich eingeschüchtert und nehme vor der doppelten Bankreihe der Zeugen neben Sidi Lachmi auf zwei Stühlen Platz … Recht ungewöhnlich, diese Zeugenbank: ausdrucksstarke, braune Gesichter, weiße oder dunkle Gewänder, und dazwischen wie ein Blutfleck der rote Burnus des Verräters Mohammed-ben-Abderrahmane, des Scheichs von Behima. Sidi Lachmi ist in Grün und Weiß gekleidet.

Das Gericht: eine Schar Uniformierter, die Brust mit Orden behängt, steifes, undurchdringliches Gehabe. Man präsentiert das Gewehr, dann eröffnet der Vorsitzende schüchtern, mit leiser und stammelnder Stimme die Verhandlung. Der Gerichtsschreiber verliest die Anklageschrift und führt die Zeugen auf, mich zuerst. Dann bittet man uns unverzüglich einen nach dem anderen hinaus.

Im Zeugenraum geben mir Hauptmann Gabrielli und sein Sekretär, ein junger Leutnant, zur Begrüßung die Hand. Ziemlich langes Gespräch. Ich werde geholt.

Der Vorsitzende beginnt mit der Zeugenbefragung. Der Gerichtsdiener ruft mich auf, und ich gehe nach vorn, wo ich dem Vorsitzenden gegenüberstehe. Vereidigungsformel.

Noch immer schüchtern und stammelnd, befragt er mich anhand schriftlicher Notizen. Es dauert nicht lange … Der Dolmetscher ruft Abdallah auf und fragt ihn: »Hast du dieser Person etwas zu sagen?« »Nein«, antwortet Abdallah nur kurz und mit fester Stimme, trotz allem, was bislang gesagt wurde. »Ich habe ihr nur eins zu sagen, ich bitte sie, mir zu vergeben.« Ich setze mich wieder hin. Sidi Lachmi ist an der Reihe. Er macht eine ruhige, klare Zeugenaussage. Dann ist der Scheich dran, danach ben Bou Bekr, dann Brahim b. Larbi und schließlich der Vater des Täters, weinerlich wie immer …

Nach einer fünfminütigen Unterbrechung folgt Hauptmann Martin mit der Anklageschrift, die von einer zweifellos falschen Vermutung ausgeht, aber ein glühendes Plädoyer für die Qadiriyya, die Ouled Sidi-Brahim und mich ist. Das Plädoyer des Anwalts lässt mich innerlich aus der Haut fahren ... Erwiderung von Hauptmann Martin, Gegenrede des Anwalts. Das Gericht zieht sich zur Beratung zurück. Lautes Stimmengewirr im Saal. Angellini gibt mir Bescheid, dass er zu meiner Verfügung stehe. General Labattue kommt auf mich zu. Ziemlich nettes Gespräch, das die allgemeine Neugier weckt. Ich sehe Dr. Taste, der das Geschehen vor ein paar Leuten lebhaft kommentiert.

8. Juli, 2 Uhr nachmittags

Ich durchlebe gerade eine seltsame Phase körperlicher und seelischer Ruhe, eine Zeit geistiger Regsamkeit und *nüchterner* Hoffnungen; die Zeit vergeht ziemlich schnell, was im Moment die Hauptsache ist.

Seit dem berühmten Prozess von Constantine bemerke ich auch, wie sich mein literarischer Sinn wieder regt. Meine Schreibfähigkeit erwacht derzeit zu neuem Leben. Früher musste ich manchmal monatelang auf den richtigen Geisteszustand warten, um schreiben zu können. Jetzt kann ich fast immer sofort loslegen, wenn mir danach ist. Alles in allem glaube ich, dass sich der Verwandlungsprozess in meinem Innern, den ich so stark spürte, jetzt auch außen zeigt.

In religiöser Hinsicht steht alles zum Besten: Mein Glaube ist aufrichtiger geworden; ich muss mich überhaupt nicht mehr zwingen, und jeden Abend, wenn ich vor dem Einschlafen einen prüfenden Blick in die Tiefe meines Gewissens werfe, entdecke ich dort nur den sanften Frieden der geheimnisvollen *Gewissheit*, die nunmehr meine Stärke sein wird.

Für mich hat das Leben seit jenem Tag einen Sinn bekommen, an dem ich begriffen habe, dass unser vorübergehendes

Dasein hier unten nur ein Weg der menschlichen Vervollkommnung hin zu einem anderen Leben ist: Daraus lässt sich zwangsläufig und vernünftigerweise die Notwendigkeit der seelischen und geistigen Vervollkommnung ableiten, die sonst ja albern, weil unnütz wäre.

Momentan interessieren mich zwei Dinge, denen ich mich widmen möchte: die literarische Vervollkommnung und durch sie dann auch die intellektuelle, eine Sache, die so schwierig gar nicht ist, vorausgesetzt, ich finde einen Abnehmer für Zeitungsartikel in der Art von *Frühling in der Wüste* oder *El-Maghreb,* die ich heute Abend Angellini geschickt habe.

Muss unbedingt bestimmte Bücher lesen wie Bourgets *Psychologische Abhandlungen über zeitgenössische Schriftsteller.* Sobald ich eingerichtet bin, will ich mich bei einer anständigen Bibliothek anmelden und noch mal die *Tagebücher der Brüder Goncourt* lesen, die im letzten Jahr einen so wohltuenden Einfluss auf mich hatten, und noch andere Werke, die eine ähnliche Wirkung auf meinen Intellekt haben könnten …

Da ist allerdings noch eine andere Frage, die mich umtreibt, eine Frage ganz anderer Art, die ich außer gegenüber Slimène, dem *einzigen, der sie verstehen* und akzeptieren könnte, bestimmt nicht anschneiden würde: die marabutische Frage, die an dem Abend des Tages in mir aufkam, als sie Abdallah vom Zivilgefängnis in die Zelle überführten … Slimène hat das durch die Seelenverwandtschaft, die zwischen uns besteht, instinktiv bestimmt schon geahnt! …

Ich glaube, mit genug Willensanstrengung könnte ich leicht zu jenem geheimnisvollen Ziel gelangen, das mich beglücken und mir ungeahnte Perspektiven eröffnen würde … *Führe uns auf den rechten Pfad*! Ich glaube, für mich liegt er genau dort, der rechte Pfad.

Gott hat ein paar fruchtbare Keime in meine Seele gelegt: eine extreme Gleichgültigkeit gegenüber allem Irdischen, meinen Glauben und eine lebhafte, erbarmungsvolle, grenzenlose Liebe für alle leidende Kreatur. Dass ich Böses verzeihen kann, entspringt der uneingeschränkten Hingabe an die Sache des Islam, der besten überhaupt, da sie die Sache der Wahrheit ist …

Ach, die langen Stunden früher in den schattigen, geheimnisvollen Wäldern und die schlaflosen Nächte, in denen ich die Sternenpracht betrachtete … musste all das nicht direkt zum religiösen Mystizismus führen?

Hätte ich mir einen anderen Lebensgefährten erwählt, hätte dies den notwendigen Weg zu einer möglicherweise noch fernen Zukunft mit Sicherheit verstellt. Slimène jedoch wird mir folgen, wohin ich will, und von allen, mit denen ich zu tun hatte, ist er der *einzige*, der ein *wirklicher* Muslim ist, weil er den Islam *liebt*, und zwar mit dem Herzen anstatt nur mit Lippenbekenntnissen …

Zugegeben, läse ein Gelehrter, ein Psychologe oder ein Schriftsteller diese Zeilen hier, würde er ganz bestimmt ausrufen: »Die ist ja übergeschnappt!« Nun, wenn das Feuer meines Intellekts jemals gelodert hat, dann jetzt; ich spüre ganz deutlich, dass dies nur die *Morgenröte* meines *neuen Lebens* ist.

Ohne sich darüber im Klaren zu sein und in einem ganz anderen Sinne hat Monsieur de Laffont eine Wahrheit ausgesprochen, die weder er noch sonst jemand ahnen konnte: Er sagte, ich müsste Abdallah dankbar sein. Ja, ich bin Abdallah dankbar, mehr noch, *ich liebe ihn aufrichtig*: In Wirklichkeit ist dieser Mensch nämlich tatsächlich der Abgesandte Gottes, wie er selbst erklärt hat.

Wahrscheinlich haben andere, die wahren Schuldigen, ihn zu seiner Tat getrieben, doch das beweist gar nichts, er, er persönlich, aber *nur er allein*, muss sehr wohl von Gott und Djilani gesandt sein, denn seit jenem schicksalhaften Tag von Behima spüre ich, dass meine Seele in eine gänzlich neue Phase ihres irdischen Daseins getreten ist. Abdallah wird zweifellos sein Leben lang leidvoll für die Erlösung eines anderen Menschenlebens bezahlen müssen. Aber ich bezweifle, dass er unglücklich ist, denn er ist ein Märtyrer, und der *freiwillige* Märtyrer, zu dem Abdallah sich gemacht hat, ist der glücklichste unter den Menschen: Er ist ein Auserwählter. Und wer weiß, ob sein Märtyrertum nicht noch viele weitere tausend Seelen erlösen wird und nicht nur die meine, sonst wäre es ja Verschwendung!

Abdallah verschwindet auf der anderen Seite der Erdkugel, in der fernsten Ferne irdischer Weiten. Doch das Werk Abdallahs und der Keim, den er in mich gelegt hat, bleiben da, und ich bin überzeugt, dass er bereits keimt und irgendwann herauswachsen wird aus dem Schatten, in dem ich ihn vor den Augen der anderen versteckt halte … Das ist mein Geheimnis, das ich für mich behalten muss, das ich keinem Menschen anvertrauen darf außer dem einen, der es selbst schon geahnt hat und der das Heiligtum meiner Seele nie durch Spott oder Gelächter entweihen wird, das Heiligtum, das ich ihm, und nur ihm, manchmal ganz und gar öffnen kann, und das kein anderer kennen soll: Denn auch er ist *auserwählt*.

Mögen all die Blinden, die sich für sehend halten, mit den Schultern zucken oder uns herablassend belächeln – sie täten besser daran, angesichts unserer Verbindung über sich selbst zu lächeln. Sie basiert auf gänzlich anderen Dingen, anderen Gefühlen und Zielen als ihre eigenen Lebensgemeinschaften, die schändlich auf den Vorteil bedacht, ehrgeizig, brutal oder kindisch sentimental sind … Für sie ist sie *unerklärlich*.

11. Juli 1901, 9 Uhr abends

Im Moment erscheint es mir uninteressant, weiter über die Gerichtsverhandlung zu berichten. Im Moment quälen mich ganz andere Gedanken, andere Erinnerungen.

Gestern Abend, genau wie vorgestern auch schon, wieder Lebensüberdruss und Unwohlsein. Heute Morgen Angstzustände und starkes körperliches Unwohlsein, als wieder kein Brief von Ouiha kam.

Gegen 9 Uhr 30 ging ich zum Stiftshof hinunter und brachte einen Brief an Zuizou zur Post. Schwermut, Mattigkeit. Nachmittags setzte ich mich lustlos an die russische Arbeit. Endlich, gegen 3 Uhr, traf ein Brief ein. Die Sache mit der Versetzung ist geregelt und *gewiss*, und auch seine Rückkehr ist nur noch eine Frage von Tagen, Tage, die im Nu vergehen werden, jetzt, da ich *sicher* bin, dass er kommt.

Wie mir scheint, könnte er schon am 23. morgens hier sein … Das wird der Anbruch des neuen Lebens sein. Uns stehen mit Sicherheit noch viele schwarze Tage bevor, Stunden der Verzweiflung, denn ohne sie wäre das Leben nicht das, was es ist. Umso besser, übrigens ist doch das Leiden zuweilen auch heilsam … Doch wie mir scheint, geht die Zeit der Trennungen endlich einem Ende zu.

Mein Gott, wie erleichtert wir das Standesamt verlassen werden, wenn es erst unsere Verbindung besiegelt hat und die Menschen *gezwungen* sind, unsere Vereinigung anzuerkennen …, schließlich hat Gott sie längst anerkannt und gesegnet, denn er hat uns die Liebe geschenkt. Endlich werden die Menschen nichts *Konkretes* mehr in der Hand haben, um uns auseinanderzubringen.

In ein paar Tagen wird es ein Jahr her sein, dass das Märchen meines Aufenthaltes in der Sahara seinen Anfang nahm.

Nein, an diesem Aufenthalt verfluche ich nichts, keine Episode, außer vielleicht meine Verbannung, und selbst da frage ich mich, was es eigentlich zu verfluchen gäbe. Nicht mal Behima verfluche ich, das tragische, herrliche Behima, das mir so viele ungeahnte Perspektiven eröffnet hat, das eine Art Wegweiser am Rande meines abenteuerlichen Lebenspfades war.

Wie viele Jahre meines Lebens ich vergeudet habe mit dem fruchtlosen, albernen Wehklagen über jenes herrliche und leidvolle Leben, den erhabenen Weg hin zu unserem künftigen Schicksal. In all diesen Jahren der Blindheit kam es mir immer nur grässlich vor ... erst jetzt, *seit Behima*, erscheint es mir wahrhaft schön ...

Wer weiß? Vielleicht habe ich ja, als ich dem Tod so nahe war, als ich bereits an seiner geheimnisvollen Schwelle stand, die Wahrheit gestreift und begriffen, dass es einen *Sinn* hat, eine Logik und ein Ziel, dieses armselige Leben, das nur wenige Menschen zu schätzen und zu lieben wissen! ... Denn – es klingt vielleicht paradox, aber es stimmt – nur wenige Menschen lieben das Leben ... nicht tierisch oder unbewusst, sondern wegen seiner *wirklichen* Herrlichkeit.

All die albernen Pseudo-Philosophen mit ihren eingebildeten Krankheiten, der ewig angefressenen Leber, die gotteslästerliche Flüche auf die wohltätige Mutter Demeter loslassen!

... Beständig verfolgen mich Erinnerungen an das letzte Jahr, zur selben Zeit ... Genf, die Angstzustände, und die Freuden meines kostbaren russischen Lebens dort, Tage, die ich sicher so nie mehr erleben werde, die Abfahrt ins geliebte, schicksalhafte Land, das Berberland, aus dem ich gegenwärtig verbannt bin, in das ich jedoch, *so Allah will!*, schon bald erhobenen Hauptes zurückkehren werde, und dann Algier, das weiße Algier, wo ich ein so außergewöhnliches und absolut berauschendes *Doppelleben* unter Leuten führte, die mich schätzten, ja sogar bewunderten, obwohl sie gar nichts von mir wussten, nicht mal mein Geschlecht kannten sie! Eigenartige, betörende Ausritte mit Mokhtar, unser dauerndes Kif-Rauchen ... dann die Spaziergänge mit den liebenswürdigen, gescheiten Oulid-Aïssa, vor allem dem klugen Si Mustepha … und die verzauberte Villa von Bouazaréah, der Laden von Slimène-ben-Elman-Turki im Stadtviertel Plateau Saulières, in der Nacht damals … und als wir über die Quais schlenderten und die traurigen Lieder Algeriens sangen … die weiße Zaouia, die kleine Traumstadt Sidi-Abder-Rahmane-ben-Koubrine, zu der die Düfte des Marengo-Gartens hinaufstiegen und die golden in der untergehenden Sonne lag … die Stunde der Verzückung, wenn das Ischa-Gebet in der Hanefit-Moschee erklang … Und dann wieder Saint-Arnaud. Biskra, und das unvergessliche Oued Rhir mit seinem Zauber und der ganz besonderen Pracht … das verschlafene Touggourt in seiner Salzwüste, das sich im trüben Wasser des Chotts spiegelte … die später so vertraute Straße, gesäumt von grauen, melancholischen Gmiras, und dann, am Ende dieser langen Reise, die strahlende Silhouette der einzigartigen Stadt, des Ortes meiner Wahl, des schicksalhaften El Oued!

… Und als Hintergrund all dieser Bilder: ein aschgraues Durcheinander rauchender Dünen unter einem diesigen, dunklen Winterhimmel … Ein Sturmwind, der in den Schluchten und leblosen Tälern heult … Ein kleiner Menschentrupp, der sich unter den einschläfernden Tamburinschlägen der Bruderschaft von Sidi Abd-el-Kader langsam voranbewegt. Dann lange Rast auf einer hohen Düne, der letzten, von der aus man eine graue, trostlose Ebene überschauen konnte, übersät mit verlassenen Gräbern.

Und ganz hinten, am nördlichen Horizont, die Umrisse einer grauen Stadt mit kleinen, niedrigen Kuppeln, auch sie umgeben von Gräbern … und im schwefelgelben Schein der untergehenden Sonne hebt sich schwarz der Umriss einer einzelnen, traurigen Palme ab, die wie ein riesiger, zerzauster Posten allein in Wind und Nacht vor den Toren Behimas Wache hält …

»Der Mensch kann seinem Schicksal nicht entgehen.«

Am selben Abend, dreiviertel elf

Und wieder lockt mich der Zauber der weiten Ferne … Fort, weit weit fort, und lange umherziehen! … Afrika, die Große Wüste … Meine Nomadenseele erwacht, und beim Gedanken daran, dass ich womöglich noch lange hier festsitze, packt mich die Angst …

Cours! Marche! Le nuage ne s'arrête
Que pour crever,
Et le Romané ne se fixe
*Que pour pleurer!**

15. Juli 1901, 11 Uhr vormittags

Gestern Abend überkam mich ohne erkennbaren Grund ein ganz eigenartiges Gefühl: Erinnerung an die Ankunft in Sousse vor zwei Jahren … und das Verlangen, allein nach Afrika zu reisen, an einen Ort, den ich noch nicht kenne, und wo niemand *mich* kennt, so wie ich im letzten Jahr in Algier angekommen bin … Allerdings mit den nötigen Mitteln, um solch eine Reise unter guten Bedingungen machen zu können.

Prinzipiell verlangt es mich nach *seelischer Abgeschiedenheit*, allerdings nicht für lange, fehlt mir Slimène doch immer noch. Bis zu seiner Rückkehr will ich einen Monat Zeit und genügend Geld haben, um eine Reise allein zu unternehmen, ganz ohne Hetzerei … Ich bin sicher, ich würde außerordentlich intensive und kostbare Eindrücke mit zurückbringen.

* Liedstrophe aus dem *Chanson de la Route* von Jean Richepin (1849–1926) etwa: Lauf! geh ! Nur zum Platzen hält die Wolke inne, und nur zum Weinen bleibt der Abenteurer stehn!

Dennoch durchlebe ich gerade eine seelisch ungetrübte Zeit des Nachdenkens, vor allem komme ich zum Arbeiten. Natürlich hängt dieser Gemütszustand stark zusammen mit der Hoffnung auf ein besseres Leben in absehbarer Zeit.

Bald ist der schicksalhafte Tag von Behima sechs Monate her. Unwillkürlich hat an diesem Tag einer jener Verwandlungsprozesse in mir eingesetzt, die bisher mein ganzes Leben begleitet haben, denn meine intellektuelle Entwicklung hat sich sozusagen stets *in einzelnen Schüben* vollzogen und tut es immer noch: Zeiten der Unruhe, der Unzufriedenheit und Unsicherheit, bis wieder eine höhere Form meines Ichs zutage trat. Ein Wandel, den man näher erforschen oder vielleicht in einer Novelle oder einem Roman schildern sollte.

Die sechs oder sieben Monate, die wir hier bleiben und in denen wir eine endgültige Entscheidung für unsere Zukunft treffen müssen, sollte ich auch für die literarische Arbeit in all ihren Formen nutzen.

Seit meiner Abreise nach Bône 1897 – ach, wie lange das schon her ist! – habe ich mich nicht mehr um jene Kunst gekümmert, für die ich doch immer eine große Liebe bewahrt habe: das Zeichnen und die Malerei. Jetzt fange ich wieder damit an. Außerdem will ich versuchen, während meines Aufenthaltes hier ein paar Unterrichtsstunden zu nehmen, um ein paar Grundkenntnisse in Porträt- und Genremalerei zu erlangen.

Unser Leben, das *wahre,* wird erst nach dem 20. Februar 1902 wieder beginnen … Wie es wohl werden wird? Es lässt sich nur schwerlich voraussagen, doch wenn Slimène wieder hier ist, muss das Problem gelöst werden. Sollte sich bis dahin die Moskauer Angelegenheit in Form von Rentenzahlungen erledigt haben, wäre es das Beste, im tunesischen Sahel einen ruhigen Zufluchtsort zu suchen – zum Beispiel in der Gegend von Moknine, und dort das Heim zu schaffen, von dem ich immer geträumt habe und das mir zum Leben noch fehlt. Ansonsten wäre die einzige vorstellbare Möglichkeit die, mich für ein paar Jahre als Dolmetscherin zu verdingen, irgendwo im Süden, egal – ein paar Jahre in der Wüste, das wäre natürlich auch nicht schlecht.

Jetzt stellt sich das große Problem meines gesamten Lebens … Alles, was bislang geschehen ist, war nur ein Übergang … *Allah kennt die Geheimnisse der Himmel und der Erde.*

Dienstag, 23. Juli

Heute Abend große, tiefe Traurigkeit, dennoch gottergeben und nicht verbittert, keine Schwermut und auch kein Lebensekel.

Wir hocken hier mittlerweile im äußersten Elend, was umso bedrohlicher ist, als ich nichts dagegen tun kann; wäre ich von Menschen wie mir umgeben, käme ich mit sehr wenig Geld für meine geringen Bedürfnisse zurecht. Doch das ist nicht der Fall, sie versuchen immerfort, den äußeren Schein zu wahren. Wenigstens ist es für uns beide, Slimène und mich, bald mit all der Not und Angst vorbei. Doch selbst dann werden wir hier noch Hilfe leisten müssen, was nicht einfach wird. Mit dem, was Slimène verdient, und meiner Art, den Haushalt am Laufen zu halten, könnten wir ganz angenehm und ruhig leben, ohne dass es uns an etwas fehlen würde, wir brauchen ja nicht wirklich viel … Doch wie sollen wir das anstellen?

Wenn sie sich weiter so sperren, bei uns zu essen, wird sich die Lage auch in Zukunft nicht bessern: Ich werde nie genug Geld haben, ihnen einen gewissen Lebensstandard zu ermöglichen. Sobald Zuizou hier ist, müssen wir das besprechen, es sei denn, ich habe Erfolg mit meiner Vorgehensweise bei Reppmann: Ich überlasse ihnen alles, was Reppmann mir schickt, so dass sie für anderthalb Monate genug haben, um halbwegs durchzukommen, falls Reppmann einverstanden ist, mir einhundert Rubel zu leihen, was fast 250 Francs wären. Das wäre eine Erlösung für uns alle, denn es würde uns die Möglichkeit geben, unseren kleinen Haushalt einzurichten und die wenigen Kleinigkeiten, die ich brauche, zu besorgen. Wenn ich erst Frauenkleider trage, finde ich schon irgendeine kleine Arbeit, um die Zeit zu überbrücken, bis es wieder besser läuft.

Deshalb muss ich in den wenigen Tagen, in denen ich noch allein bin, so weit wie möglich mit meiner literarischen Arbeit vorankommen, noch ein paar Artikel schreiben und abschreiben, damit ich, sollte ich einen positiven Bescheid bekommen, gleich etwas vorweisen kann und nicht gezwungen bin, in der ersten Zeit unseres gemeinsamen Lebens hier zu schreiben, auch wäre ich so gleich zur Stelle, falls sich irgendeine gute Gelegenheit bei den Zeitschriften und Revuen ergibt, vor allem nach der Sommerpause.

Bin bei stürmischem Wind zur Post gegangen, um einen Brief an Slimène aufzugeben, den er *vielleicht* bekommen wird. Habe nur wenig Hoffnung. Lief zu Fuß nach Arenc und von dort wieder zurück nach Hause, unterwegs Zwischenstopp in der Bar d'Afrique.

Morgen wird sich zeigen, ob es nicht eine Möglichkeit gibt, mir mit dem Schreiben arabischer Briefe ein bisschen was dazuzuverdienen. Trotz allem spüre ich, dass ich persönlich nie den Mut verlieren werde. Meine Befürchtungen gelten allein Augustin. Ich kann nur hoffen, dass er nicht auf Wolodias Vorschlag eingeht, sollten seine Quellen tatsächlich versiegen. Solange ich im Hause bin, ist kollektiver Selbstmord ausgeschlossen. Aber was ist danach?

Möge endlich Schluss sein mit der Zeit der düsteren Dramen, *so Allah will*!

Habe im *Ersten Heft* einen Gedanken wiedergefunden, über den ich nachdenken muss:

Tue heute so viel Gutes wie du kannst, denn morgen bist du vielleicht tot. (Inschrift auf dem Kalvarienberg in Trégastel, Bretagne)

… was in etwa die Worte von Epiktet meinen: *Handle so, als müsstest du gleich darauf sterben.*

Tiefer, tröstlicher Gedanke, herrliches *Sursum Corda*.

Trotz aller Gefahren, trotz aller Enttäuschungen und trotz aller Schmerzen muss man stark sein wie der Fels, gegen den die wütenden Wellen des Ozeans branden. Man muss um jeden Preis Gutes tun und darf nie aufhören, die Schönheit zu verehren, das allein macht das Leben lebenswert. Besser man ist *groß als glücklich*.

Mit meiner alten Auffassung vom Leben wäre meine gegenwärtige Lage schrecklich, *nicht zu ertragen*. Ich *glaubte*, die Weisheit zu besitzen. Dabei beginne ich erst jetzt, mein sittliches Leben – von dem das andere ganz und gar abhängt – auf das unerschütterliche Fundament des Glaubens zu setzen.

Um nicht schwach zu werden, muss man sich selbst immer wieder sagen, dass das Leben hier unten nur eine Probezeit ist, eine Prüfung – nicht etwa, um nach dem Tod mit sofortiger und ewiger Glückseligkeit belohnt zu werden, sondern für ein Ergebnis, dessen Herrlichkeit und Zweck niemand voraussehen kann.

Es gibt keinen ewigen Schmerz. Die Umstände hier unten auf der Welt enden auch hier unten. Weiter weg ist das große Unbekannte, aber es gibt mit Gewissheit ein *Woanders, etwas Anderes. Sapienti sat!* Das nämlich ist die Kraft, die unbezwingbare Kraft, die auf der Ewigkeit beruht und daher auch nicht vom vergänglichen Erdenleben besiegt werden kann.

Nur wenige würden so durchhalten wie ich.

Ich bin im äußersten Elend gelandet, vielleicht muss ich morgen schon hungern! Trotzdem! Nie, niemals käme ich auch nur annähernd auf die Idee, diesem bedrohlichen Elend durch den gewöhnlichen Weg hunderttausender Frauen zu entgehen. Mich *überkommt nicht mal die Versuchung.* Es ist mir schlichtweg *nicht möglich.* Ich habe den Eindruck, dass das Elend – denn starke Seelen sind selten – zuweilen vergeblich als Ausrede bemüht wird, zumindest von den intellektuell und sittlich Gebildeten, weil sie schlicht und einfach nicht den *Leib zum Verkaufen* haben. Ich breche über niemanden den Stab, und ich werde immer nachsichtig sein mit den menschlichen Schwächen, denn sie alle sind das Ergebnis von so schrecklich komplizierten und verworrenen Faktoren, dass nur wenige in der Lage sind, sie zu durchdringen und zu umschiffen.

Doch das Heil des Menschen ist sein Glaube.

Nicht der trübe Glaube der Floskeln, sondern der lebendige Glaube, der die Seelen stark macht, nicht der Glaube, der den Willen bricht und die Lebenskraft raubt, sondern jener, der sie beflügelt und verherrlicht.

Es reicht nicht, einfach zu sagen, und auch nicht, davon überzeugt zu sein, dass *Gott Gott ist und Mohammed sein Prophet.* Das allein macht bei Weitem noch keinen Muslim aus. Wer sich Muslim nennt, muss sich auf ewig und mit Leib und Seele, wenn nötig bis zum Martyrium, dem Islam verschreiben, dieser muss die Seele des Gläubigen durchdringen und jede seiner Taten, jedes seiner Worte leiten. Ohne dies sind alle mystischen Praktiken sinnlos.

Gott ist Schönheit. Dieses Wort fasst alles zusammen: das Gute, die Wahrheit, die Aufrichtigkeit, das Erbarmen … All diese Wörter sind nur dazu da, die Schönheit Gottes in ihren verschiedenen Ausprägungen zu bezeichnen. Mit einem solchen Glauben und von diesem Geist beseelt, wird der Mensch stark … Er gewinnt eine Kraft, die dem gewöhnlichen Menschen übernatürlich erscheint. Um den gewöhnlichen Ausdruck zu gebrauchen: er wird zum *Marabout.* »Was immer du tust, wo immer du herkommst und wo immer du hingehst, sage: Im Namen Gottes, des Barmherzigen, des Erbarmers«, sprach der weise und erleuchtete Scheich Ecchafi'r, der Prophet Gottes. Doch was er lehrte, war nicht etwa, diese Formel einfach vor jeder bedeutsamen Handlung zu *sprechen*! Er lehrte, nichts zu *tun*, außer im Namen Gottes, das heißt, immer und einzig nur das zu tun, was *schön* und folglich *gut und wahr* ist. Tatsächlich bringt es gar nichts, vor einer unschönen, also gegen Gott gerichteten Handlung die Anrufungsformel zu sprechen! Man muss bei allem versuchen, zunächst herauszufinden, was göttlich ist: die Göttliche Immanenz ist ewig. Nur das Allumfassende ist es wert, betrachtet zu werden. Die äußere Gestalt ist nichts, wenn man sich nur an sie hängt. Dann ist sie nur ein Werkzeug des Unglücks und des Verderbens.

Jahrelang habe ich über all das nachgedacht, und nun, seit Behima, begreife ich sie endlich, diese Dinge, die weltlich eingestellte Menschen mit ihrem Schubladendenken und ihrer Vorliebe für Phrasen sicher als Mystizismus abtun werden. Wenn es, wie ich hoffe und es *zu ahnen glaube*, geschrieben steht, dass ich den ganzen Kreislauf dieser gesegneten Entwicklung durchlaufen werde, dann wird dies auf dem Weg des Schmerzes geschehen, den ich fortan voller Dankbarkeit lobpreisen will. Eines steht auf jeden Fall fest: Meine Seele hat die Vorhölle der Sterblichen, in der sie lange umhergeirrt ist und in der sie so manches Mal unterzugehen drohte, endlich hinter sich gelassen.

Donnerstag, 25. Juli, gegen 23 Uhr

Der Aufenthalt hier zehrt immer mehr an mir, vor allem, weil Rouh nicht da ist. Augustin und Hélène sind beide nicht in der Lage (und werden es niemals sein), mich zu lieben, denn *sie werden mich nie verstehen*. Augustin ist für alles, was mich begeistert, taub und blind geworden, er versteht nichts von all dem Wunderbaren, das ich endlich begriffen habe.

Ich bin allein, hier noch mehr als irgendwo sonst. Doch endlich ist der Monat rum, Zuizou muss jeden Augenblick kommen und wird dieser Qual ein Ende bereiten.

Heute habe ich die beiden Ausgaben vom 19. und 20. Juli der *Nouvelles* aus Algier bekommen, in denen *Maghreb* und *Frühling in der Wüste* abgedruckt sind. Dieser Erfolg ist tröstlich und eröffnet mir einen Weg. So heißt es also wieder durchhalten und bis zum Ende Geduld haben. Vor allem aber muss ich mich konsequent abschotten und darf mit diesen Leuten weder über meine Angelegenheiten noch über meine Ansichten sprechen, denn sie *verstehen* sie sowieso nicht und *wollen* sie auch nicht verstehen.

Offenbar stand es also doch geschrieben, dass ich innerlich *erlöst* werden würde, *als einzige* von all denen, die das anormale Leben in der *Villa Neuve* gelebt haben, über das Augustin sich früher immerfort beklagte und das er inzwischen in allen Einzelheiten übernehmen zu wollen scheint. Ich muss mir um jeden Preis die Taktik des undurchdringlichen Schweigers zulegen, um diesen erbärmlichen, schrecklichen Aufenthalt hier zu Ende zu bringen.

Wie wird es unter ihrem Dach ausgehen? Worauf setzen sie? An was denken sie? Ich weiß nicht, und das erschreckt mich, denn mein Herz hegt trotz allem noch dieselben Gefühle für sie.

Zwangsläufig, aber auch bedingt durch Slimènes und meinen Charakter, wird die gesamte Haushaltsführung, sobald wir uns hier niedergelassen haben, an uns hängenbleiben … Daher könnten uns, sollte von Reppmann keine Rettung kommen, durchaus eine Menge Entbehrungen und Leiden ins Haus stehen. Doch hier wie bei allem anderen und in alle Ewigkeit gilt: Tu, was getan werden muss, und es komme was wolle.

Ich verlange nicht viel von Gott: dass Slimène zurückkommt, wir heiraten können und dieser Zustand hier endlich ein Ende hat: dass sie sich einig werden und ihr Leben nicht zu einer neuerlichen Schreckensvorstellung für mich wird! Mögen sie die Mittel finden, *nach ihrer Fasson* zu leben, nur soll ihr Leben mir nicht mehr Anlass zu immerwährendem, grauenvollem Kummer geben, vor allem angesichts meiner Ohnmacht, Leuten helfen zu müssen, die mir in allem diametral entgegengesetzt sind.

Freitag, 26., abends 22 Uhr

Zum Abschluss dieser Aufzeichnungen über das letzte halbe Jahr meines Lebens, mit denen ich in der melancholischen Ungewissheit des Krankenhauses begann, kann ich fast nur noch trübe, traurige Dinge berichten, obwohl mir ja immerhin die sittliche Entwicklung bleibt, die ich durchgemacht habe. Es liegt auf der Hand, dass die Depression, unter der ich seit drei oder vier Tagen leide, von meinem Umfeld herrührt, in dem ich leben muss und das von Sorgen wegen einer ausweglosen finanziellen Lage geplagt wird. Im Grunde aber ist meine Seele ruhig.

Persönlich belastet mich nur die unbestimmte Verzögerung von Slimènes Rückkehr, und die Geduld kostet mich inzwischen enorme Anstrengung. Moralisch bräuchte ich seine liebe Gegenwart jetzt vielleicht mehr denn je. Mein Herz fließt über und zieht mich unwiderstehlich zu ihm hin, als wäre er die letzte Zuflucht, die mir auf Erden noch bleibt. Doch die Tage sind gezählt, und jetzt ist nicht der Moment, den Mut und die Geduld zu verlieren, umso weniger, als mir noch eine Menge Arbeit bevorsteht, sowohl auf Französisch als erneut auch auf Russisch, wie ich dem Brief von Madame Paschkoff entnehme! Ach, hoffentlich sind diese Mühen vom selben Erfolg gekrönt wie dem, über den ich mich gestern so freuen durfte! Endlich aus der tiefsten Tiefe meiner Seele, die sich allmählich zu beherrschen weiß.

29. Oktober 1901. Samstag, vier Uhr nachmittags

So gut wie alle Ängste von vor drei Monaten sind von unserem Horizont verschwunden.

Seit dem 17. dieses Monats sind wir *offiziell*, also unauflösbar vereint. Auch das Aufenthaltsverbot für Algerien besteht nicht mehr, und meine Verbannung geht wahrscheinlich ihrem Ende zu: In einem Monat brechen wir in unser geliebtes Land jenseits des Meeres auf. Gott und Djilani haben uns keineswegs im Stich gelassen. Mögen sie ihr Werk des Heils und der Erlösung vollenden!

Marseille

Algier, 8. April 1904, 9 Uhr abends

Ich habe diese Gedanken vom Januar 1902 nicht aufgeschrieben … Was macht das schon? Drei Jahre später, an einem anderen Verbannungsort, in einem ebenso abgrundtiefen Elend und wieder absolut allein, schreibe ich über die tiefgreifende Veränderung, die die zerstörerische Zeit seitdem in mir bewirkt hat …

Andere Reisen, andere Träume und andere Rauschzustände der Sonne in der Stille und dem Zauber anderer Wüsten, rauer und ferner, sind über die Dinge von damals hinweggegangen. Die Aussichten: … vielleicht in ein paar Tagen schon, *so Allah will!* werde ich fortgehen, und wieder breche ich in Richtung des tristen, geheimnisvollen *Maghreb* des Todes auf … Werde ich in einem Jahr zur selben Zeit noch da sein, und wenn ja, wo?

Am selben Abend

Als ich heute Abend wieder in den alten Heften voller toter Dinge las und die schon fast vergessenen Namen wie Souf, Bordj-Ferdjeun, Ourmès mit den Zaubergärten, El Oued und Behima darin wiederfand, verfiel ich in quälende, tiefe Melancholie. Wo ist all das heute?

In zwei Jahren, in fünf, werden die jetzt so vertrauten Namen Aïn Sefra, Figuig, Beni-Ounif und Djebel Amour in meinem Ohr den gleichen sehnsüchtigen Klang haben.

Im Moment reizen mich noch viele andere Ecken auf dem afrikanischen Kontinent …

Und dann wird mein einsames und schmerzerfülltes Wesen von dieser Welt verschwinden, wo es inmitten der Menschen und Dinge immer nur *Zuschauer* geblieben ist, ein *Fremder.*

Viertes Tagebuch

Notizen und Eindrücke
Begonnen in Marseille am 27. Juli 1901.
Beendet in Bou Saada am 31. Januar 1903.
Zum Gedenken an den Weißen Geist

»Im Namen Gottes, des Allmächtigen, des Erbarmers!«

Marseille, 27. Juli 1901

Nach ein paar Tagen voller Trübsal, düsterer Traurigkeit und sogar Angst bin ich heute Morgen wieder mit Schwung, Geduld, Arbeitslust und neuer Hoffnung aufgestanden.

Wenn nur die Qual des Wartens auf Slimène endlich ein Ende hätte, wenn ich wenigstens wüsste, an welchem Tag *genau* er kommt, wäre ich ruhig und könnte, was meine Stimmung angeht, eine der besten Phasen meines Lebens genießen. Anfang Herbst wird das Elend höchstwahrscheinlich ein Ende haben und damit auch all die Scherereien, insbesondere das Gefühl der Ohnmacht. Ach! Endlich das Geld der unglückseligen *Villa Neuve* in der Hand haben, den Boden Afrikas wiedersehen und, wer weiß, vielleicht sogar den unvergesslichen Souf! Wieder lesen, schreiben, zeichnen und vielleicht auch malen können, endlich ein intellektuelles Leben führen und meine literarische Karriere in Gang bringen! Vielleicht sollte ich vernünftigerweise statt nach Algerien eher nach Paris gehen und dort ein paar Artikel unterbringen?

Könnte sein, *so Allah will!*, dass mit diesem Herbst endlich Schluss ist mit der langen Zeit des Leidens, der Unruhe, der Angst und des Elends.

Ich vertraue auf Allah und Djilani.

1. August, 1901, 11 Uhr vormittags

Gestern habe ich einen Brief von Slimène bekommen, der alles wieder durcheinander gebracht hat. Er liegt seit dem 28. im Krankenhaus. Hiernach ist es unmöglich, *nicht* mehr an die geheimnisvollen Warnsignale zu glauben, die mir seit Jahren sämtliche Phasen meiner *via dolorosa* ankündigen!

Ich zittere am ganzen Leib. Trotzdem muss ich schreiben, muss ich *Amira* noch einmal abschreiben und Brieux schicken.

Am selben Tag, 23 Uhr 30

Slimène, Slimène! Vielleicht, ja mit Sicherheit habe ich ihn noch nie auf so heilige Weise und so tief geliebt wie jetzt. Und wenn Gott ihn mir nehmen will, möge sein Wille geschehen. Aber danach will ich nichts mehr versuchen – nur noch eines, und das mit aller Kraft: dorthin gehen, wo gekämpft wird, in den Südwesten, und den Tod finden, um jeden Preis, um so zu bezeugen, dass es *keinen Gott gibt außer Gott und dass Mohammed sein Prophet ist.* Das ist das einzig denkbare Ende für mich, ein Ende, das meiner würdig wäre und würdig dessen, den ich geliebt habe. Jeder Versuch, mir ein anderes Leben zu schaffen, wäre nicht nur sinnlos, sondern schändlich, ja eine *Beleidigung.*

Vielleicht wird er bald zu derjenigen gehen, die er zu seinem Bedauern nie kennengelernt hat, und ihr erzählen, was unsere beiden *auf ewig vereinten* Herzen hier unten gelitten haben.

»Weiße Seele«, die du dort oben bist, und du, Wawa, ihr seht bestimmt meine Tränen in der Stille dieser Nacht und könnt in meiner Seele lesen. Ihr seht, dass ich, an seiner Seite, durch Leid und Verfolgung meine arme Seele geläutert habe, dass ich nicht schwach geworden bin und mein Herz nun endlich rein ist! Seht und ruft für uns zwei, die ihr auf dieser Welt des Schmerzes allein zurückgelassen habt, Gottes Erbarmen an, jenes Gottes, der die *Weiße Seele* unter den Gläubigen ruhen lässt. Ruft auch die Strafe Gottes auf jene herab, die uns zu Unrecht zusetzen.

Warum bin ich nicht, wie ich es vorhatte, mit Sidi Mohammed Taïb fortgegangen, warum bin ich nicht an seiner Seite in Timimoun gestorben? Warum nahm das Schicksal diesen arme Jungen und entriss ihn, indem es ihn an mein unvermeidliches Verderben kettete, seinem einst so ruhigen Dasein, um eines solchen Leidens und vielleicht eines viel zu frühen, grausamen Todes willen? Warum sollte ich eigentlich nicht allein weggehen? Bedauert er, mich geliebt zu haben? Bedauert er, dass er meinetwegen so viel durchgemacht hat?

Wer wird je die unendliche Bitterkeit dieser Stunden erahnen, all dieser einsamen Nächte, die ich durchlebe? Wenn ich Hilfe bekomme, ist alles gerettet. Selbst wenn er krank ist – wenn ich ihn pflege und er in meiner Nähe ist, wird er sich ganz bestimmt erholen … Doch ohne dies wird seine angeschlagene Gesundheit in der Not und dem Elend noch schwächer werden und bleibt er bedroht vom Erbübel …

2. August, 4 Uhr nachmittags

Bin mit leichtem Mut und sogar Hoffnung in diesen Tag gegangen, dank der Unterredung Augustins (mit einem Freund).

Montag, der 5.

Besuch bei Oberst Rancogne. Geistesverfassung: leicht beunruhigt und traurig. Nacht: schlecht. Bekümmert *ganz allgemein* über mein gesamtes Leben. Für die Zukunft Vertrauen in Djilani.

6., Dienstag, 11 Uhr vormittags

Eher düster gelaunt. Hab mein derzeitiges Leben ziemlich satt. Kein tieferes Interesse für irgendwas. Die durchaus heftigen, aber trotzdem langweiligen und trüben Empfindungen der letzten Tage haben mich ausgelaugt. Entspannung. *Kraft im Hirn* nur noch, um das zu beenden, was ich weiter versuchen muss, ansonsten keinerlei Antrieb.

Brieux hat mir geschrieben: Ich merke, dass ich in literarischer Hinsicht einen überwältigenden Berg Arbeit vor mir habe. Entschluss gefasst: *es zu tun, weil es getan werden muss.*

Seltsam, während ich die Zeilen hier geschrieben habe, hat sich mein Geisteszustand ein wenig gebessert, was daran liegen muss, dass ich glaube, die Erzählung für *L'Illustration* schreiben zu können.

Nach meiner täglichen Dostojewski-Lektüre habe ich plötzlich zärtliche Gefühle für dieses kleine Zimmer, das aussieht wie eine Gefängniszelle, also ganz anders als der Rest des Hauses.

Jedes Zimmer, das man für längere Zeit bewohnt hat, saugt sozusagen ein wenig von der Seele desjenigen auf, der dort gelebt und gedacht hat.

Montag, 12. August 1901

»Alles, was entsteht, entsteht aus dem Warten und dem Leid.«

... Traurige, unruhige, undefinierbare Tage, an denen mich nur die Arbeit und die Lektüre retten. Wovor? Ich habe keine Ahnung. Nach der erholsamen ersten Julihälfte ist meine Seele wieder in eine schmerzhafte Phase der inneren Verwandlung eingetreten.

Mein gegenwärtiges Leben ist von den *äußeren Bedingungen*, den *Umständen* her schrecklich und hassenswert. Die Ruhe und Einsamkeit in einem Gefängnis wären leichter zu ertragen und zudem nützlicher. Allerdings ist es für meine seelische Entwicklung natürlich wieder eine nützliche Prüfung ... doch wie schmerzhaft jedes Mal!

Das Warten auf Slimène, die Ungewissheit in Bezug auf ihn haben mich richtiggehend *krank* werden lassen. Meine Nerven sind zum Zerreißen gespannt, meine Kräfte kurz vorm Wegbrechen, und ohne die ihrer Form nach doppelte Ablenkung durch Arbeit und Lektüre würde es womöglich ein ungutes Ende nehmen – Gott weiß wie! Meine robuste Natur scheint nicht mehr ganz so viel Widerstandskraft zu haben, und die immer häufiger auftretenden Schwächeanfälle, das Herzrasen und die Angstzustände sind Anzeichen einer ernstzunehmenden Entkräftung. Wie lange wird das noch so gehen? Ich weiß nicht mehr, aber mir scheint, ich bin am Ende meiner Kraft ...

Donnerstag, 15. August 1901, abends halb neun

Seit ein paar Tagen packt mich wieder die Sehnsucht nach der Wüste, schmerzhaft intensiv! Nur ein einziges Mal bis zur letzten Seguia im alten Biskra gehen, wo wir beide, Slimène und ich, am Abend unserer Rückkehr – am 2. März dieses Jahres ... *vor sechs langen Monaten schon!* – angehalten haben ... Dort stehen, in der Dämmerung oder aber bei Sonnenuntergang, und einen verliebten Blick, den eines Verbannten, über die große Sahara werfen ... einen einzigen Blick nur!

Ach, wären wir jetzt doch nur frei, wir beide, und reich genug, und könnten dorthin gehen, in *unser Land*! Werde ich sie je wiedersehen, meine große, herrliche Wüste?

Irgendwas tief in mir drin, eine Art dunkle Vorahnung, sagt mir, dass ich tatsächlich dorthin zurückkehren werde ... und sogar schon ziemlich bald, *Gott weiß*!

Momentan gäbe ich Gott weiß was dafür, das verdammte Land hier, dieses Land der Verbannung und des Leids, verlassen und auf afrikanischen Boden zurückkehren zu können.

Ich betrachte an der Wand die Zeichnungen mit den Motiven von dort, und der dunkle Horizont, vor dem sich die fernen Gmiras erheben, bringt mich zum Träumen. Weit fortgehen und ein neues Leben beginnen, draußen in der Natur, an der herrlich frischen Luft! Hier, in den vier Wänden und einer Stadt, die mir immer nur finsterstes Unbehagen verschafft hat, ersticke ich noch!

Weggehen, als freier Wandersmann, wie ich es früher war, sogar um den Preis irgendwelcher neuer Leiden! Losstürmen, über den Quai de la Joliette – den einzigen Teil dieser Stadt, den ich mag, *weil er das Tor nach Afrika ist* –, ein Schiff besteigen, unscheinbar und unbekannt, und fliehen, *endlich für immer fliehen.* Das sind meine Träume, das sind die Gedanken, die mich beständig verfolgen und quälen!

Endlich die einsamen Bordj wiedersehen und die Straße des salzigen Oued Rhir, dann den weißen Souf und die Gmiras, die grauen Gmiras, die als zauberische Leuchttürme in meinem geliebten Ozean stehen.

Cours! Marche! Le nuage ne s'arrête
Que pour crever,
Et le Romané ne se fixe
Que pour pleurer!

Ja, ich kam nur hierher, um zu weinen, zu bedauern und gegen die Ängste der Finsternis anzukämpfen, um zu leiden und eine Gefangene zu sein! Wann endlich geht die herrliche Abfahrt los? Wie lange noch bis zur Rückkehr in das Land, in dem ich jedes Mal auflebe, zum einzigen Fleck auf der Erde, wo ich keine Verbannte, keine Fremde bin?

Freitag, 16. August, 11 Uhr

O ja, für immer fortgehen, alles verlassen, alles aufgeben, jetzt, wo ich mir hundertprozentig sicher bin, dass ich hier fremder bin als irgendwo sonst und dass nichts, aber auch nichts von dem, was mir wichtig und heilig ist, was mir groß und schön erscheint, Akzeptanz finden wird in diesem Haus der Blindheit und des *Spießbürgertums* … Spießbürgerlich bis ins Mark, suhlen sie sich in den niederen Sorgen ihres animalischen, raffgierigen Lebens.

Aber sollen sie nur alles auf die Spitze des Ekels treiben, so kann ich mich wenigstens *vollständig* lösen. Im Grunde leide ich längst nicht mehr unter den niederen und gemeinen Szenen hier. Sie sind mir egal, all das bewirkt nur, dass ich mich noch leidenschaftlicher meinem teuren Ideal zuwende, das mein Daseinsgrund ist, mein Heil, und auch der *guten Seele*

Slimènes, der, wie ich aus seinen Briefen herauslese, den Weg des Denkens eingeschlagen hat, einen Weg, der ihn auf den gleichen strahlenden Pfad führen wird, auf dem ich trotz allem vorankomme. Was die anderen betrifft – *sie sehen nicht, taub, stumm und blind sind sie: sie werden nicht umkehren*, wie es im *Buch Gottes* heißt …

Mein ganzes derzeitiges Leiden entspringt dem angsterfüllten Warten auf Slimène.

Aber ich darf auch nicht mehr alles für *hier* opfern und muss endlich an *mein eigenes* Zuhause denken.

Reppmann und Brieux, vor allem der erstere, haben keine Ahnung, dass ich von seinen wohltätigen Gaben nichts für mich behalten, sondern für andere gebettelt habe, die mir dafür nicht mal dankbar sind! *Mein Geliebter hat Recht: wie töricht, dass wir solchen Menschen auch noch Gutes tun!*

Allerdings haben sie nicht die geringste Ahnung, wie sehr *sie ihren materiellen Interessen schaden*, Interessen, die ihnen doch so wichtig sind, wichtiger als alles andere auf der Welt, denn andere Interessen, solche, von denen unsereins zehrt, haben sie nicht. Ich reibe mich bestimmt nicht mehr für sie auf. Schließlich sagen sie ja auch dauernd, wir sollen »die Dinge auf eigenes Risiko regeln« – mögen sie sich gefälligst selbst daran halten! Das wird die beste und *hilfreichste* Strafe sein.

Hinter dem, was ich sage, steckt weder Rache noch Hass oder Boshaftigkeit – sondern nur mein Sinn für *Gerechtigkeit*. Sie wollen nichts für uns tun, wir sind arm und verlassen, wir haben keinen Grund, etwas für sie zu tun.

Sie spekulieren auf meine Güte, aber nur, weil sie meinen wahren Charakter nicht kennen, denn bei mir sollte man eine bestimmte Linie niemals überschreiten.

Und diese Linie ist jetzt überschritten.

Wieso bin ich gezwungen, mich um derlei niedere, widerwärtige Dinge zu kümmern und solch drastische Maßnahmen zu ergreifen?

Nun gut, noch ein paar Tage Geduld, ein bisschen Mut, und all das hat *für immer* ein Ende.

17. August, Samstag

Natürlich kenne ich ihn nur zu gut, den Grund für diese ganze Veränderung … Doch heute quälen mich Gedanken ganz anderer Art. Zunächst einmal ist da natürlich die ständige Sorge wegen seines Urlaubs, der Versetzung. Aber eben noch etwas anderes. Wie ich seinem vorletzten Brief entnehme, denkt er in der Ferne offenbar auch daran, an diese verwirrende und berauschende Sache: sinnliche Liebe. Zur Zeit werde ich von überaus köstlichen, ganz und gar unkeuschen Träumen heimgesucht. Natürlich wäre ich nie imstande, irgendwem ein solches Geheimnis anzuvertrauen … außer einer Vertrauensperson wie Dr. Taste vielleicht, wegen seiner direkten und zugleich sensiblen Art. In intellektueller Hinsicht könnte man bedauern, dass ich während meines unvergesslichen Krankenhausaufenthaltes nicht mit Mauviez zu tun hatte, einem noch krankhafteren und merkwürdigeren Geist. Mir scheint, er war noch subtiler, noch scharfsinniger … »Doktor Scharfsinn«, immer noch unvergessen! Und doch liebe ich Taste, zweifellos … diesen Mann, von dem ich mich sinnlich am allerwenigsten angezogen fühlte, jedenfalls nicht körperlich. Zugegeben, die mal tierische und heftige, dann wieder fast schon neurotische, feinsinnige Erotik dieses Mannes missfiel mir durchaus nicht. Ihm habe ich Sachen erzählt, die noch niemand gehört hat … D … ist mir zu durchschnittlich, und er hat so einen Anflug übertriebener, rücksichtsloser Toleranz.

Jetzt, wo alle diese Leute aus meinem Leben verschwunden sind, denke ich mit Verwunderung an die Persönlichkeit von Toulat, und ich frage mich, ob nicht auch in diesem Fall mal wieder uralter Atavismus mit im Spiel ist: In der Tat, wie konnte das arabische Leben, das arabische *Wesen* vor allem, derart auf diesen Mann abfärben, einen Franzosen aus Poitiers? Ja, Toulat ist Araber. Er ist düster, er liebt das freie, harte Leben in der Wüste; von allen französischen Offizieren, die ich kennengelernt habe, ist er der einzige, der sich dort nicht langweilt. Sind seine Heftigkeit und seine Härte nicht typisch arabisch? Auch seine Liebe hat was Wildes, Unfranzösisches, etwas Altmodisches, denn er hat mich sehr wohl geliebt. Seine Leidenschaft hat an jenem Tag ihren Höhepunkt erreicht, als er bei unserer Ankunft in Biskra so verzweifelt weinte. Er hat mich geliebt, aber da er mich nicht verstand, fürchtete er sich gleichzeitig vor mir. Er dachte, er könne sich nur durch Flucht retten, indem er mich verließ.

Wie lange all das her ist! *Sehr* lang, zumal bei der Erinnerung an *diese Männer* keinerlei Zorn mehr in mir aufkommt: Die Frau, die diese fernen Gespenster zu lieben glaubte, *ist tot*. Und die, die heute lebt, ist so gänzlich verschieden von der anderen, dass sie für vergangene Irrtümer nicht mehr verantwortlich ist.

Sicher, all die Fragen, die mit der Sinnlichkeit zu tun haben, werden mich immer interessieren, *intellektuell*, und um nichts in der Welt würde ich aufhören, dieses Thema weiter zu erforschen. Doch was mich konkret angeht, ist mein sexueller Bereich gegenwärtig genau abgesteckt und der banale Satz: »Ich gehöre mir nicht mehr« nur zu wahr. Auf sinnlichem Gebiet ist Slimène alleiniger, unumschränkter Herrscher. Er allein zieht mich an, er allein versteht es, mich in jenen Geisteszustand zu versetzen, der nötig ist, wenn man den intellektuellen Bereich verlassen will, um hinunterzugelangen – aber ist es denn wirklich ein Hinunter? Das bezweifle ich doch sehr – in den der vielgepriesenen sinnlichen Erfüllung.

In der modernen, verbogenen, kranken Welt ist der Mann normalerweise nicht derjenige, der in der Ehe der sinnliche

Verführer ist. Auf gemeine und dumme Weise bindet man das Leben einer jungen Frau an einen Ehemann, eine letztlich oft lächerliche Person. Ihm gehört die konkrete Jungfräulichkeit der Frau. Dann muss sie, nicht selten angeekelt, ihr Leben an seiner Seite verbringen, die »eheliche Pflicht« erfüllen, bis zu dem Tag, an dem ein anderer ihr im Verborgenen, in einer Atmosphäre aus Entwürdigung und Lüge beibringt, dass es da eine ganze Welt von Sinnesempfindungen, Gedanken und Gefühlen gibt, die den gesamten Menschen aufleben lassen. Und genau darin unterscheidet sich unsere Ehe grundsätzlich von anderen – und deshalb empört sie so viele brave Bürger: Für mich ist Slimène zweierlei – und er versteht es instinktiv, beides zu sein, obwohl der Ehemann das heutzutage nur noch selten für seine Frau ist – nämlich Geliebter *und* Gefährte.

Was meinte der leicht verschrobene, charmante, für viele Frauen aus der besseren Gesellschaft bestimmt immer noch verführerische Typ, Hauptmann R., als er sagte: »Sie waren in Algerien Gegenstand unzähliger Begehrlichkeiten« …? Bis zu einem gewissen Grad weiß ich das nur allzu gut, habe ich doch mehr als einmal darunter gelitten.

Für alle, die mich gekannt haben, vor allem die Offiziere, ist es natürlich *komplett unverständlich*, was jemand wie Slimène in meinem Leben macht. Domercq hat sich den Tatsachen schließlich gebeugt … Taste *tut so*, als würde er nichts kapieren, aber bis zu einem bestimmten Punkt kapiert er sehr wohl. Und was denkt R. …? Zugegeben, ich will diesen Mann wiedersehen und ihn besser kennenlernen. Er hat keinen mittelmäßigen Eindruck auf mich gemacht und ist mit Sicherheit kein gewöhnlicher Mann aus dem Volk.

Ich habe festgestellt, dass die Dinge des Lebens – zumindest in meinem – seltsamerweise dazu neigen, sich stets entgegen *aller* Wahrscheinlichkeit zum Guten zu wenden, entgegen jener berühmten *Wahrscheinlichkeitsrechnung*.

Allmählich warte ich jedes Mal schon darauf, anstatt mich wie früher in irgendwelchen Mutmaßungen zu ergehen …

So weiß ich zum Beispiel nicht mehr, ob das Wiedersehen mit Slimène bald bevorsteht oder nicht. Sicher, ich sehne es mit jeder Faser meines Körpers herbei, aber ich klammere mich nicht mehr an bestimmte Datumsangaben, aus Angst, doch bloß wieder enttäuscht zu werden.

Ich habe mehrere düstere, angsterfüllte Tage hinter mir, voller bedrückender Träume. Dann hat sich alles wieder ein wenig aufgehellt, aber ich konnte trotzdem nicht arbeiten und saß nur untätig herum. Um diesen Zustand zu überwinden, bedurfte es gestern einer enormen Willensanstrengung …

… Von jener wohltätigen Person Brieux weiß ich immer noch nichts, außer dass er sehr gütig sein muss … Doch ist er genauso ausnehmend schlicht wie seine Briefe kurz sind, schlicht, offen und direkt, oder ist er der Komplizierteste unter den Komplizierten?

Von allen Personen hier ist da auch noch der wackere Mohammed ben Aïssa, der jetzt schon auf dem Weg nach Algier sein dürfte und der ein herzensguter Mensch ist.

Smaïne ben Amma – ein durch und durch lüsterner Mann, verlebt, *verunstaltet* und schon fast vollständig versumpft. Wenn er so weiter trinkt, wird er im *delirium tremens* enden oder vollständig gelähmt.

In höchstem Maße unsympathisch! Vor dem brauchte mich Zuizou nun wirklich nicht zu warnen.

Wenn ich die Wahl hätte zwischen diesem »feinen Herrn« und dem Kif rauchenden Lastträger Slimène, würde ich mich selbstverständlich für letzteren entscheiden.

Marseille, Donnerstag, 22. August, 1901, mittags

Das Martyrium geht weiter. Trotzdem, wenn ich es nüchtern betrachte, statt mich verworrenen, spontanen Gefühlen zu überlassen, hat sich meine Lage enorm verbessert: Zuizou ist nicht mehr in dem unglückseligen Batna, er ist unterwegs, in Bône, in jener Stadt, wo ihr Grab ist. Könnte sie ihn doch empfangen und inspirieren, ihn posthum für immer unter ihre Fittiche zu nehmen!

Hier habe ich ihn endlich verstanden, den äußerst komplizierten Mechanismus des unerträglichen Zustandes, der sich eingebürgert hat. »Bloß kleine Frauenangelegenheiten, bloß die kleine unsichtbare Arbeit von Frauen; trotzdem raubt es einem die Kraft.«

Sinnlos, weiter darauf einzugehen. Zugegeben, Augustin, kann nicht wirklich was dafür – nur für seine *Schwäche*, aber das alles kommt nicht von ihm.

Er hat einen nicht wiedergutzumachenden Fehler begangen, und im Augenblick kann niemand etwas daran ändern. Vernünftigerweise gäbe es für ihn nur noch eine Möglichkeit der Rettung: *die Feinde müssten sterben, und er müsste zu uns zurückkommen*, was er bestimmt auch täte. Es wäre wahrscheinlich sehr schmerzhaft für ihn, doch seine Seele wäre gerettet. Soll man sich wünschen, dass so was passiert? Nein, denn nur Gott blickt tief in die Herzen hinein. Überlassen wir die Sorge für dieses Leben, auf das ich keinen Einfluss mehr habe, der Zeit und dem Schicksal, also Gott. Slimène hat es schon geahnt und wird es besser verstehen als jeder andere. *Gepriesen sei Gott!*

Was das angeht, bin ich gegenwärtig ganz und gar ruhig, denn ich *weiß* und ich *verstehe*. Keine Ungewissheit mehr. Mein Gemütszustand ist äußerst komplex. Im Augenblick spielt das Körperliche eine große Rolle, und im Übrigen der Zustand hier. Auch dass sich Slimènes Ankunft verzögert, aber dieses Gefühl ist kindisch.

Mein Gott! Was für eine Erleichterung, wenn die Exempliarsky bereit wäre, Augustin die erforderliche Summe zu leihen, so wären wir wenigstens in dieser Hinsicht alle Sorgen los, und die lästigen Ausgaben, die uns noch zum Verhängnis werden könnten, blieben uns erspart!

Wir haben so viele persönliche Ausgaben, so viele Schulden und Dinge, die angeschafft werden müssen, dass uns die 25 Francs von der Alten tatsächlich freuen würden. *Möge Gott es uns leichter machen!*

Ich muss mich ordentlich zusammennehmen, um diese Woche durchzustehen, und darf nicht in ein Tief abdriften, im Gegenteil, ich sollte sogar versuchen, es sinnvoll zu nutzen – was das Schwerste ist. Sehr merkwürdig übrigens, dass mich hier nie eine glückselige, ruhige, gottergebene und wohltuende *Melancholie* überkommt. Wenn es auf dieser Welt eine Stadt gibt, wo mir solche Gefühle fremd sind, dann die hier. Diese Stadt wird mich nie zu irgendwas *inspirieren* … vor allem nicht, solange ich in diesem Haus wohne. Später, zusammen mit Zuizou, in einem anderen Viertel, ändert sich das vielleicht.

Die Bücher, die mir im Moment am meisten geben, sind Dostojewskis Romane – vielleicht weil sie dem unbestimmt wabernden, schmerzlichen Geisteszustand, mit dem ich mich seit langem herumschlage, am ehesten entsprechen.

Gestern Abend habe ich mal wieder die Briefe von Freund Eugène gelesen. Mein Gott, was für eine Veränderung auch bei ihm in diesen sechs Jahren der Freundschaft! Was für ein Unterschied zwischen seinen ersten, noch ganz jugendlich anmutenden Briefen und dem letzten, den er aus der Wüste, dem Twat-Gebiet geschickt hat, dessen Name allein mich schon zum Träumen bringt! Wie trübsinnig seine Seele geworden ist! Mir scheint, die Romanze in Algier hatte einen ziemlichen Anteil daran. Schon deshalb und in Anbetracht seines Wesens muss diese Liebe wahrhaftig und tief gewesen sein, genau das muss Eugène widerfahren sein, jedenfalls seinem schmerzerfüllten Brief nach zu urteilen, in dem er mir seinen jähen Aufbruch, ja seine regelrechte Flucht in den äußersten Süden ankündigte.

Auch ich habe mich seitdem ungeheuer verändert – noch mehr als er ... Zwischen dem Kind, das ich damals war, und dem, was ich jetzt bin, liegen Welten. Ich brauche es wohl kaum zu sagen: Zwischen meinem Ich in Bône und dem von jetzt besteht – obwohl nur vier Jahre dazwischen liegen – ein solcher Unterschied, dass ich die Erinnerungen an damals nur belächeln kann – traurig belächeln, ja, das stimmt. Ohne all das schreckliche Unglück, das mir seit Bône widerfahren ist, hätte ich mich wahrscheinlich sehr viel langsamer entwickelt. Sogar in diesem Jahr wäre es *ohne Behima* so gewesen. Auch das, was ich *hier* erfahren und zu verstehen gelernt habe, hat meinen Charakter enorm beeinflusst und wird sich mit Sicherheit auf meinen gesamten zukünftigen Lebensweg auswirken.

An meinem Horizont gibt es als letzte Zuflucht und einzige *menschliche* Hoffnung nur noch Slimène – *nur ihn*. Alle Übrigen haben sich verflüchtigt wie unwirkliche Gespenster – die vielleicht mal wirklich waren, aber eben nur in meiner krankhaften Vorstellung. Nur er ist *real*, ist keine Täuschung, kein Trugbild.

Freitag, 23. August 1901, 11 Uhr vormittags

Gestern scheußlicher Tag, wegen der neuerlichen Beleidigungen seitens ...

Von 3 bis 5 kraftlos und erschöpft auf der Suche nach Smaïn durch die Stadt getaumelt. Fand ihn nicht. Am Joliette gewesen, Slimène, den Lastträger gefunden. Lieh mir 55 Cents und schickte Zuizou eine Depesche. Slimane 15 Cents für Tabak geschenkt. Zurück nach Hause. Ungeheure Müdigkeit und Schmerzen überall.

Nachts nachgedacht und gebetet. Dank Djilani konnte ich mich heute wieder etwas aufraffen. Wenn nichts Blödes dazwischenkommt, werde ich die letzten fünf Tage bis zu Zuizous – *dieses Mal ganz sicherer* – Ankunft hoffentlich durchhalten. Ich glaube, ich kann sogar arbeiten – zumindest bis zu einem gewissen Grad. Das Wichtigste ist, nicht komplett zu verzweifeln. Wieso hatte ich mir zum Beispiel eingebildet, hinter Zuizous verspäteter Ankunft würden – von seiner Seite aus – irgendwelche verhängnisvollen, verheerenden Gründe stecken? Hauptsächlich doch nur, weil meine Lage hier unerträglich ist.

Oh! Dass es immer nötig ist, Theater zu spielen, und sei es nur bis zu einem gewissen Grade! Einen Feind neben sich zu spüren, unbewusst (nicht in Bezug auf seinen Hass, sondern der hasserfüllt ist, *ohne zu wissen warum* – denn es gibt ja keinen Grund), und nicht wegzukönnen! Warum nur bin ich heute nicht einfach mit Zuizous Geld davongelaufen? Um nicht mit Augustin zu brechen, der einen so unglücklichen Eindruck auf mich macht. Aber ich finde es widerlich und abstoßend, dauernd diese Rolle zu spielen – nicht aus Furcht, denn solch ein Feind und sein dummer Hass *ringen mir nur ein müdes Lächeln ab*, sondern um den anderen nicht völlig fertigzumachen und die Atmosphäre womöglich komplett zu vergiften.

Nun, ich sehe das als eine neuerliche Prüfung an, und den von Gott auferlegten Prüfungen muss man sich stellen. Zum Glück ist es bald überstanden!

Samstag, 24. August 1901, zehn Uhr abends

Endlich, Gott und Djilani haben uns erhört! Nach der schlechten Nachricht gestern ist der Oberst persönlich vorbeigekommen, um mir mitzuteilen, dass die Versetzung beschlossene Sache ist. In drei Tagen ist Zuizou hier, das steht nun fest, der Oberst hat uns seine Unterstützung zugesichert.

Oh, wie unergründlich das Schicksal des Menschen ist! O unbekannte Wege, auf denen Gott seine Geschöpfe führt!

Ich will dich nicht bezirzen. O Abou Alam!

Du bist bei mir. Möge Gott dafür sorgen, dass ich mich nicht fürchte!

Sie haben uns nicht verlassen, denn Sie lesen in den Herzen, und Sie wissen, unsere Herzen sind rein, *so Allah will*! Sie werden ihr Werk durch alles, was noch zu tun ist, vollenden!

Montag, 26. August, 11 Uhr vormittags

Nach den undefinierbaren Beschwerden der letzten Tage hatte ich gestern einen merkwürdigen Zusammenbruch … Hatte mich nachmittags mit Nierenschmerzen und einer Kolik hingelegt. Gegen vier Uhr bekam ich immer stärkere Kopfschmerzen, dann hohes Fieber. Ich wurde von jenem *bewussten Delirium* gequält, das so wahnsinnig anstrengend ist. Und sie …? haben mich bis zum späten Abend ohne jede Hilfe allein zu Hause liegengelassen … Als sie wiederkamen, haben sie nicht mal kurz reingeschaut, um zu sehen, was los ist … Das sagt alles über diese Leute, ihre Hartherzigkeit, ihren grausamen Egoismus und ihre leichtfertige Art! Allah sei Dank, in zwei Tagen hat dieses schreckliche Dasein, das furchtbare Elend ein Ende.

Mir kommt der Gedanke, dass ich wie diese Soldaten bin, deren Kritzeleien die Wände in den militärischen Festungen zieren, und ich sage mir, vielleicht nicht gerade händereibend, aber doch mit einem Seufzer der Erleichterung: *Durchhalten! Nur noch zwei Tage!* Wie lang einem die Zeit wird, wenn es darum geht, die Tage irgendwie rumzukriegen, die Zeit totzuschlagen, koste es, was es wolle!

Heute bin ich schwach, gerädert, total kaputt. Ich habe immer noch Koliken und Nierenschmerzen. Hoffentlich bekomme ich heute Abend nicht wieder Fieber! Eigentlich ist es egal, ob sie da sind oder nicht: Zuwendung ist von ihnen sowieso nicht zu erwarten, und anbetteln werde ich sie nicht, heute genauso wenig wie gestern Abend. Wenn ich wenigstens bis Donnerstag durchhalte! Dann wird Zuizou sich um mich kümmern, mich trösten, und alles wird gut.

… Ein anderer Gedanke (meine Gedanken sprudeln wild durcheinander): An diese Zimmertür könnte ich tatsächlich *Scheiß-Eden* schreiben, es wäre die Wahrheit. Nein, dieses Zimmer hinterlässt wirklich keine einzige gute Erinnerung bei mir. Was ich einmal abends darüber notiert habe, war bloß eine kurze Täuschung.

Wie ich merke, hat dieser ganze Kummer meiner Gesundheit tatsächlich zugesetzt. Ich bin sicher, ginge diese Nerverei noch länger, würde ich ernsthaft krank werden. Wer weiß schon, wie der derzeitige Zustand enden wird? Ich bin sicher, dass ich noch nie etwas Ähnliches verspürt habe, außer im Anfangsstadium schlimmer Krankheiten: also bei Grippe, Gelbsucht oder Masern. Vielleicht ist die leichte Besserung heute ja bloß ein momentaner Sieg meiner robusten Gesundheit? Aber das glaube ich nicht. Ich hoffe, ich halte wenigstens die zwei Tage durch.

Falls ich heute Abend nicht krank bin, muss ich nach dem Hotelzimmer schauen, denn morgen werde ich damit befasst sein, Smaïne und den Lastenträger Slimène ausfindig zu machen.

Dienstag, 27. August 1901, mittags

Schon lange war ich nicht mehr so ruhig wie heute. Heftiger Mistral, herrliches Herbstwetter. Die Luft ist klar und rein. Es ist kühl. Die Sonne scheint, und *morgen verlasse ich dieses Haus.*

Insgesamt gesehen verzeihe ich alles, ER allein kann richten. Ich habe meine menschliche Pflicht gegenüber DER, die nicht mehr ist, getan und werde es bis zuletzt tun. Ich habe IHR und Wawa Unrecht zugefügt. Unrecht, das ganz sicher nicht willentlich geschah, für das ich aber dennoch büßen muss, indem ich dem rechten Weg folge und Gutes um des Guten willen tue, für BEIDE, und nicht, um Dankbarkeit von denjenigen zu ernten, denen ich es tue. Slimène wird mich ganz sicher verstehen und mir zustimmen. Was gibt es Schöneres als eine ruhige Seele und das Gefühl, selbst den Blinden gegenüber großmütig zu handeln!

Endlich ist wieder etwas Ruhe in mein Leben und meine Seele eingekehrt. Es gibt noch viele Fragen zu klären, vor allem die Sache mit der Hochzeit, die ja nur wegen des Geldes zum Problem geworden ist. Aber da der Oberst uns seine Unterstützung zugesichert hat, hoffe ich, dass auch in dieser Hinsicht alles gut wird …

Im Übrigen hat Djilani uns keine Sekunde im Stich gelassen und wird es auch in Zukunft nicht, denn wir werden auch weiterhin seine gerechten, großmütigen und getreuen Diener sein.

Wie viele Wolken von unserem Horizont verschwunden sind! So Gott uns nicht durch den Tod trennt, ist die Zeit der Trennungen *ein für alle Mal* vorbei!

27. August abends, Augustins Haus verlassen

Um vier Uhr am Quai Joliette gewesen. Zuizou kam am 28. August 1901 mit der *Ville-d'Oran* an, morgens um halb neun, bei schönem Wetter und starkem Wind …

1. Oktober 1901, 3 Uhr nachmittags
Rue Grignan, Nr. 67

Ein Monat ist vergangen, seit ich diese letzten Zeilen geschrieben habe. Alles ist anders. Zuizou ist hier bei mir, um seine Gesundheit steht es nicht ganz so schlecht, wie ich befürchtet hatte. Wir sind allein und *bei uns zu Hause* – was für ein herrliches Gefühl! Unsere Hochzeit ist nur noch eine Frage von Tagen, und auch die *Villa* ist inzwischen verkauft.

Meine liebe arme *Villa Neuve*, die ich nun gewiss nie mehr betreten, ja die ich aller Wahrscheinlichkeit nach nicht einmal mehr wiedersehen werde!

Seit ich gestern erfahren habe, dass das Haus am 27. September verkauft worden ist, verfolgen mich wieder die Erinnerungen an die damalige Zeit.

Diesmal ist sie für immer vorbei, die Geschichte meines Lebens dort, die ganze Welt meiner frühen Vorstellungen hier unten auf der Erde! Alles ist versprengt, vorbei und begraben. Sogar die alten Möbel, stumme Zeugen der Vergangenheit, werden in ein paar Tagen öffentlich versteigert und in alle Winde verstreut … Was uns betrifft, die wir uns mit jedem Tag einander verbundener fühlen, so werden wir nach den fünf Monaten Verbannung, die noch vor uns liegen, so weit wie möglich in den Süden gehen, und, *so Allah will, dieses Mal für immer.*

Gott hat sich meiner erbarmt, ER hat meine Gebete erhört: ER hat mir den idealen Gefährten zur Seite gestellt, den so heiß und glühend begehrten, ohne den mein Leben immer ein tristes Chaos geblieben wäre.

Im Augenblick machen wir eine Phase der Prüfungen und des Elends durch, aber *nur der wird erlöst, der bis zuletzt gelitten hat!*

Gott allein weiß, was unsere Bestimmung ist. Also muss man sich fügen und dem Schicksal mutig entgegentreten, mit der festen Überzeugung, dass unser Erdenleben nur ein Weg zu anderen, unbekannten Sphären ist.

Seit dem leuchtenden und melancholischen Herbst im Souf ist schon wieder ein Jahr vergangenen … Dort werfen die Palmen jetzt ihr graues Grabtuch ab, und der Himmel liegt klar und durchsichtig über der strahlenden Düne und den braunen Chotts von Debila …

Und wir, wir sitzen hier in dieser verhassten, widerlichen, tristen Stadt, in der alles grau und düster ist!

Marseille, 21. November 1901, 8 Uhr abends

Seit ein paar Tagen mache ich, beziehungsweise – merkwürdig – machen *wir* eine Phase tiefer, nicht schwermütiger, aber doch unergründlicher Traurigkeit durch, und in mir regt sich ein unbestimmtes Gefühl, von dem ich in den letzten Tagen so oft gehört habe: der Vorahnung einer baldigen Abreise. *Gott allein weiß!*

Die Erinnerung an den Souf, die lebhafte und tiefe, in mir schlummernde Liebe zu unserem auserwählten Land, das alles lässt meinem Herzen keine Ruhe, auf schmerzliche und zugleich köstliche Weise … Ein zufälliger Trompetenstoß irgendwo genügt, und sofort erwacht in meiner Seele eine ganze Welt von Gefühlen, die längst weggesunken schien.

Es ist auch die intensive Beschäftigung mit dem Jenseits, die mich früher so oft zum Träumen brachte, in den langen

Nächten stiller Betrachtung, in denen ich am Fenster meines Zimmers lehnte und hinaussah in den weiten Himmel, auf die oft schneebedeckten Zacken des Jura und die hohen Baumgruppen, schwarz und schemenhaft, aus denen die riesige Silhouette der alten Pappel auf dem Hof aufragte.

In den schattigen, taunassen Fliederbüschen saßen in den Frühlingsnächten unzählige Nachtigallen, deren Gesang meine Seele mit seltsamer Wehmut erfüllte … Merkwürdig, in meinem Geist bestehen merkwürdige Verbindungen, die vor allem aus meiner Kindheit stammen, zwischen bestimmten Gedanken, Gefühlen und Erinnerungen …

So sind diese blühenden Fliederbüsche im Frühling für mich auf ewig mit der Erinnerung an klare und milde Abende *nach dem Regen* verbunden … Abende, gefolgt von lauen, dufterfüllten Nächten, darin der Gesang Tausender Vögel …

All das kommt mir jetzt wieder in den Sinn, in meinem derzeitigen ungewissen und eintönigen Leben.

Endlich, zum ersten Mal seit dem Tod der lieben Alten, das heißt seit meinem Eintritt in das bewusste Leben, *kehre ich mein Ich etwas mehr heraus*, habe ich eine Pflicht *außerhalb meiner selbst* zu erfüllen. Das genügt, um diese Tage, die sonst formlos wären, zu veredeln, das ganze reizlose Dasein, das ich seit fünf langen Monaten in dieser Stadt der Verbannung führe, mit der mich nichts verbindet, in der mich alles befremdet und die mich anwidert … Wie sehr doch das Gemeine, und nicht nur das volkstümlich Gemeine, das uns umgibt, sondern sogar jenes Gemeine, das sich intellektuell und fortschrittlich gibt, alles hasst, was sich seinen Ansprüchen und seinen dummen, willkürlichen Regeln nicht beugen will! Wie der Pöbel sich aufregt, wenn er einen Menschen – vor allem eine Frau – vor sich hat, die einfach nur *sie selbst* sein will und nicht so wie er! Wie die Mittelmäßigkeit in Rage gerät, wenn sie nicht alles angleichen und auf ihr dummes, niedriges Niveau herabmindern kann!

Ich entdecke derzeit eine Fähigkeit in mir, von der ich keine Ahnung hatte – ich kann Vorträge schreiben, vor allem über Geschichte, zusammenhängende Darstellungen, die durchaus breit angelegt sind.

… Madame Paschkoff ist keine bezaubernde oder charmante Person. Ein sonderbare Mischung, aber ziemlich egoistisch, wahnsinnig hochmütig und intellektuell oberflächlich. Eine russische Ruhelosigkeit, vor allem *weltlich* gesinnt.

Bei mir ist der abgrundtiefe Hass auf den Streit mit der Masse angeboren, und ich hänge mir ihren Fetzen nur deshalb um, um nichts mit ihr zu tun zu haben. Im Gespräch jedoch werde ich immer sagen müssen, was ich für wahr und richtig halte, und es mit Nachdruck vertreten.

Der weltliche, moderne Gleichgültigkeitswahn wird nie auf mich abfärben. Diese Aufrichtigkeit, zumindest im Hass, birgt die Aussicht auf Seelenheil.

Das Schlimmste, was einem Menschen passieren kann, ist, in den düsteren Nihilismus eines Nikolai Stawrogin zu verfallen oder in die selbstsüchtige intellektuelle Erniedrigung Augustins. Ja, die ständige, *wirkliche* Beschäftigung mit anderen Dingen als uns selbst, mit Dingen, die uns *materiell nichts einbringen*, ist tatsächlich das, was die Seele hebt und besänftigt, was sie über den banalen Alltag und seine Kleinlichkeiten hinauswachsen lässt.

Mehr denn je spüre ich, dass ich das sesshafte Leben nie ertragen könnte und dass die Sehnsucht nach einem sonnigen *Anderswo* mich immer verfolgen wird … Der einzige Ort, an dem ich mein Leben beschließen möchte, ist El Oued, ja, ich möchte nur deshalb zurück, um für immer dort zu bleiben …

26. November 1901, 1 Uhr mittags

Heute ruhige Traurigkeit, das Verlangen zu fliehen, weg aus diesem Zimmer, dieser Stadt und von denen, die hier leben ... denn der einzige hier, der uns fehlen wird, ist F ...

Es scheint mir immer mehr, dass wir jetzt tatsächlich *die letzten Tage* unserer Verbannung hier erleben ... Gebe Gott, dass es so sein möge, denn der Marseiller Alptraum hat wahrlich lang genug gedauert!

Was mich freut, ist, dass auch Ouiha allmählich in den verborgenen Bereich der Gefühle und Gedanken vorzudringen beginnt, in dem ich mich nunmehr also nicht mehr allein befinde. Natürlich muss auch er irgendwann all die geheimnisvollen Dinge begreifen, die unter der Oberfläche des Lebens verborgen sind und für die das gemeine Volk unempfänglich ist.

Hier ein neuerlicher Beweis für diese Tatsache, der alles bestätigt: Er war der Gefährte, der mir von Anfang an bestimmt war ... welch unergründliches Geheimnis umhüllt also unser irdisches Dasein: zehn, zwanzig, fünfundzwanzig Jahre verliefen unsere Schicksalswege weit voneinander entfernt, ohne dass wir etwas voneinander geahnt hätten, wenngleich ein jeder von uns sich nach dem *einen* Gefährten sehnte, ohne den das irdische Glück schlichtweg *nicht möglich* ist, da die Natur selbst danach verlangt ... Und dann, infolge einer Verkettung scheinbar völlig zufälliger Umstände, unsere Begegnung in El Oued ...

Zugegeben, es war am 19. Juni 1900 in Genf, als mein Schicksal allmählich aus dem Dunkel trat und sich mir zu offenbaren begann – eine schon an sich höchst merkwürdige Sache. Es war in dem dreckigen, trostlosen Zimmer bei der alten Pons. Ich schrieb gerade an einem Kapitel von *Rakhil*, als mir plötzlich der Gedanke kam, *ich müsse nach Ouargla gehen*! Damit fing alles an, mit diesem Gedanken!

Ah, könnten wir doch in jeder Stunde unseres Lebens die Bedeutung bestimmter Gedanken, Handlungen oder Worte ermessen, die auf den ersten Blick unwichtig scheinen! Muss man angesichts solcher Beispiele nicht zu dem Schluss kommen, dass es in einem Menschenleben im Grunde *überhaupt keine unbedeutenden Momente* gibt? Alles hat Auswirkung auf die Zukunft.

Ein Gedanke ganz anderer Art. Beim Studium der Geschichte Karthagos, das Ouiha und ich gemeinsam betreiben, stelle ich verblüfft die vielen Ähnlichkeiten zwischen dem unbeugsamen antiken Karthago und dem modernen England fest: Raffgier, Hass und Verachtung gegenüber allem Fremden, unerbittliche, grenzenlose Selbstbezogenheit … Ist dies vielleicht das Los aller großen Seemächte, das heißt all derer, die von ihrem Wesen her den *Seefahrergeist* besitzen und nicht, wie Spanien zum Beispiel, zufälligerweise und nur für relativ kurze Zeit mächtig waren und Seehandel trieben?

Um meine intellektuelle Entwicklung zu vervollkommnen und meinen Horizont noch mehr zu erweitern, bräuchte ich die Möglichkeit, ernsthaft Geschichte zu studieren. Leider rauben mir die Rechnungen des Lebensmittelhändlers und die Wechsel des Schneiders die kostbare Zeit, die ich so gern mit Denken verbringen würde!

Nichts ist niederschmetternder, nichts erzeugt so viel Abscheu und Überdruss wie das Leben mit dem Pöbel, mit Leuten, die sich immer nur mit den Belanglosigkeiten des Alltags befassen … und nichts enerviert die höheren Fähigkeiten in so einem Maße, zumindest was mich betrifft …

Samstag, 30. November 1901, 3 Uhr nachmittags

Die Tage gehen dahin, eintönig und grau, und wir beschäftigen uns fast ausschließlich mit den langweiligen Alltagsdingen, zu denen uns die verzwickte Lage zwingt, in der wir uns seit einem Jahr befinden und die sich momentan sogar noch verschärft.

Es ist bitterkalt, und wir haben zum Heizen nur das Holz, das uns M. mildtätig überlässt, allerdings aus *berechnender* Mildtätigkeit. *Allahs Fluch komme über die Ungläubigen und ihre Denkweise!* wie Slimène immer sagt.

Was soll nur werden bei all dem Schlamassel, in dem wir hier versacken?

Sicher, sollte es uns gelingen, unsere größten Schulden loszuwerden und Freund Eugène schickt mir noch einmal hundert Francs, fahren wir auf der Stelle nach Bône und bleiben für unbegrenzte Zeit dort. Wann können wir endlich nach Algier? Das weiß allein Gott!

Doch bei aller Sorge, inmitten der materiellen Not und der Stimmungstiefs, stelle ich erfreut fest, dass sich Zuizous und meine Seele näher kommen. Der so lang erträumte Gefährte ist endlich gefunden. Möge dies so bleiben, solange wir auf dieser Erde weilen!

Wir leben mitten im Nebel der Ungewissheit, in tiefster Finsternis, mehr als je zuvor. Und doch gibt es einen Hoffnungsschimmer am Horizont: die bevorstehende und ganz bestimmt endgültige Rückkehr in das *auserwählte* Land.

Habe eine Phase voller Sorgen und zunehmender Gereiztheit hinter mir, bei all der Ungewissheit, mit der wir uns herumschlagen. Momentan Entspannung und große Mattigkeit. Wir scheinen jedoch erlöst zu werden, die Rückkehr nach Afrika ist nur noch eine Frage von Tagen.

Vorher allerdings steht noch, kurz und fast verstohlen, eine traurige Rückkehr nach Genf an.

21. Januar 1902, Dienstag, Bône

Am 14. Januar um 5 Uhr nachmittags Marseille auf der *Duc-de-Bragance* verlassen. Kamen am 15. Januar um acht Uhr abends in Bône an.

Endlich ist der Traum von der Rückkehr aus der Verbannung Wirklichkeit geworden, wir sind wieder da, unter der strahlenden, ewig jungen Sonne, auf der geliebten Erde, am wogenden blauen Meer, dessen einsame Weite abends an die Sahara erinnert, die jetzt schon ganz nah ist, nur noch eine Tagesreise von hier entfernt, und die wir mit Gottes und Djilanis Hilfe sicher noch in diesem Jahr, das schon so tröstlich begonnen hat, wiedersehen werden!

Möge dieses Jahr der Beginn eines neuen Lebens, des langersehnten und verdienten Friedens sein!

Bône, 29. Januar Mittwoch, 11 Uhr vormittags

Das Leben unter freiem Himmel und die Einfachheit der Dinge ganz allgemein lassen mich allmählich wieder zu Kräften kommen, die ich während der langen und schmerzlichen Verbannung in Marseille vollends verloren hatte. Außerdem regt sich auch wieder der Intellekt, ich glaube, hier werde ich schreiben können.

Allein die Vorstellung, dass das ganze große Mittelmeer uns von der dreimal verfluchten Marseiller Hölle, in der wir so gelitten haben, trennt, verschafft mir ein *körperliches* Wohlgefühl und ungeheure Erleichterung.

In drei Wochen hat auch Zuizous Knechtschaft durch den Militärdienst ein Ende und damit auch das Unbehagen, immerfort mit irgendwelchen Eindringlingen rechnen zu müssen. Danach sind wir auf uns allein gestellt, hinauskatapultiert ins wunderbar wechselhafte, weite Universum, das mal bezaubert, mal enttäuscht und in dem wir schon irgendwie zurechtkommen werden.

Die paar Jahre meines Erdenlebens können mich nicht im Geringsten schrecken, außer, ich würde meinen Weggefährten verlieren und müsste allein bleiben. Er hält sich für geschickt genug, unsere finanziellen Angelegenheiten vorteilhaft – so wie ich es verstehe – zu regeln.

Was die Stimmung angeht, fast absolute Ergebenheit und relative Ruhe, was, wie ich bereits erwähnte, ausschließlich an meiner körperlichen Verfassung liegt. Momentan keinerlei Bedürfnis, unter Leute zu gehen und wieder das Leben einer Stadtbewohnerin zu führen: Die Einsamkeit, in der ich hier lebe, beseelt mich und hat einen große Reiz für mich.

... Neulich Abend, als wir beide allein zur Brücke der Casbah gingen, um Ali Bou Traïf zu treffen – ging plötzlich der Vollmond über dem ruhigen Meer auf. Ein Augenblick von Geheimnis und unergründlicher Traurigkeit. Ähnliche Gefühle wie die, die ich früher im Süden manchmal beim Anblick der geheimnisvollen Landschaft dort empfunden habe – in der Region der Chotts und im salzigen Oued Rhir. In der Kurve, da wo die Straße zum Friedhof führt, blieben wir stehen.

Unter dem blauen, noch schwach von unten erleuchteten Himmel lag das Meer, das von unbestimmter Farbe war, irgendwas zwischen silbrigem Blau und Leingrau.

In der slawischen Sage zitterte die *mystische Brücke*, gewebt aus Mondstrahlen für die Nymphen der schweigenden Nächte und also ganz aus Gold, unmerklich über den unbestimmten Tiefen des Wassers. Eine Wolke lag wie ein graues Band zwischen dem Mond und dem Wasser und teilte letzteres durch ihren Schatten, ähnlich einer niedrigen Düne, die die Form von zwei Felsvorsprüngen hat und das Meer zweiteilt: in einen weiten, tiefblauen, hellerleuchteten Teil und einen anderen, der sich unbestimmt in mattem, dunstigem Grau zum leeren Horizont hin öffnet, wo regungslos ein Fischerboot mit dreieckigem Segel trieb, das sich im diesigen Wasser nicht spiegelte, eine Art Geisterschiff, das schließlich unmerklich davonglitt und in der Welt ferner Dunstschwaden verschwand.

14. Februar 1902, 3 Uhr nachmittags

Jetzt ist es einen Monat her, seit wir die Marseiller Hölle verlassen haben, und hier läuft wegen der ständigen Intrigen der Mauren bereits alles schief.

Hier wie auch anderswo fällt mir auf, wie unbeständig Slimènes Charakter ist, und wie schädlich sich seine jeweilige Umgebung auf ihn auswirkt. Wird sich das irgendwann ändern? Ich weiß es nicht, auf jeden Fall bedeutet ein solcher Charakter in unserer ohnehin schon bescheidenen Lage eine zusätzliche Belastung.

Besser, in Algier ein entbehrungsreiches Leben voller Sorgen zu führen – was trotzdem immer noch weniger schrecklich wäre als in Marseille – als noch länger hierzubleiben, wo sich die Gastfreundlichkeit in permanenten Beschimpfungen und endlosen Diskussionen äußert.

Der literarische Geist regt sich in mir, und ich werde versuchen, mir zumindest in den algerischen Zeitungen einen Namen zu machen, solange, bis ich auch bei der Pariser Presse zum Zuge komme, der einzigen, die den Aufwand lohnt und bei der man was werden kann.

Dafür aber bräuchte ich eine Zeit absoluter Ruhe, ja fast völliger Einsamkeit. In Algier müssten wir jemanden finden, der in der Lage ist, Slimène all das beizubringen, was er nicht weiß – eine Menge Arbeit –, auf diese Weise wäre ich auch die erdrückenden Sorgen los, die mich am Arbeiten hindern. *Möge Gott Sorge dafür tragen!*

Die Scherereien und Spannungen in unserem Alltag lassen mich immer mehr kalt. Im Grunde bin ich gegenüber allem und allen ziemlich gleichgültig geworden. Das einzige, was ich um jeden Preis zu meiden versuche, sind Streitereien, das ständige Gezeter, Sachen also, die *einfach nicht zu ertragen sind.* Wenn es uns heute gelingen würde, zu den Karéza zu flüchten, könnten wir die paar Tage, die wir noch hierbleiben müssen, nicht nur ruhig, sondern sogar auf angenehme Weise verbringen.

Wieder einmal werde ich dem weißen Grab auf dem grünen, im berauschenden Frühling noch herrlicher anmutenden Hügel Lebewohl sagen, bevor wir weiterziehen, immer unserem wechselhaften, stürmischen Schicksal nach.

In Algier wird es so manche Erinnerung an die Vergangenheit geben, inzwischen ist es ja fast schon zwei Jahre her, was damals der Auftakt zu der abenteuerlichen Reise in den Souf war. *Nur Allah weiß*, was danach kommt.

Am 12. März 1902 morgens um 6 Uhr 15 mit dem Postwagen der *Messageries du Sud* in Algier abgefahren. Schönes, klares Wetter. Geistesverfassung – gut, ruhig. Schwieriger und langwieriger Weg hinauf, über die Hänge des Sahel. Birmandreis, Birkhadem, Birtouta. Boufarik, Beni Mered. Um 12 Uhr 30 Ankunft in Blida, im Kaffeehaus auf der Place d'Armes gewesen. Mittagessen an der Wechselstation. Weiterfahrt nach Medea. Sidi-Medani, die Schluchten. Der *Ruisseau des Singes*, ein Gebiet, in dem Affen leben, Hotel, schöner Wildbach, enge Schlucht. Die ganze Straße lang überall unterirdische Wasserfälle. Bei Kilometer 68 die Einmündung des links liegenden Oued Merdja in den von rechts, vom Djebel Nador herunterkommenden Oued Nador. Bei Kilometer 70 Camps-des-Chênes. Forsthaus und Weiler. Einen Turko gesehen, der neben dem Brunnen sein Essen zubereitete. Kreuzung der Straße Nr. 1 mit dem Weg von Takitoun, eine Gedenktafel erinnerte an die Afrika-Armee 1855. Am Kilometer 74 ein Gehöft. Am

75. Brücke über den Oued Zebboudj. Der Nador bleibt links liegen, und der Zebboudj fließt in der Nähe der Brücke in ihn hinein. Seit Kilometer 67 ist das Tal breiter. Gestrüpp von blühendem Lorbeer-Thymian an der Vereinigung von Nador und Zebboudj. Überall massenhaft Farnkraut. Bei Kilometer 76 Ruinen einer Gipsbrennerei. 77, Wechselstelle und Rast in dem maurischen Café von Ndila, später Rast in R'eich.

Ankunft in Medea gegen halb neun. Fünf Kilometer lang schwieriger Aufstieg und großer Umweg. Rast im maurischen Café. Depesche an Ouiha geschickt. Rast auf dem Platz, auf einer Bank, später im Bahnhofsbistro.

Weiterfahrt im Wagen von Boghar. Um 10 Uhr 30 in Ghardaia. Ankunft in Berrouaghia um 1 Uhr 45 morgens. Im *Hôtel des Voyageurs* übernachtet. Um sieben Uhr aufgestanden. Im maurischen Café mit einem Deïra gesessen. Um acht Uhr zu Pferde weiter. Zuerst ganz gute, befahrbare Straße, an der zivilen Strafanstalt vorbeigekommen. Dann arabische Pfade durch eine hügelige Landschaft, durchzogen von tiefen Felsschluchten, in denen Bäche fließen, dickichtartige Wäldchen. Rast an einer Schlucht mit heißen Bädern, maurisches Café. Richtung: Nordwesten. Unterwegs Marabout-Gräber. Ankunft mittags um 12 Uhr 30. Beni-Bou-Yacoub, auf halber Höhe des am Fuße des Berges aufragenden Hügels. Am Ende der Schlucht, im Flussbett, das Haus des Caïd.

Blieb bis zwei Uhr morgens dort. Weiter per Maultier und mit zwei berittenen Dienern. Der Weg: Hügel, Schluchten, tiefe Felsklüfte, unzählige Wadis, aufgeweichte Wege, die sich in Sturzbäche verwandelten. Die ganze Nacht durch Schlamm gewatet, mehrmals vom Weg abgekommen.

Ein trüber Tag bricht an, in einem trostlosen Tal. Wolkenfetzen in dem engen, tiefen Tal, das zwischen ziemlich hohen blauen Bergen liegt.

Ging eine Weile zu Fuß weiter, um mir meine tauben Beine zu vertreten. Kamen zu einem maurischen Café, das inmitten von abgerutschten Felsbrocken auf dem Hang des Hügels stand, oberhalb einer armseligen Siedlung. Ankunft in Hassen-Ben-Ali (Loverdo) morgens gegen neun Uhr. Schickte die beiden Diener zurück. Verbrachte den Tag im maurischen Café. Mittags aufgestanden und spazieren gegangen. Ein paar armselig wirkende europäische Häuser aus rötlicher, gestampfter Erde auf einem Hügel über dem tiefen Tal in Richtung Beni-bou-Yacoub. Am Horizont hohe Berge. Gefühl verzweifelter Traurigkeit. Trübsinnig, todmüde. Graues Wetter, heftiger Wind, Eiseskälte. Um halb vier am Bahnhof gewesen, Depesche an Ouiha geschickt. Fahrkarte gekauft. Eisiger Nieselregen. Auf dem einzigen Bahngleis umhergelaufen.

Um fünf Uhr den Zug genommen. In Blida umgestiegen. Auf einer Bank eingeschlafen. Wurde von einem Arbeiter geweckt. Den Zug aus Richtung Maison-Carrée genommen. Am Freitag, dem 14. März um 9 Uhr 35 in Algier angekommen.

Gott schickt die Menge der Narren nicht auf den rechten Weg!

30. März 1902

Unsere momentane Lage: kein Geld. Wir zählen auf Si Mohammed Cherifs Hilfe, um uns zu retten, damit wir die letzten Tage hier noch über die Runden kommen. Die Tage vergehen mit Arbeit.

Vergangenen Donnerstag bei Barrucand in der *Villa Bellevue* in Mustapha gewesen. Angenehmer Eindruck. Aufgeschlossener Geist, klug und scharfsinnig, hängt aber alten Vorstellungen an. Bin an der Stadtmauer gewesen, in der Nähstube von Madame Luce ben-Aben. Empfand es als wohltuend, mich wieder mal mit Intellektuellen unterhalten zu können, ist schon so lange her.

Der großherzige Mensch schreibt das Böse, das man ihm angetan hat, mit Bleistift, das Gute aber mit Tinte.

»Handle in dieser Welt stets so, als müsstest du immer leben, und handle bis zuletzt so, als müsstest du morgen sterben!« – Vergleichen mit dem Gedanken von Marc Aurel (*Selbstbetrachtungen*).

1. April 1902, 9 Uhr abends

Wir sitzen immer noch über unserer Arbeit, ein erdrückendes Pensum, wenn man die Menge sieht und wenig – erschreckend wenig! – Zeit ist, um all diese überfälligen Studien nachzuholen.

Wir müssen uns ganz schön zusammenreißen. Das Schwierige sind die vielen verschiedenen Thematiken, dass der Stoff so unterschiedlich ist. Nun, *Gott wird es uns leichter machen*!

In den letzten Tagen Zärtlichkeitsanwandlungen für die arme, liebe, ferne Popowa gehabt. Gott allein weiß, ob ich sie je wiedersehen werde! Mit ihrem reinen, edlen Wesen und ihrer moralischen Strenge in ganz bestimmten Fragen war die Popowa vielleicht der Anstoß zu meinem inneren Wandel, der ganzen sittlichen Hebung, die im Jahre 1900 bei meinem Aufenthalt in Genf, vor meiner Abreise nach El Oued, ihren Anfang nahm. Ach, wäre sie jetzt, in diesen Stunden des Leids, der Schwermut und Ungewissheit doch nur hier bei uns, diese starke, gütige Person, die so voller Leben und Energie war!

Bei genauerer Betrachtung muss ich allerdings feststellen, dass unser derzeitiges Leben als arme Bettelstudenten genau das Leben ist, von dem ich früher, als es mir noch gut ging, immer geträumt habe.

Zugegeben, damals habe ich nicht vorausgesehen, welche Qualen, Ängste und schmerzliche *Ohnmacht* damit verbunden sind, vor allem hatte ich keine Ahnung, wieviel langsame, lange Geduld man aufbringen muss, für jemanden wie mich eine besonders schwierige Sache. Ein schneller Kraftakt in einem einzigen Ritt fällt mir nicht so schwer, selbst wenn es eine Riesenanstrengung ist. Aber diese ununterbrochene, endlose Folge kleiner, kaum wahrnehmbarer Anstrengungen ohne sichtbaren Nutzen, ohne unmittelbares und vorweisbares Ergebnis, all diese Kämpfe gegen mich selbst, gegen meine Vorlieben, meine Bestrebungen, meine Bedürfnisse und gegen jeden noch so kleinen, berechtigten Wunsch – das alles ist für jemanden wie mich die allerhärteste, die schmerzlichste Prüfung überhaupt.

In unserer derzeitigen Lage muss ich mal wieder Mut für zwei haben, muss angesichts der schwärzesten Lage auch noch Zuizou aufmuntern, ihm Hoffnung geben und Mut machen, sonst wären wir rettungslos verloren. So langsam gewöhne ich mich allerdings daran; inzwischen blicke ich den gefährlichsten Situationen kalt, aber mit unverwüstlichem Optimismus und einem starken Glauben an Gott und Djilani ins Auge.

Neulich sagte Barrucand zu mir: »… Die Fäden, denen wir im Leben folgen, haben Knoten, und wenn man es schafft, diese Knoten zu überwinden, findet man eine ganze Weile lang eine glatte, einheitliche Oberfläche vor … bis zum Schlussknoten, dem gordischen, den erst der Tod durchschlägt …«

… Es scheint mir unmöglich, dass der menschliche Geist sich den Tod *tatsächlich* und *ernsthaft* als ein *reales, absolutes* Ende des Lebens vorstellen kann. Ich für meinen Teil glaube, in mir die *Gewissheit der Ewigkeit* zu verspüren.

Sollte der Tod jedoch – *der sehr erhabene Allah möge mir vergeben* – tatsächlich die endgültige Vernichtung bedeuten, so wäre er nicht erschreckend. Denn liegen nicht Dreiviertel des Schmerzes in der grauenhaften *Erinnerung* an den Schmerz begründet, das heißt also in dem *Bewusstsein*, das wir von ihm haben? ... Ohne Bewusstsein keine Erinnerung, und damit auch fast kein Schmerz mehr ...

»Es geht nicht ums Leben, sondern ums Abtreten.« (Marschall Moritz von Sachsen)

Algier, 22. April 1902
Rue du Soudan, Nr. 17

Heute Abend liegt ausnahmsweise mal nicht so viel Arbeit an. Ich gönne mir einen Moment der Besinnung, habe Nadson gelesen, das alte Evangelium meiner glücklicheren Jugendzeit, nachdem ich das christliche Schriftstück für die liebe, gute Madame Ben Aben übersetzt hatte.

Ich denke daran, wie es dort, weit weg an den Ufern der blauen Rhône, am Fuße des noch schneebedeckten Juras Frühling wird. Duftendes Laubwerk beseelt die Bäume, und die Frühblüher kommen tastend auf den Wegen der *Villa Neuve* hervor, im Schatten der hohen, dunklen Tannen und auf den beiden Gräbern des Friedhofs in Vernier ...

Alles ist in diesem Jahr wieder ungefähr so wie in den verflogenen Frühlingszeiten von einst, die ewig gleiche Natur erwacht ... Nur ich bin nicht mehr dort, um zu träumen und zu leiden ... Und Wawa und Maman und Volod sind hinabgesunken ins Große Unbekannte! ... Alles ist vorbei, dem Erdboden gleichgemacht, vernichtet ...

Algier, 4. Mai 1902 gegen zehn Uhr abends

Heute einen Hexenmeister besucht, der in einem winzigen Laden in einer höhergelegenen Straße wohnt, zu der man über dunkle Treppen in der Rue du Diable gelangt. Untrüglicher Beweis für die *Realität* der unbegreiflichen und geheimnisvollen Magischen Wissenschaft ... Und was für neue und zugleich abgründige Perspektiven diese Realität meinem Geist eröffnet, und welch inneren Frieden, der jeden Zweifel zunichtemacht!

In diesen Tagen habe ich wieder zu dem ruhigen und melancholischen Gemütszustand von früher zurückgefunden. Algier gehört eindeutig zu den Städten, die mich inspirieren, vor allem ganz bestimmte Viertel. Das, in dem wir wohnen, gefällt mir, unsere Wohnung auch, kein Vergleich zu dem schrecklichen Loch in der Rue de la Marine. Ohne die mühselige, langweilige und permanente Arbeit, ohne die ständigen Sorgen und dauernden Befürchtungen in unserer derzeitigen Lage könnte ich hier bestimmt ein paar friedliche, besinnliche, arbeitsame Tage verleben.

Wie können die Schwachköpfe, von denen es in den »besseren Kreisen« und im Literaturbetrieb nur so wimmelt, nur behaupten, Algier hätte nichts Arabisches mehr an sich? Ich habe nun wirklich eine Menge anderer Städte gesehen und kann nur sagen, das hier ist Orient in Reinform!

Ein besonders anmutiges Bild bietet sich, wenn die Sonne über dem Hafen und den Terrassen der Oberstadt untergeht, mit den lachenden Frauen von Algier, eine ausgelassene, rosa und grün wogende Menge vor dem fast bläulichen Weiß des Terrassengewirrs: Durch das kleine, holzvergitterte Fenster bei Madame Ben Aben kann man all das sehen ...

Die Bucht von Algier ist neben der von Bône die schönste, die berauschendste Meeresgegend, die ich kenne.

Wie weit weg ist man doch hier vom scheußlichen Marseille mit seiner Hässlichkeit, der Dummheit und Grobschlächtigkeit und seiner moralischen und materiellen Verkommenheit!

Trotz der Meute, die die prostituierte und prostituierende »Zivilisation« hier angeschwemmt hat, ist Algier noch immer eine anmutige Stadt, in der es sich gut leben lässt.

Viele Tage jedoch lag wegen Zeheyra, der Kabylin, die sich vor Kurzem in einem Hinterhof in einen Brunnen gestürzt hat, um ihrer unerträglichen Ehe zu entkommen, und deren Leichnam unter einem großen grauen Tuch auf einer Bahre weggetragen wurde, ein Trauerschleier über diesem Algier, als laste ein schwerer, dunkler, undurchdringlicher Flor über der Stadt ... Inzwischen ist es wieder verflogen ... Nur die unmittelbare Umgebung hat noch immer etwas Düsteres an sich, und ich gehe nicht gern dort vorbei ...

... Je mehr ich mich – sehr oberflächlich und zu flüchtig – mit der Geschichte Nordafrikas befasse, desto mehr stelle ich fest, dass ich mit meiner Ansicht richtig lag: Der afrikanische Boden frisst und saugt alles auf, was ihm feindlich gesinnt ist. Vielleicht ist dies hier das *Gelobte Land*, aus dem eines Tages das Licht entspringt, das die Welt erneuern wird!

Im Jahr 1830, nach der Landung in Sidi Ferruch, kam ein friedlich wirkender Greis ins Lager der Franzosen. Er sagte nur einen einzigen Satz: »*Gott ist Gott, und Mohammed ist sein Prophet!*«, dann ging er fort und ward nie mehr gesehen.

Dieser Mann war gekommen, etwas zu verkünden, was niemand verstand ... nämlich dass der Islam hier, auf dem herrlichen Boden Afrikas, ewig Bestand haben würde!

8. Juni 1902, 11 Uhr 30 abends

Das Leben fließt eintönig dahin, trotzdem taucht in meiner großen inneren Verzweiflung so etwas wie ein *Hoffnungsschimmer hinsichtlich der Zukunft* auf.

Ich mache mal wieder einen langsamen und zuweilen sehr schmerzhaften Wandlungsprozess durch. Unser eintöniges und zugleich ungewisses Leben trägt viel dazu bei, dass meine Seele ruhelos Dingen nachgeht, die oft schmerzlich sind.

Allmählich verstehe ich den Charakter der beiden Personen, die uns hier geholfen haben – Barrucand und Madame Ben Aben, beide gutherzig und ausgesprochen zartfühlend:

Barrucand, am Denken, aber vor allem an der Welt der Gefühle interessiert und in seinem Innersten Nihilist, ist im täglichen Leben ein äußerst positiver Mensch, der zu *leben versteht.*

Madame Ben Aben ist nach meiner Mutter die zweite, von ihrem Wesen her herzensgute, nach Vollkommenheit strebende Frau, der ich begegnet bin. Und wie wenig beide Frauen vom wirklichen Leben verstehen! Selbst ich, obwohl ich zutiefst davon überzeugt bin, *dass ich nicht zu leben verstehe,* weiß mehr darüber als sie!

Augustin ist aus meinem Leben verschwunden. Für mich ist der einst so geliebte Bruder gestorben. Was das Individuum betrifft, das in Marseille oder von mir aus woanders hockt, den Gatten von *Jenny, der Arbeiterin,* so existiert er nicht mehr, und ich denke nur noch sehr selten an ihn. Er selbst trägt die Schuld an alledem, und der unvergessliche Alte hat einmal mehr seine unerhörte Klarsicht bewiesen.

Seit ganz plötzlich die wohltuende Sommerwärme zurückgekehrt ist, seit jeden Abend das blendendhelle Licht über Algier leuchtet, erwachen bei mir allmählich wieder die Erinnerungen an Afrika. Bald werde ich sie ganz wiederhaben, vor allem, wenn die Reise nach Bou Saada wie geplant zustande kommt … Ach, diese Reise! Das wird eine kurze Rückkehr, zwar nicht in die strahlende Sahara, aber doch ganz in die Nähe, in eine Gegend, in der es Palmen gibt und Sonne!

Solange es noch kalt war, wirkte der gräuliche Schatten in den dunklen Straßen der Oberstadt düster, fast trist. Jetzt, durch den krassen Gegensatz von Licht und Schatten, wird alles plötzlich wieder afrikanisch, oder zumindest *arabisch*.

Nein, die echte afrikanische Landschaft findet man in keiner der großen Städte, vor allem nicht im Tell-Gebiet. Der afrikanische Ausblick geht ins Unbestimmte hinaus, der Horizont ist immer fern. Viel Luft und leerer Raum und darüber das ungeheure Licht: das ist die typisch afrikanische Landschaft! Die Architektur von Algier entspricht dem überhaupt nicht. Sie ist eine Ansammlung ängstlich aneinander gedrängter Häuser in den Sackgassen einer Stadt, die an Belagerungszustände und Übergriffe gewöhnt ist. Aus Platzmangel ragen die oberen Stockwerke über die Straße, alle naselang steht was über.

Außerdem werden die Straßen von Algier durch die *Menschenmassen* entweiht. Lägen sie still und im Halbschatten, hätten sie durchaus ihren Reiz.

Durch das Menschengewirr, durch die krakeelende Meute, in der das typisch Arabische fast ausschließlich durch die schrecklichen Kabylen in ihren »Franzosen-Kostümen« vertreten ist, gleichen diese Viertel verrufenen Gegenden, in denen man seines Lebens nicht sicher ist.

Die naiven Ausländer halten die schmutzigen Burnusse über der zerlumpten europäischen Kleidung, die ausgeblichenen Kappen ohne Quaste und die zahlreichen Maurinnen für *Lokalkolorit*. Doch für den Eingeweihten ist es genau das, was Algier den arabischen Charakter raubt, da es den arabischen Sitten nicht entspricht. Die Ahnungslosen finden natürlich auch das Labyrinth der alten Gassen in Algier wahnsinnig *afrikanisch*. Mittelalterlich, türkisch, maurisch, meinetwegen, aber arabisch ist es auf keinen Fall, schon gar nicht afrikanisch!

In den echten arabischen Städten ist das ergreifende und bezaubernde Geheimnis des afrikanischen Bodens wirklich zu spüren. Es beruht auf dem unendlich weiten Raum, den niedrigen, halbverfallenen Häuschen, die strahlend weiß sind oder den matten Farbton ihrer Umgebung angenommen haben, auf all dem Licht und der düsteren Traurigkeit der gesamten Landschaft dort.

Algier ist von seiner verkommenen Bevölkerung verdorben. Das beschauliche Leben in den Straßen, das glückliche, ruhige und bereichernde Leben, das ich so mag, ist hier nicht möglich, vor allem nicht in den Vierteln, in denen die unbelebten Dinge und ein paar Menschen durchaus lohnen würden …

Mehr und mehr entwickle ich einen unbändigen, blinden Hass auf die Masse, diesen Erzfeind des Traums und des Denkens. Sie ist es, die mich daran hindert, in Algier so zu leben, wie ich anderswo gelebt habe. Ah, die verdorbene, böse, dumme *Zivilisation*! Warum hat man sie hier eingeschleppt und alles mit ihr infiziert? Und wenn schon, warum nicht die Zivilisation des guten Geschmacks, der Kunst, des Denkens, die der europäischen Elite, nein, es ist die, die dort ja genauso verhasst ist, das ganze schreckliche, niederträchtige Gewimmel der alleruntersten Schicht!

M'Sila, 29. Juni 1902, 2 Uhr nachmittags

Gestern, am 28. Juni, bin ich morgens kurz vor acht bei bewölktem, bedrohlichem Wetter aus Algier abgereist … Die Reise, fast ohne Pause, verflog so rasch wie ein Traum. Am angenehmsten war bis jetzt die Strecke von Bordj Bou Arréridj nach M'Sila, gestern Nacht, oben auf einem klapprigen Wagen.

Ich sitze in einem winzigen Hotelzimmer und warte auf »das Abendessen« und darauf, dass es nach Bou Saada weitergeht. Die Hitze hier ist zum Ersticken. Seit den Portes-de-Fer weht der Schirokko, die Gegend gleicht einem maurischen Bad. Der Himmel ist bedeckt von dem weißglühenden Dunst, den der Ch'ilé erzeugt.

Die Stadt hier ähnelt von der Vegetation her dem neuen und von der Anlage her dem alten Biskra. Wir sind im neuen Teil von M'Sila, während der alte, antike, der durch die zerzausten Palmen einem Ksar ähnelt, auf der anderen Seite des steinigen Wadi liegt und über eine Eisenbrücke zu erreichen ist. Die Einwohner hier sehen aus wie Menschen aus dem Süden.

Die Piste von Bou Arréridj nach M'Sila führt durch teils ausgetrocknetes, teils sumpfiges Gelände, hier und da schlängelt sich neben dem Weg ein Wadi entlang, bepflanzt mit reich blühenden rosa Lorbeerbäumen. Dort herrscht der herbe Geruch von Salz und Feuchtigkeit.

Ab und zu taucht ein heruntergekommenes Dorf auf, die Hütten aus Lehm baufällig. Auf halber Strecke gelangt man zu einer Poststation, die man für einen Bordj in der Sahara halten könnte: ein niedriger, rechteckiger Bau mit einem großen Flügeltor. Dahinter das feuchte Wirrwarr des Wadi. Am Weg ein paar Häuser, sogar ein französisches Café: das ist Medjez.

Von Medjez nach M'Sila mehr schlecht als recht auf einer Kiste geschlafen. Kamen gegen 3 Uhr morgens an. Setzten uns ins maurische Café. Fahrt mit Fredj zum Markt. Mittagessen in der kühlen, schattigen Moschee, wo es relativ wenig Fliegen gibt. Dann zur Siesta hierher.

Wie immer – diese Reise, die abrupte Trennung von Ouiha kommt mir wie ein Traum vor … Armer Ouiha, hockt vollkommen blank in Algier, wo der Verdruss mit jedem Tag größer wird! Könnte ich ihm von dieser Reise wenigstens etwas Erleichterung mitbringen!

Ich werde versuchen, noch etwas zu schlafen, damit ich heute Nacht nicht vollkommen gerädert bin.

Bou Saada, 1. Juli 1902

Nach einem Vormittag fortwährender Aussprachen mit den Sid-el-Hokkain haben wir den Nachmittag in einem zur Zaouia gehörenden Garten verbracht.

Von der Stadt her ähnelt Bou Saada dem alten Biskra, inmitten einer malerischen Landschaft.

M'Sila, eine aus Lehm gebaute Stadt, ist durch ein tiefes Wadi geteilt. Die grau-braunen Häuser wirken ähnlich verfallen wie die Ksar. Ein paar Palmen machen diesen täuschenden Eindruck komplett. Ich habe von M'Sila eine sanft poetische Erinnerung zurückbehalten.

Es war Abend, und ich ging allein zu der am Rand des Wadi gelegenen Moschee, um auf Si Embarek zu warten. Im Dunst des Schirokkos ging die Sonne unter. Gegenüber, am anderen Ufer des steinigen Wadi mit seinem klaren Wasser, lag die alte Stadt, die mit ihren seltsam geformten Maraboutgräbern, ganz ähnlich denen im Oued Rhir, und ihren dunklen Gärten absolut saharisch wirkte. Nach einer kurzen Rast im Flussbett gelangen wir in die unermesslich große Ebene mit dem leeren, ruhigen Horizont. Die Stute von Tahar Djadi ist ausgezeichnet, und ich konnte der Lust nicht widerstehen, ein bisschen auf ihr herumzujagen. Ein Gefühl, als würde ich in glücklichere Zeiten zurückversetzt, Freiheit und Frieden …

Der Bordj der Tolba, das wir bei Einbruch der Dunkelheit erreichen, ist ein wild und düster wirkendes Rechteck aus Lehm mitten in der Wüste. Abendessen, vielmehr schon das zweite, draußen an der Hauswand. Dann ging ich allein hinaus in die Finsternis, die über der Ebene, der sonderbaren Zufluchtsstätte und dem zerfallenen Mauerwerk lag.

Verbrachte eine schlechte Nacht im Hof, wurde von Flöhen geplagt. Als ich den Mond aufgehen sah, seine bleiche, im Nebel schwimmende abnehmende Sichel, weckte ich die Tolba und wir brachen auf.

Wir nahmen arabische Abkürzungen über Saïda und Baniou. Von Saïda sahen wir in der Dunkelheit kurz vor dem Morgengrauen nur die schwarzen Umrisse der Lehmhäuser: traurig standen sie in der Wüste, kein einziger Baum oder Garten drumherum.

Später, während die Tolba beteten, legte ich mich auf den Boden der ausgetrockneten Salzsenke, die westlich den Abschluss der Hodna-Berge bildet. Nach Si Ali verließ uns der Taleb auf der roten Stute, die begleitet wurde von ihrem Sohn, einem kleinen, anmutigen rotbraunen Fohlen, das neben seiner Mutter hertrabte.

Wir setzten den Weg allein fort, Baniou, ein Bordj auf einer Anhöhe und ein paar Lehmhütten. Pappelallee.

Trank im Schatten der Tamarisken im gelblichen Sand einen aus schmutzigem Wasser bereiteten Kaffee voller Fliegen.

Völlig kaputt vom Ritt auf der grauen Stute, die ich seit dem Bordj der Tolba übernommen hatte, stieg ich kurz vor Baniou ab und lief ein ganzes Stück barfuß weiter.

Hinter Baniou Rast in Bir-el-Hadi: verlassene Lehmhäuser, Brunnen mit frischem Wasser. Die Hitze wird schlimmer, weiter auf dem Maultier. Unterwegs aus der Guerba eines Kameltreibers getrunken.

Zwischen den bläulich schimmernden Bergen taucht Bou Saada auf, mit seiner Casbah auf einem Felsen und ein paar kleinen, flachen Dünen, die von Weitem weiß aussehen.

Die Ankunft in Bou Saada: Das Wadi läuft um einen Teil der Stadt herum. Auf der einen Seite weitläufige, mit Mauern aus Lehm umgebene Gärten. Im Flussbett üppig blühende rosa Lorbeerbäume. Auf der anderen Seite und etwas höher gelegen das malerische Gewirr der Häuser der Stadt, durchtrennt von leuchtend grünen Felsschluchten und Gärten, wo zwischen dunkelgrünen Feigenbäumen und Weinstöcken Lorbeerbäume rosa leuchten und Granatbäume purpurn lodern.

Die Hitze, die durch den Schirokko gestern fast sengend geworden war und heute Nacht mit einem heftigen Gewitter endete, verleiht dieser Landschaft ein ganz eigenes Antlitz, wohlbekannt und geliebt. Bou Saada ist umgeben von hohen, ausgetrockneten rötlichen Hügeln, die den Horizont verstellen.

Wir wandelten eine Weile unter den Arkaden des Hauses vom Scheich, in der Nähe des Amtsgerichts. Gegenüber liegt ein umzäunter französischer Garten, recht kärglich. Links eine Pulvermühle und ein verwilderter Garten, in dem nachts die Frösche quaken. Die Bevölkerung, die den Hakkam unterwürfig ergeben ist, ist viel grobschlächtiger und gewalttätiger als die Leute in der Sahara.

Trotz des Unwetters gestern ist der Boden schon wieder ausgetrocknet. Vor dem Haus des Scheichs haben sich hübsche Sahara-Kamele mit schmalen Gelenken hingekniet.

Ich sitze allein auf einer Matte unter den Arkaden, nur der kleine M'hammed ist da, der Sohn des Dellaouï, der mir auf Schritt und Tritt folgt.

Heute Abend reisen wir weiter nach El Hamel … Wann werden wir zurückkommen? … Wann sehe ich Zuizou wieder? So viele Fragezeichen.

Wie ich feststelle, komme ich ohne besondere Schwierigkeiten wieder in jeden Militärposten hinein; nur muss ich in Zukunft immer gleich zu den Hakkam gehen, um Laufereien wie heute Morgen zu vermeiden.

Auf den behördlichen Feldern stehen vor allem leuchtendgrüne Maulbeerbäume und eine Art Akazien, deren Blüten kleine gelbe Kugeln sind.

Nun, selbst wenn diese Reise hier zu Ende wäre, ich würde es nicht bedauern, so interessant ist diese mir bislang völlig unbekannte Gegend, die im Grunde ja schon ein Zipfel meines geliebten Südens ist. Bei meiner derzeitigen Lage war diese relativ weite Reise ein ungeahnter Glücksfall.

Die Tracht der Frauen hier ist nicht gerade eine Augenweide, vor allem die riesigen, platten Kopfbedeckungen. Diese Tracht der Frauen aus dem Süden muss mit Anmut von großen, schlanken Frauen getragen werden, sonst wirkt sie einfach nur schrecklich. Im Souf sind die Trachten erlesener und hübscher. Über den weiblichen Typus hier lässt sich nichts sagen: Ich habe ihn nicht zu Gesicht bekommen. Die kleinen Mädchen, alle übertrieben tätowiert, haben blasse, wilde Gesichter.

El Hamel, 2. Juli 1902, während der Siesta

Gestern Abend nach dem maurischen Bad haben wir erfahren, dass Lella Zeyneb in die Zaouia zurückgekehrt war, doch in der finsteren Nacht bei Wind und Regen konnten wir uns nicht auf den Weg machen. Unter den Arkaden geschlafen.

Bin sehr früh aufgewacht. Verworrene, traurige Nacht. Unterhielt mich bis zum Morgengrauen mit Sid Embarek, dann zogen wir los, ohne Kaffee, er auf dem Maultier, ich auf einem hübschen, jungen Schimmel.

Der arabische Weg von El Hamel führt durch Hügelland, dann zwischen den recht hohen Bergen hindurch, von denen Bou Saada umgeben ist. Das Wadi läuft in einiger Entfernung neben dieser Straße her und umspült in der Nähe der Zaouia Gärten, in denen Palmen mit ihrer ganz eigenen Farbigkeit schimmern. Das Dorf ist aus ganz hellem Lehm, es wirkt wie gekalkt. Es ist ziemlich groß und liegt auf halber Höhe über den Gärten und dem Tal. Den höchsten Punkt bildet die Zaouia, die mit ihrem *dar enneçara* und den grünen Fensterläden darin einer Festung gleicht …

Ténès, 7. Juli 1902

Tja … Mit erstaunlicher Geschwindigkeit hat sich wieder alles geändert und ist vollkommen umgemodelt.

Fast gestern noch schien unser Aufenthalt in Algier kein Ende nehmen zu wollen, gleichbleibend eintönig, eine Folge aus verdrießlichen, schleppenden, langweiligen Eindrücken mit der gleichen Wirkung wie ein Wassertropfen, der unablässig auf die immer selbe Stelle tropft, oder irgendein anderes, scheinbar winziges, kaum hörbares Geräusch, das am Ende zur Zwangsvorstellung wird.

Oh, die verschiedenen Abschnitte meines Lebens, die Zeit in Marseille, meine Wochen in Algier! wie düster sie in meiner Erinnerung sind!

Ich bin wirklich nicht geschaffen für ein Allerweltsleben, das ach so aufregende Leben in irgendeiner Großstadt.

Von dieser Reise nach Bou Saada, die wie ein Traum verflogen ist, bin ich gestärkt zurückgekehrt, jedenfalls geheilt von der krankhaften Mattigkeit, die mich in Algier auszehrte … auch meine Seele erwacht wieder zum Leben. Nomadin war ich schon als Kind, als ich verträumt die Straße betrachtete, sie zog mich an, die weiße Straße, die wegführte, hinein in die Sonne, die mir noch strahlender erschien, geradewegs ins unbekannte Zauberland hinein … Nomadin werde ich mein ganzes Leben sein, immer wieder muss ich aus meiner gewohnten Umgebung heraus und in noch unerforschte Fernen, denn jede Reise gleicht einer *Erforschung*, selbst wenn man in überlaufene, wohlbekannte Gegenden reist. Schließlich haben niemals zwei Menschen je dieselbe Landschaft gesehen– oder gibt es womöglich Ausnahmen? –, dasselbe Land auf dieselbe Weise, am selben Tag, in derselben Farbe. Das Universum spiegelt sich im beweglichen Spiegel unserer Seelen, und somit verändert sich auch unaufhörlich sein Bild … Dieser Gedanke müsste eigentlich zu der

Schlussfolgerung führen, dass die wahre Gestalt des Großen Universums auf ewig ungreifbar und unbekannt bleibt … Diese *absolute* Gestalt wäre tatsächlich *das Antlitz Gottes* …

… Am 3. Juli morgens wieder zurück nach Bou Saada, nach einer Nacht in dem großen Gewölberaum, wo Wind und Donner immerfort die Stille störten. Auf dem Pferd in die Stadt zurück, dem Hauptmann einen Besuch abgestattet. Mittags mit dem Postwagen nach Aumale weiter, eine furchtbare Karre voll mit Juden.

Die Piste ist zunächst sandig, Drinn-Gräser und Brustbeerbäume sind weithin über die Ebene verstreut, wo flache Dünen den Fuß der Hügel säumen, all das sieht sehr nach Sahara aus. Auch die ersten Rastplätze, halbverfallene, verlassene Bordj sowie Häuschen aus Lehm und Palmen vermitteln die Illusion einer Rückkehr in den Süden.

Dann, hinter Sidi-Aïssa, wird der Weg besser, die Landschaft gebirgiger und rauer. Die ganze Nacht damit zugebracht, eine halbwegs bequeme Schlafposition zu finden, allerdings vergebens.

Aumale, grüne Stadt im Landesinneren. Große Kasernen, so gut wie unbewohnt. Um halb elf weiter mit einem besseren Gefährt. Fahrt durch fruchtbare Gegenden. In Bordj-Bouïra die Eisenbahn genommen, am 4. Juli abends um halb acht war ich wieder in Algier. Am 5. den ganzen Tag wegen irgendwelcher Dinge herumgerannt. Am 6. morgens um 6 Uhr 45 den Zug nach Orléansville genommen. Nachmittags zwei Uhr weiter mit dem Postwagen. Nachts dann war ich in Ténès.

Orléansville, 17. Juli 1902, 9 Uhr 15 abends

Schon wieder bin ich auf dem Weg … ins nervige Algier. Zum Glück nur für ein paar Tage, wegen der Sache mit der Zaouia und der Angelegenheiten mit Madame Ben Aben.

Danach, so Allah will!, fahre ich für lange Zeit zurück nach Ténès, denn Slimènes Ernennung zum Hodscha wäre das Beste, was uns passieren kann.

Um 6 Uhr morgens habe ich Ténès bei schönem Wetter mit dem Postwagen verlassen. Ich war abgespannt und schläfrig. Nach der Ankunft in Trois Palmiers fand ich den Feldhüter und ein gutes Pferd. Zu Ahmed, dem Dorfoberhaupt hinaufgeritten. Das Haus, das über dem Dorf Baghdoura liegt, steht auf einem hohen Hügel, und der Ausblick ist sehr schön: die ausgedörrten Hänge des afrikanischen Landes staffeln sich vielfarbig in eine leuchtende, reine Ferne hinein. Weiter zu Pferde. Gegen 6 Uhr erreichte ich Orléansville, eindeutig eine der hübschesten Städte im Landesinneren, vor allem, was ihren baulichen Zustand betrifft. Nach Norden hin liegt sie hoch über dem Chelif, umgeben von üppigen Gärten.

Seit meiner Ankunft habe ich hohes Fieber, bin ein paar Mal sogar fast ohnmächtig geworden … Ich kann kaum schreiben. Hauptsache, ich werde nicht in Algier krank, so weit weg von meinem lieben, armen Zuizou! …

Diese Ankunft hier in Orléansville und mein (derzeitiger) Geisteszustand erinnern mich daran, wie ich früher irgendwo ankam, an anderen Orten, und ich nehme alles so wahr wie früher, was äußerst tröstlich ist …

Im Dorf Maïn (Ténès), 25. August, abends

Ich sitze auf einem ausgedörrten Hügel, vor mir das Tal und das Gewirr der in leingrauen Dunst getauchten Hänge und Berge. Die hohen Berge am Horizont zeichnen sich grau vor dem orangeroten Sonnenuntergang ab. Eine große Ruhe liegt über dem Beduinenland, die nur ab und an durch vereinzelte Geräusche aus dem Bergdorf gestört wird: Hundegebell, Geschrei von Männern, die über irgendetwas klagen. Rechterhand, jenseits der Schluchten, ist undeutlich das Meer zu erkennen, eigentlich ahnt man es nur wegen des leeren Horizonts. Linkerhand, auf einem spitzen Hügel, ein dichtes Dickicht aus Mastixsträuchern, ein paar schwärzliche Steine, halbversteckt, die einen Pilgerort bezeichnen: Hier steht das Grab eines Marabout. Die Nacht bricht herein, und alles verstummt.

Ténès, Donnerstag 18. September 1902, 9 Uhr morgens

Es wird Herbst. Oft bläst ein starker Wind, und es ziehen graue Wolken auf. Manchmal regnet es auch. Der Wind heult wie früher der Sturm im Norden, in Europa. Unser Leben schleppt sich eintönig dahin und wäre ohne das ewige Geldproblem durchaus erträglich. Immerhin verfügen wir hier wenigstens über das Allernötigste.

Gäbe es nicht die Feindseligkeiten der Leute ringsum, mit denen wir ja zwangsläufig dauernd zu tun haben, all die kleinen, gemeinen Intrigen, könnten wir im Vergleich zu den letzten zwei Jahren ziemlich glücklich sein. Was das Leben in Ténès so schwer macht, ist die Meute ruheloser, zügelloser Weiber, strohdumm und boshaft. Natürlich, hier wie anderswo nimmt der Hass des Volkes mich zur Zielscheibe. An sich ist mir dieser ganze Sumpf ja egal, trotzdem nervt es, wenn er mir zu nahe kommt und zu mir heraufschwappt. Immerhin kann ich hier jederzeit aufbrechen und auf den großen Straßen der Stammesgebiete, im tiefen Frieden des azurblauen oder blassgoldenen Horizonts, für mich sein.

Hier habe ich eine Menge Ausritte unternommen, nach Tarzout, zum Cap Kalax, zu dem M'gueu … Viele kleine Fluchten raus aufs Land, in die Ruhe des Beduinenlandes, das noch immer so unermesslich weit ist.

Was meine Stimmung angeht, waren die letzten Tage recht düster. Ouiha, merkwürdig, teilt meinen Zustand, wie fast immer jetzt. Seine Gesundheit macht mir Sorgen. Durch regelmäßige Behandlung würde er vielleicht wieder gesund, bestimmt. Er wäre froh, wenn sie ihn zum Caïd ernennen würden und wir in irgendein Dorf gehen könnten, um ein ruhiges, behagliches Leben unter freiem Himmel in den Bergen zu führen, weit weg von der Dummheit in Ténès. In literarischer Hinsicht sind die letzten Tage verloren. Ich hatte ein seelisches Tief und konnte mich zu nichts aufraffen. Heute renkt sich allmählich alles wieder ein, aber heute Abend reise ich ganz sicher zu dem großen jährlichen *Taam* von Sidi Merouan. Aus dem Bericht über das Fest kann ich meinen nächsten Artikel für die undankbaren *Nouvelles* machen. Landschaft und Gegenstand eignen sich jedenfalls. Melancholische Herbsteindrücke. Seit ein paar Tagen gibt meine Gesundheit wieder nach, dabei hatte ich mich doch so gut erholt. Hat der Körper die Stimmung beeinflusst oder umgekehrt?

Maïn, 21. September 1902, 10 Uhr abends

Wieder vergreift sich die maßlose Dummheit der algerischen Behörden an mir: Der Kommissar hat einen Brief aus Algier bekommen. Was könnten sie über das hinaus tun, was sie schon getan haben? Jedenfalls haben die Spießbürger von Ténès Bericht erstattet. *Verflucht sei ihr Vater: der Hund!*

Ich sitze hier in einem kleinen, sauberen Zimmer. Es gibt nur ein Problem: Draußen vorm Fenster steht ein Ziegenbock, der ununterbrochen meckert und wie verrückt mit den Ziegen herumspringt. Vielleicht schläft er ja irgendwann ein …

Ich bin allein gefahren, bei klarem Himmel und heftigem Wind. Die Straße nach Maïn durch Berge und Wadis ist lang, und immer wieder sieht man weit in die blaue, gar nicht eintönige Ferne.

... Sidi Merouan ist mir in guter Erinnerung geblieben.

Merkwürdig und scheinbar ein Widerspruch zu ihrem Charakter: Die gebildeten Einheimischen nehmen eine Frau wie mich schnell zur Vertrauensperson, mit der sie so reden, wie sie es bestimmt mit keinem Mann tun, wie unser Gespräch gezeigt hat, mit Si Elbedrani und mir, dort am Wegesrand, in der blauen Stunde kurz vor der Dämmerung ...

Maïn, 22., um zwei Uhr nachmittags

Ich bin allein in dem kleinen Zimmer. Der große Seelenkummer der letzten Tage ist verflogen – wie immer *plötzlich und* ohne erkennbaren Grund – und hat einer fruchtbaren, wohltuenden Melancholie Platz gemacht.

Gerade habe ich meine alten Tagebücher wieder gelesen. Zugegeben, verglichen mit früheren Jahren, selbst mit denen in Genf, ist unser aktuelles Leben das reinste Glück. Ganz zu schweigen von der Zeit in Marseille!

Hier herrscht eine große Stille, die man als ewig empfindet. Ich würde gern für viele Monate hier leben (oder an einem ähnlichen Ort), um die hässliche europäische Menschheit nicht mehr sehen zu müssen, die ich immer mehr hasse, ja zutiefst verachte.

In Ténès gibt es nur einen, mit dem ich mich gern unterhalte, meinen Freund Arnaud. Auch er wird übrigens verhöhnt von dieser Bande eingebildeter Spießer, die sich für was Besseres halten, weil sie enge Hosen, einen lächerlichen Hut oder gar ein militärisches Käppi tragen!

Diesen europäischen Idioten, die das Land mit ihrer Anwesenheit verpesten, sind selbst die geringsten Beduinen noch weit überlegen, vor allem sind sie leichter zu ertragen – und das trotz ihrer Fehler und Unwissenheit.

Wo soll man hinflüchten, wo leben, weit weg von diesen boshaften, zudringlichen und arroganten Menschen, die sich einbilden, sie hätten das Recht, alles einzuebnen, damit es am Ende ihrem hässlichen Bild gleicht?

Ich werde an Shalit in Nablus schreiben und die Möglichkeit einer Umsiedlung nach Palästina erkunden, für den – bestimmt nicht mehr fernen – Tag, an dem ich das Geld des *Weißen Geistes* bekomme.

Europa entfliehen und in ein arabisches Land gehen, selbst als Fremdling, ähnlich dem, das ich so liebe, ein neues Leben beginnen … Vielleicht kommt es ja noch dazu! *Gott allein kennt die verborgenen Dinge und die Aufrichtigkeit der Zeugnisse!*

Ténès, 26. September 1902, 9 Uhr abends

Das Jahr geht seinem Ende zu, und diese Aufzeichnungen hier ebenfalls. Wo werden wir in einem Jahr zur gleichen Zeit sein, wenn die ersten Regenfälle kommen und sich das Land wieder das Tuch aus blasser Traurigkeit überwirft, um in herbstlichen Schlummer zu verfallen, wenn wieder der weiße Goldwurz an den verschlungenen Wegen blüht? Wahrscheinlich nicht in Ténès. Wir haben beide den Eindruck, dass dieser Aufenthalt hier nicht von Dauer ist. Wohin wird uns das Schicksal endgültig verschlagen und wird es je ein *endgültig* geben?

El Oued ist die einzige Gegend, in der ich mich auf unbegrenzte Zeit niederlassen würde …

Es regnet und es ist kalt. Dieses Wetter bekommt Ouiha gar nicht, und ich bange um seine Gesundheit …

Die Reise nach Bou Saada rückt in greifbare Nähe … Noch einmal in den Süden, zu den Datteln und dem Sand, hin zu dem grauen Horizont.

Algier, Mittwoch 13. Oktober 1902, 5 Uhr nachmittags

Jetzt bin ich schon zehn Tage hier, weit weg von unserem friedlichen Heim in Ténès und dem sanften Gefährten, der mit mir durchs Leben geht … Ich bin traurig, aber auf eine ergiebige Weise, da man auf Gedanken kommt … Merkwürdig, allmählich verstehe ich diesen Landstrich besser und kann seine eigene Herrlichkeit genießen.

Blaugrau und glatt wie ein Spiegel liegt der große Golf da. Das andere Ufer drüben mit seinen rosa Häusern ist violett gefärbt … Hier, auf dem Hügel von Mustapha, herrscht tiefer Frieden.

Die Mondnacht gestern war von einzigartiger Schönheit. Das blaue Licht schien von unten zu kommen, als würde es vom Meeresgrund her zu dämmern beginnen, unter dem finsteren Land, auf dem nur die weißen Villen bläulich schimmerten … Gestern Abend große Traurigkeit … Heute eher ruhige Traurigkeit. Ich befinde mich wieder mal in einer Phase der inneren Wandlung, die anfangs sehr schmerzlich und durch die Krankheit noch verschlimmert wurde … Das Ergebnis lässt sich bald erkennen. Zum Glück kann ich schreiben.

Vielleicht muss ich in diesem Winter noch nach Frankreich fahren, wegen dieser sehr wichtigen Reportage über die Aufständischen in Margueritte! Ach, könnte ich nur alles sagen, was ich weiß, was ich darüber denke, die ganze Wahrheit! Was für ein gutes, ergiebiges Werk, das mir Anerkennung verschaffen könnte, wenn ich weiter daran arbeiten würde! In diesem Punkt hatte Brieux Recht: mich zu Beginn meiner Karriere unumwunden als Fürsprecher meiner Brüder, der Muslime Algeriens bekennen.

Wann werde ich zurückkehren? Ich weiß es nicht. Ich muss noch mindestens eine Woche hier bleiben. Und dort dann: viel Arbeit. Ich muss die Broschüre fertigmachen, wahrscheinlich wöchentlich einen Artikel für die *Dépêche Algérienne* schreiben und nach und nach einen Band mit Erzählungen zusammenstellen, falls mein Name durch den Margueritte-Prozess in Paris etwas bekannter wird. Sollte das klappen, wird es ein großer Schritt in Richtung Heil und Frieden sein, auf dass wir, mein Ouiha und ich, unseren friedlichen Traum in Ruhe weiterträumen können, bis die Schicksalsstunde schlägt.

Ach Maman, ach Wawa, seht euer Kind, *das einzige*, das euch gefolgt ist und euch zumindest nach dem Tode ehrt. Ich vergesse euch nicht. Wenn ich nicht immer in Gedanken bei euch bin, so wie früher, dann nur, weil der Kampf hart und beschwerlich ist und ich zu viel gelitten habe. Doch ich werde mich immer an euch erinnern. Habe ich in den schlimmsten Stunden der Verzweiflung nicht immer *euch* angerufen?

Algier, Donnerstag 30. Oktober 1902

Wieder quält mich die Krankheit und stört mich auf … Aber übermorgen, wenn ich nach Ténès zurückfahre, wird all das vorbei sein … Endlich …

Nach langen Tagen mit schrecklichem Unwetter, Regen und Wind, in denen Ouiha hier war, ist die Sonne wieder rausgekommen, und über dem wiederbelebten Land liegt freundliches Frühlingswetter … Das Algerien hier in Algier bekommt im Herbst seine ganz eigene sehnsüchtige, melancholische, liebenswerte Milde. Dort unten, in den Bergen der Chelha-Region, muss es schon fast Winter sein … Die Landschaften karger und schroffer, die Leute einfacher, ein zurückgezogenes und stilles Leben weit entfernt von all den Scherereien hier … Allmählich vermisse ich das alles, vor allem die gutmütige Stute Ziza und die langen einsamen Ausritte.

Hoffentlich schaffen wir es, unsere Schulden, die diesen Winter fällig werden, zurückzuzahlen, dann wird alles gut!

Eine Menge Arbeit wird uns über die eintönige Winterzeit helfen …

Wenn man die absolute Verbesserung unserer Lage im Vergleich zum letzten Winter und dem Frühjahr 1902 in Algier bedenkt, können wir Gott und Djilani nur danken.

Bald ist wieder Ramadan, all die melancholischen Erinnerungen an El Oued … Durch den *Dhikr* und Gebete tritt man in die *Farika* ein. Was für eine staunenswerte sittliche und intellektuelle Reinigung!

23. November 1902, 3 Uhr nachmittags

Ténès, 1. Dezember 1902, Montag 10 Uhr abends

Freitagmorgen habe ich mich bei schönem, klarem Wetter auf den Weg in die Siedlung der Herenfa gemacht, ganz unten an der Grenze zum Verwaltungsbezirk von Oran. Bis zum malerischen Markt in Bou Zraya begleitete mich Elhadj Lakhda ben Ziou, eine finstere, absolut uninteressante Person. Die Straße von Trois Palmiers nach Fromentin verläuft unterhalb der Anhöhen von Baghdoura. Sie ist ausgewaschen und führt durch reißende Wadis. Die schlecht gebauten Brücken sind am Einstürzen, und schon bald wird es nur noch einen arabischen Pfad geben. An einem bestimmten Punkt läuft er am Fuß eines Hügels entlang, der von einem steilen, spitzwinkligen Felsen überragt wird. Der Felsgrund ist rötlich braun, eine wunderschöne, warme Farbe, die ganze Landschaft ist ungeheuer beeindruckend. Für einen Augenblick sieht man in der Ferne Fromentin zwischen zwei Bergen oder vielmehr zwei hohen Hügeln. Es handelt sich um ein mit Eukalyptus bepflanztes, noch junges Dorf, charakterlos wie all die Dörfer, die auf dem Land errichtet wurden, das man den armen Fellachen weggenommen hat, die sich dort jetzt unter drakonischen Bestimmungen der Franzosen verdingen. Der Bauer beklagt sich, erträgt sein Schicksal jedoch stoisch. Wie lange noch?

Wir biegen nach rechts ab. Das Stammesoberhaupt der Beni-Merzoug bewohnt mehrere Hütten an einem niedrigen Hang, überragt von einem saharisch wirkenden Hügel, der Mekabrat-el-Mrabtine heißt, benannt nach der Mrabtin-Fraktion, deren Frauen fast alle Prostituierte sind und über die man sich merkwürdige Hexengeschichten erzählt. Zwei weiße Koubbas, der flache Rumpf des länglichen Baus, über dem eine eiförmige Kuppel aufragt. Die eine Koubba oben auf dem Hügel ist neu. Die andere, weiter unten gelegen, ist vollkommen heruntergekommen. Ringsum liegen dicht an dicht die Gräber, die aus Steinhaufen oder Pfeilern bestehen, bis herunter zu den Ländereien der Siedler.

Da wir den Caïd nicht finden, kehren sein Sohn und ich nach Fromentin zurück, wo man keinen andern Führer für mich findet als einen Schwachkopf namens Djellouli-Bou-Khalem. Wir brechen auf und irren orientierungslos herum. Er kennt den Weg nicht. Über einen holprigen Pfad steigen wir hinunter zu einem einsam gelegenen großen, alten, verfallenen Bordj, das der Caïd wieder herrichten lassen will. Kurz darauf dann ein Tal, in dem das Dorf des Feldhüters der Beni-Merzoug liegt, seltsames Nachtvogelgesicht. Endlos lange folgen wir dem Wadi Merzoug. Die Sonne geht bereits unter, als wir endlich bei den Herenfa ankommen. Das Wadi ist breit und steinig, tief unten in einem Tal, das von lehmigen gelblichen Hügeln umschlossen ist. Hin und wieder taucht ein Bordj in der Landschaft auf, die zerklüftet ist wie die gesamte Gegend um Ténès. Links, am Ufer eines Neben-Wadi, stehen die Hütten des Caïd. Am Horizont, über der riesigen glatten, meerähnlichen Fläche des Chelif erhebt sich das gewaltige blassblaue Ouarsenis-Massiv mit seinem Gipfel und dem auffälligen Vorgebirge in Form einer langgestreckten Terrasse. Unterhalb der Hütten die Steinhaufen des Friedhofs, dann die

Windungen des steinigen Wadi. Am darauffolgenden Nachmittag gingen wir zur Fraktion der Ouled Belkassem, eineinviertel Stunden entfernt: Sie besteht aus einem verriegelten Bordj und einem von einer Dornenhecke umgebenen Dorf und liegt in einer herrlichen Landschaft. Die ganze Chelif-Ebene und die des Oued Sly liegen den königlichen Ouarsenis-Bergen zu Füßen. Links erkennt man Orléansville, wie eine schwarz bewachsene Oase. Rechts erstrecken sich die ersten Ebenen von Oran, soweit das Auge reicht. Weiter vorn die tonhaltigen Hügel der Herenfa und links die waldigen und wilderen Hügel der Ouled Abdallah. Wir sind aus einem traurigen Grund hier, und abgesehen von dem staunenswerten Panorama, das sich einem dort oben bietet, habe ich von diesem Teil meiner kleinen Reise einen finsteren Eindruck in Erinnerung behalten: Wir kommen, um den Leichnam eines kleines Mädchens zu sehen, das unter sonderbaren Umständen, die niemand je ganz klären wird, bei lebendigem Leib verbrannt ist.

Tiefer Frieden herrscht über diesem abgeschiedenen, einsamen Landstrich, den nie ein Europäer betreten hat. Ein letzter Rückzugsort, zu dem man sich vor der aufdringlichen, dummdreisten Zivilisation hinflüchten kann … Als es dunkel wird, kommen wir im Bordj eines Scheichs der Djilani-Mokhtari-Fraktion unter; ein großer Gipsraum, der bis auf die Decke aus unbehauenen Balken den Häusern im Souf ähnelt.

Sonntagmorgen gegen 7 Uhr Rückweg auf einer anderen Straße, über den Hügelkamm. Kurz vor dem Grenzstein der Beni-Merzoug besteht der Boden an manchen Stellen aus feinem gelblichen Sand, in dem Wüstensträucher auf niedrigen Erdhügelchen wachsen, wie alle Pflanzenarten in sandigen, vom Regen ausgewaschenen Gebieten. Der Himmel zieht sich zu, und als wir bei den Beni-Merzoug ankommen, regnet es in Strömen, dazu der heftige, eisige Westwind, der unsere Hütte schon in der Nacht zuvor mächtig durchgerüttelt hatte. Starr vor Kälte erreiche ich die armselige Behausung der kleinen Moschee, wo die Schuldner der Société de Prévoyance registriert werden. Die Hütte ist undicht. Man bringt mir einen kleinen Ofen. Neben einem großen, hellen Feuer in einer Ecke des Pferdestalls Mittag gegessen. Allein weitergezogen, im Sturzregen. Von 11 Uhr vormittags bis 6 Uhr abends durch Wind und Regen getrabt. Wie trostlos die lange, verlassene Straße von Fromentin nach Cavaignac ist! Unter dem schwarzen Himmel schlängelte sie sich düster hoch oben endlos über die Hügelkuppen …

Habe gute Erinnerungen an diesen langen, beschwerlichen Ritt. Wieder einmal kam mir eine, wie mir scheint, glückliche Eingebung. Ich trabte auf der Piste von Baghdoura nach Fromentin ganz gemächlich in der Sonne vor mich hin, aß mittags einen köstlichen, nach Rauch schmeckenden Fladen auf dem Markt, dazu getrocknete Feigen, die mir ein zufälliger Weggefährte, dessen Namen ich nicht mal weiß, geschenkt hatte, da dachte ich plötzlich: schreib einen Roman, originell und melancholisch, über einen– mir durchaus ähnlichen – Mann, der das Leben von Voudell lebt, nur dass er Muslim ist und überall die fruchtbare Saat des Guten sät. Jetzt muss ich nur noch die Geschichte drumherum erfinden, schlicht und packend müsste sie sein …

Heute hat der Ramadan begonnen, jene besondere Zeit im Jahr, die so erfüllt ist von eigentümlichen Empfindungen und, was mich betrifft, auch von besonderen, melancholischen Erinnerungen. Es ist der dritte Ramadan, seit die Schicksalswege von Ouiha und mir sich vereinigt haben … Und wir sind über alle Maßen glücklich, dass wir zusammen sind und uns lieben. Diese drei Jahre, in denen das Leid mal geballt kam, mal zögerlich, entweder plötzlich oder quälend langsam, haben uns einander so nahe gebracht, wie keine zehn Jahre Wohlstand es vermocht hätten. Momentan ist unser Leben ruhig und ohne unmittelbare Ungewissheit. *Gepriesen sei Gott, der uns erlöst hat!*

11. Dezember, 7 Uhr 15 abends
Abreise mit Mohammed ben Ali

»Zu wissen, dass irgendwo, weit weg, Menschen andere quälen, sie in jede nur denkbare moralische Verderbnis bringen, sie allen möglichen unmenschlichen Erniedrigungen und Leiden unterwerfen – oder aber drei Monate lang fortwährend diese moralische Verderbnis und diese Quälerei der einen Menschen seitens der andern mit anzusehen – das ist ganz etwas Verschiedenes.«

(Tolstoi: Auferstehung*)*

Algier, 25. Dezember 1902, 12 Uhr 30 mittags

Die Vergangenheit mit den Weihnachtsfeiertagen liegt schon so weit zurück ... Vielleicht bringt all das mein Herz schon bald nicht mehr zum Erzittern. Die Sehnsucht nach der Vergangenheit geht bei mir inzwischen nicht mehr über den Souf hinaus. Die intensivste, auf geheimnisvollste Weise melancholische Erinnerung der jüngeren Vergangenheit betrifft jenen Ritt nach Dahra, vor allem die erste Nacht, als in der Stille immer wieder das Geheul der Schakale in den Bergen zu hören war.

Hier in Algier ist mein Gemütszustand eher düster; das Ende des Ramadan hätte sehr angenehm werden können, dort, in Ténès, von wo ich geflüchtet bin, wäre nicht das mir ewig launisch gesonnene Schicksal, doch so geht das Fest in tiefer, fast gänzlich reizloser Traurigkeit unter.

Die größte und vielleicht einzige Herausforderung ist, sich *von allem zu lösen*, und erst recht, *frei zu leben*. Sobald der Mensch auch nur ein klein wenig frei ist, ist er der Feind der Masse, die ihn systematisch verfolgt, ihn mit Gewalt aus jedem Unterschlupf treibt. Ich empfinde zunehmende Gereiztheit gegen das Leben und die Menschen, die keine Ausnahmen dulden wollen und die Sklaverei hinnehmen, um sie anderen aufzuzwingen. Wo ist die ferne Einsiedelei, wo mich die Dummheit der Leute nicht mehr erreicht und in der auch meine Sinne mich nicht mehr stören?

Am selben Tag, 11 Uhr abends

Mein Verdruss und meine Unzufriedenheit gegenüber Dingen und Menschen nimmt immer mehr zu … auch die Unzufriedenheit mit mir selbst, weil ich immer noch keinen *modus vivendi* gefunden habe; ich fürchte, bei meiner Veranlagung dürfte dies auch sehr schwierig werden.

Nur eines kann mir helfen, die wenigen Jahre irdischen Lebens, die mir bestimmt sind, halbwegs gut zu überstehen: literarische Arbeit, dieses künstliche Leben, das den enormen Vorteil bietet, dass wir darin schalten und walten können, wie wir wollen, mit der Möglichkeit, aus uns herauszugehen, ohne mit der Außenwelt in schmerzlichen Kontakt treten zu müssen. Das ist etwas Kostbares, unabhängig, zu welchem Ergebnis es im Hinblick auf die Karriere oder den finanziellen Erfolg führt, und ich hoffe, dass ich mich mit der Zeit und mit der zunehmenden *unumstößlichen* Gewissheit, dass das *wirkliche* Leben feindlich und undurchschaubar ist, irgendwann damit abfinden kann, nur noch *dieses* Leben zu führen, das sanfte und friedliche der Literatur. Sicher, ich werde noch viele Abstecher in das triste Gebiet der Realität machen … doch ich weiß jetzt schon, dass ich dort nie die gesuchte Befriedigung finden werde.

Derzeit liegen die Dinge so, dass ich, sobald die fünf Tage des Ramadan vorbei sind, wahrscheinlich nach Medea und Bou Saada gehe. Immerhin eine Reise, eine Ablenkung in der allgemeinen Eintönigkeit hier. Dann reite ich bis Biskra, wo ich mich bei der letzten Seguia umdrehen werde, um einen wehmütigen Blick auf die Straße des Souf und des atemberaubenden Oued Rhir zu werfen, die Straße der Vergangenheit … die, ach! längst vorbei ist, unwiderruflich zu Ende.

Wieder macht meine Seele eine Übergangsphase, eine Zeit des inneren *Brütens* durch. Wieder ist sie dabei sich zu verändern, um danach wahrscheinlich noch düsterer und trauriger zu werden … Zu welchem erschreckenden Ergebnis werde ich noch gelangen, wenn es immer so weitergeht, in Richtung Dunkelheit?

Trotzdem gibt es ein Heilmittel, glaube ich, doch *dieses verdanke ich der Religion des Islam*, in aller Demut und Aufrichtigkeit.

In ihr werde ich endgültigen Frieden und die Freude des Herzens finden. Die zwiespältige und sozusagen gemischte Stimmung, in der ich lebe, bedeutet mir nichts. Meine Seele verkümmert darin und verkriecht sich in sich selbst, um verzweifelte Feststellungen zu treffen.

… Donnerstagabend, am 11. Dezember, habe ich mich wie geplant im Mondschein des Ramadan nach Dahra aufgemacht.

Ich tat es aus einer Art Pflichtbewusstsein heraus und in der Überzeugung, dort sowieso nichts zu erreichen, denn die Gabe der Vorahnung bestätigt sich zusehends in mir … eine Gabe, die wertvoll sein könnte, wäre es uns nur gegeben, am unabwendbaren Lauf der Dinge etwas zu verändern … doch leider ist diese Gabe schmerzlich, weil unnütz, denn sie erlaubt einem nicht, die Umstände auch nur im geringsten zu beeinflussen, vielmehr weiß man im Voraus lediglich um die niederschmetternde Überflüssigkeit dieses oder jenes Versuches, den meine Vernunft mich dennoch zu unternehmen zwingt.

… Der Abend war kühl und klar. Eine große Stille lag über der menschenleeren Stadt, und wir flogen wie Schatten durch die Straßen, der Reiter Mohammed und ich. Dieser

Mann, der so sehr Beduine ist und so ursprünglich, ist mein Lieblingsbegleiter, denn er entspricht der Landschaft und den Leuten von hier … und meinem Gemütszustand. Außerdem beschäftigt er sich unbewusst mit den gleichen verworrenen und unklaren Dingen der Sinnlichkeit wie ich. Er will genau das, was ich verstehe, und empfindet es sicher noch intensiver als ich, eben weil er es nicht versteht und auch gar nicht zu verstehen versucht. In Montenotte und Cavaignac Rast im maurischen Kaffeehaus. Hinter Cavaignac verlassen wir die befahrbare Piste und begeben uns in die unüberschaubare Gegend um Ténès – das reinste Labyrinth. Wir durchqueren Wadis, erklimmen Hügelkuppen, steigen in Schluchten hinab, reiten an Friedhöfen vorbei …

Dann, in einer mit Alfagras und Zwergpalmen bewachsenen Wüste, oberhalb einer finster wirkenden Senke, wie in der Sahara, wo die Büsche auf Erdhügeln wachsen, steigen wir vom Pferd, um zu essen und ein wenig auszuruhen. Ein unsicherer Ort, bei jedem Geräusch drehen wir uns um. Dann plötzlich bemerke ich eine undeutliche Gestalt, die sich in der Senke unter uns weiß vom Strauchwerk abhebt. Die Pferde sind plötzlich unruhig und schnauben … Was kann das sein? Die Gestalt verschwindet, und als wir an der Stelle vorbeikommen, scheuen die Pferde.

Dann folgt die Straße einem engen Tal mit zahlreichen Wadis. Ganz in der Nähe heulen die Schakale. Nach einer Weile steigen wir auf und folgen der Flanke des Berges, der die Gegend vom Meer trennt, und kommen schließlich in die Siedlung von Kaddour-bel-Korchi, dem Stammesoberhaupt der Talassa.

Er ist nicht da, und wir müssen weiterziehen, über schrecklich unwegsame Pfade. Am Anfang des Baach-Gebiets finden wir ihn im Dorf eines gewissen Abd-el-Kader-ben-Aïssa, der uns liebenswürdig und gastfreundlich empfängt. Wir nehmen unsere zweite Mahlzeit ein, und als der Mond untergegangen ist, ziehen wir weiter nach Baach, über von Schlammlöchern gesäumte Pfade voller Geröll … Im Morgengrauen taucht der Bordj von Baach vor uns auf, der schönste weit und breit, hoch oben auf einem spitzen Hügel, ganz ähnlich wie ein Bordj in der Sahara …

Algier, 29. Dezember 1902, morgens um halb drei

Was für ein sonderbares Traumgefühl das Leben in Algier mir verschafft – ist es ein angenehmes? ich weiß es gar nicht genau! – ein Leben, das sich vorwiegend nachts abspielt, in der Mattigkeit des ausgehenden Ramadan!

O dieser Ramadan! Die ersten Tage dort in Ténès hatten diese ganz spezielle Behaglichkeit, die dem Monat *im Kreise der Familie* eigen ist. Wie seltsam *unsere* bunt zusammengewürfelte Familie ist: Slimène und ich, Bel-Hadj aus Bou Saada und Mohammed, halb aus dem unvergesslichen Souf und halb von den romantischen Hängen über der azurblauen Bucht von Charir und der Straße von Mostaganem …

31. Dezember 1902, Mitternacht

Und wieder ist ein Jahr vorbei … Ein Jahr weniger zu leben … Dabei liebe ich das Leben, einfach aus Neugier, es zu leben und seinen Geheimnissen nachzugehen.

Wo sind all die verflogenen Träume hin, die azurblauen Träume von einst, als ich noch den verschneiten Jura und die großen Eichenwälder vor mir hatte? Wo sind die lieben Menschen hin, die nicht mehr sind? Weit weg, ach!

Früher, schon als ganz kleines Kind, dachte ich oft mit Schrecken an den Sterbetag der geliebten Alten, Mamans und Wawas … Es war mir unvorstellbar, dass sie sterben könnten!

Und nun ruht Mama durch einen Zufall, dessen Geheimnis sie beide mit ins Grab genommen haben, schon fünf Jahre zwischen den muslimischen Gräbern in der Erde des Islam … Seit bald vier Jahren ruhen Wawa und der unglückselige Wolodia in der Erde der Verbannung, in Vernier … Während um Mamas Grab in Bône die Blumen des algerischen Winters blühen, liegt auf den beiden Gräbern dort ganz sicher Schnee …

Alles ist verloren. Das schicksalhafte, glücklose Haus: in andere Hände übergegangen … Augustin: aus meinem Leben gestrichen, nachdem er so viele Jahre einen festen Platz darin eingenommen hatte, wahrscheinlich auf ewig entschwunden … Alles, was damals war, hinweggerafft, zunichte gemacht und auf ewig zerstört … Und ich irre seit vier Jahren leidend allein durchs Leben, mit einem einzigen Weggefährten nur, dem, den ich im makellosen Souf gefunden habe, auf dass er mir die Einsamkeit versüße und mich nie mehr verlasse, *so Allah will*!

Tiefgreifende Veränderungen haben sich in mir vollzogen, sogar jetzt noch, in jenem glanzvollen Monat des Ramadan, der gestern im sanften Geheimnis unter dem melancholischen Eindruck des Ischa-Gebets in der Moschee zu Ende gegangen ist …

Alles geht vorbei, selbst was uns ewig erscheint …

»*Die auf Erden sind sterblich*, und nur das Antlitz deines verehrungswürdigen Gottes wird bleiben!«

Was hält das kommende Jahr für uns bereit? Was für neue Hoffnungen und was für Enttäuschungen? Bei all den Veränderungen tut es dennoch gut, ein liebendes Herz sein Eigen zu nennen, freundliche Arme, in denen man Ruhe finden kann nach den Kämpfen, auf die die verlogene Zivilisation das Leben reduziert hat …

Was tut er wohl gerade und was denkt er, der ach so ferne Gefährte meines Lebens? Wieder muss ich, sogar darauf, antworten: *das weiß allein Gott.*

Algier, Sonntag 9. Januar 1903, Mitternacht

Wie schön muss es sein, in Algier zu sterben, oben auf dem Hügel von Mustapha, das große, üppige und zugleich melancholische Panorama vor Augen, den ebenmäßigen Golf mit seinem ewigen Seufzen und die fernen, gezackten Berge der Kabylei ... Wie schön muss es sein, dort zu sterben, ganz langsam und allmählich in einem sonnigen Herbst, als Zuschauer des eigenen Todes, während man lieblichen Klängen lauscht und Düfte einatmet, in denen unsere ebenso zarte Seele mit gemessener Wonne, ganz ohne Schrecken oder Reue unendlich sanft loslassen und schließlich entweichen würde.

Nach mehreren Tagen düsterer Traurigkeit und dumpfer Angst erwache ich wieder zum Leben. In meinem gegenwärtigen Leben ist alles behelfsmäßig und ungewiss ... Alles ist unklar, aber seltsamerweise leide ich nicht mehr darunter.

Wer weiß, wie lange dieses Leben in Algier noch andauert und wie es endet? Wer weiß, wo ich morgen bin? Möglicherweise reise ich in ein paar Tagen nach Medea und Bou Saada. Wieder eine Rückkehr in den Süden, zum Sand, ins gesegnete Land, wo die Feuersonne den blauen Schatten der Palmen über den ausgedörrten Boden wandern lässt. Danach komme ich wahrscheinlich hierher zurück, um weiterzuarbeiten und weiterzukämpfen – letzteres, das aus sehr kurzen Phasen besteht, ist mir lästig.

Und danach, wenn es fast schon Frühling ist, gehe ich wieder zurück nach Ténès. Unter den gegenwärtigen Bedingungen wäre es mir am liebsten, wenn ich ein ruhiges, friedliches Leben in Ténès führen und von Stamm zu Stamm reiten könnte, so wie es immer mein Traum war.

Bou Saada, 28. Januar 1903, Mittwoch, nachts halb eins

Am Montag, den 26., habe ich Algier um 6 Uhr bei klarem Wetter verlassen. Von Bouira bis Beni-Mansour nur Regen. Bestieg in Beni-Mansour den Zug mit den Ziar-Pilgern, die nach Mansoura (M'Sila) wollten. Gegen 3 Uhr Ankunft in Bordj Bou Arréridj. Erst bei Si Brahim-Soufi gewesen, danach beim Verwalter. Um 5 Uhr weiter mit der Post von M'Sila. Unterwegs geschlafen. Gegen 3 Uhr morgens angekommen. Verbrachte den Rest der Nacht im Zimmer der Habous im Kaffeehaus. Am 27. morgens um halb neun Aufbruch in M'Sila, gemeinsam mit Si Sakhdar Kadri die Reise zu Pferde fortgesetzt. Rast in Chellal gegen 11 Uhr. In Banjou gegen zwei Uhr. In Bir-Graad gegen drei Uhr. Abends um halb acht waren wir dann in Bou Saada, am maurischen Bad abgestiegen. Die zweite Rückkehr nach Süden ist also Wirklichkeit geworden. Intensiver als je zuvor spüre ich hier jenes seltsame, rätselhafte, irgendwie bedrohliche Gewicht, das auf sämtlichen militärisch verwalteten Gebieten lastet; es ist etwas Unbestimmtes, das aber jeder spürt, der die Hintergründe kennt ... Es gibt so viele Doppeldeutigkeiten, Andeutungen, so viel Verschwiegenes ...

Obwohl ich erschöpft bin von der Reise und nur sehr wenig geschlafen und gegessen habe, behalte ich die Reise ab Beni-Mansour in guter Erinnerung. Die Ziar, anständige, einfache Leute, sangen die Lieder ihres Heiligen. So fuhr der Zug in der Fröhlichkeit der wiedergefundenen Sonne davon ...

M'Sila konnte ich mir leider nicht so ausführlich ansehen, wie ich eigentlich wollte ... Doch die Straße, die schöne, verlassene Straße, hat mich noch einmal die verflossenen Tage von einst erleben lassen und die Freude, den leeren, friedlichen Horizont der weiten Ebene wieder vor mir zu haben. Gäbe es nicht die Gebirgskette am Ende der Ebene, würde man denken, das Hodna-Gebirge. Doch nach Osten hin spiegeln sich die Ausläufer der kargen Gebirgskette in dem überschwemmten Chott, und links der Düne öffnet sich ein riesiges, weites Tor auf die verschwommene Unendlichkeit aus Wasser und Himmel.

Chellal ist ein trostloser Weiler, ein paar armselige Bruchbuden aus Lehm in einer Senke, die unter Wasser steht und in der es penetrant nach Jod und Salpeter roch.

Die Einwohner dort sind Ouled Machdi und Hachem, ein ziemlich unsympathischer Menschenschlag. Die Abendstunden waren wunderschön, wie die Berge sich bläulich-schwarz vor dem vergoldeten Rot des Himmels abhoben. Diese Berge von Bou Saada mit ihren geometrischen Umrissen und den schrägen Terrassen sind wirklich eigentümlich.

Nach den morgendlichen Rennereien zum Arabischen Büro bin ich heute Mittag durch die *Dechra*, die arabische Stadt spaziert, danach zum Wadi, wo die arabischen Waschfrauen als ungemein warme Farbflecken in blauen und vor allem roten Tönen leuchten. Auf den Hügeln ringsum grünt noch nichts. Sie wirken genauso bedrohlich und kahl wie im Sommer.

Heute Nachmittag immer noch düsterer Gemütszustand, der aber allmählich verfliegt. Unfähigkeit, die Dinge klar zu sehen.

Morgen früh reite ich nach El Hamel. Meine Weiterreise nach Boghar scheint beschlossene Sache zu sein. Es geht in eine gänzlich unbekannte Gegend, nach Had Sahari (der Name gefällt mir), ein Ort weit ab vom Schuss, irgendwo im arabischen Gebiet. Wenn ich morgen Abend in El Hamel bin und mich ein bisschen ausgeruht habe, beschreibe ich genauer als heute Abend, was mir aufgefallen ist. Die körperliche Erschöpfung und das dürftige Essen in den letzten Tagen haben mir mächtig zugesetzt. Die lange Strecke nach El Hamel wird mich auf die weite Reise nach Sahari und Boghar einstimmen …

Wie es aussieht, werde ich nicht mehr verfolgt: hier heißt es, niemand habe von meiner Ankunft gewusst, alle waren äußerst liebenswürdig zu mir, sogar der Kommandant … Rätselhafte Leute, undurchschaubar!

In El Hamel scheint ein heilloses Durcheinander zu herrschen, da geht alles den Bach runter.

El Hamel, Donnerstag, 29. Januar 1903,
gegen 4 Uhr nachmittags

Herkunft von Sidi Mohammed Belkassen: In längst vergangenen Zeiten der Chorfa kamen drei Brüder vom Stamm der Ouled Sid Ali, von der Fraktion der Ouled Bou-Zid und des Djebel Amour auf dem Rückweg von Mekka durch die Gegend. Während der eine Richtung Westen weiterzog, ließen sich die zwei anderen am Berghang nieder und gründeten El Hamel.

Gegen zwei Uhr bei klarem, lichtem Wetter nach El Hamel aufgebrochen. Die Trübsal der letzten Tage ist halbwegs verflogen, eigentlich fast gänzlich. Auf dem Rückweg werde ich mir Bou Saada sicher ausführlicher ansehen können.

Sehr seltsam, habe ich aber schon seit Langem bemerkt: in den ersten Tagen nach meiner Ankunft bin ich außer Stande, eine Gegend richtig zu sehen. Stattdessen verspüre ich bloß ein undefinierbares Unbehagen und Überdruss.

In der ersten Zeit meines Wanderlebens war das jedoch durchaus noch nicht so. Es verschärft sich in zunehmendem Maße, was seltsam ist, schließlich wird mein Leben vergleichsweise immer nomadischer, so dass ich mich eigentlich dran gewöhnen müsste.

Die Straße, auf der man Bou Saada verlässt, führt in steiniges, unfruchtbares Gelände, wo nur Wüstenkraut wächst und kleine graue Dornensträucher, die allein die Kamele fressen. Die ocker-grauen Hügel sind zerklüftet, an manchen

Stellen sind sie von oben bis unten wegen der Sedimente weißgestreift. Eine schroffe, karge Szenerie. Jenseits des Gartens, der zum Arabischen Büro gehört und von einem Araber bewacht wird, der einen halbverfallenen Bordj aus Lehm bewohnt, stehen die beiden Einrichtungen der Tolba. Die eine ist ein einsamer Bordj hoch oben auf einem Hügel, der die Straße überragt. Die andere liegt etwas unterhalb und besteht aus einer Ansammlung einiger kleiner Bordj aus Lehm auf einer geebneten Fläche oberhalb des Wadi und eines Dattelpalmengartens in einer Einbuchtung des tiefen Flussbettes. Schließlich taucht in einer Kurve das zweigeteilte El Hamel auf. Es wurde auf zwei Hügeln errichtet. Der erste, fast konisch geformte Hügel trägt das Dorf der Chorfa, das ganz aus dunklem Lehm ist und durch und durch saharisch anmutet. Auf dem anderen, höheren Hügel steht die Zaouia, die mit ihrem hellen, beinahe weißen Lehmverputz einer Festung ähnelt.

Am selben Tag, 6 Uhr abends

Hier herrscht tiefe, beklemmende Stille, nur ganz selten sind Geräusche aus dem Dorf und der Zaouia zu vernehmen, zuweilen dringt fernes Hundegebell oder das heisere Blöken der Kamele herüber.

El Hamel! Wie gut der Name zu diesem entlegenen Winkel des alten Islam passt, so weit ab, inmitten der kahlen, düsteren Berglandschaft und voller Geheimnisse.

Jetzt, da der rein pekuniäre Grund des lästigen Unwohlseins der letzten Tage aus der Welt geschafft ist, geht es mir besser, und ich erhoffe mir eine Menge von der Rückkehr nach Bou Saada und der langen Reise Richtung Westen, die noch vor mir liegt.

Ich sitze auf meinem Bett, gleich neben dem Kamin in dem großen Gewölbezimmer. Durch das munter flackernde Feuer und das Bett so nah am Boden wirkt der Raum heiter und gemütlich, was vorhin noch nicht der Fall war.

Um die Beschreibung der Gegend noch zu Ende zu bringen: El Hamel liegt genau am Fuße eines hoch aufragenden Massivs, dessen höchster Gipfel ein spitzer Kegel ist. Links das Wirrwarr der schuppigen Hügel, mal gerundete Rücken, mal einzelne Spitzen über unfruchtbaren Tälern. In der Nähe des auch El-Mogtaa genannten Wadi liegen die weitläufigen Gärten der Habou und der Chorfa, in denen das zur Zeit kahle und schwärzlich-violette Geäst der Laubbäume mit den immergrünen Dattelpalmen auf seltsam schöne Weise harmoniert.

Ein Labyrinth aus niedrigen Lehmziegelmauern zieht sich durch die Gärten, die ohne jedes Konzept bepflanzt sind, wie es das bucklige Gelände eben zulässt. Am Straßenrand im Dorf findet man ein paar verräucherte Läden und Färbereien. Wie in allen Ksar sind auch hier die von der Form her verschiedenen, aber gleichfarbigen Häuser eng übereinander geschachtelt und bilden Winkel, Gassen und schmale oder gewölbte Durchgänge. In dem ausgetrockneten Wadi führt der Weg unter zwei niedrigen Rundbögen hindurch, die in den grobkörnigen, rötlichen Ton geschlagen worden sind. Wenn man mit dem Pferd hindurchwill, muss man sich ducken. Rechts El Hamel, links der große Friedhof, ein echtes Tal Josaphat mit unzähligen Steinblöcken, und dahinter auf der Anhöhe, gegenüber der Zaouia, der gleichfalls aus Lehm gebaute Bordj von El-Haïdech, dem Stammesoberhaupt.

… Hier gibt es rund dreißig Familien der Ouled Mokran, die vollständig auf Kosten der Habou leben …

Das »Hotel«, ein großes, rechteckiges Gebäude, hat einen tiefen, trostlosen Innenhof voller Ziegel- und Steinhaufen, der zum oberen Stockwerk gehört, das in zwei Räume unterteilt ist, einen kleinen und einen großen, beide vollständig rundbogenförmig gewölbt, wie die Häuser der wohlhabenden Leute im Souf-Gebiet. Von den Fenstern geht das eine nach Südosten auf die Friedhöfe, die anderen drei nach Osten. Es gibt drei breite Betten, einen ovalen Tisch, Stühle, das Ganze auf einem mächtig dicken Teppich … Mit etwas mehr echtem arabischem Geschmack könnten diese Räumlichkeiten direkt nach was aussehen. Am liebsten würde ich sie selbst ausstatten, so wie sie es verdienen. Nebenan, nach Westen hin, die hohen Gebäude aus Lehm mit den Wohnräumen der Maraboutin. Im Norden die neue Moschee mit ihrer großen Rundkuppel und den vielen kleinen drum herum sowie im Innern dem Grab von Sidi Mohammed Belkassem.

Nichts ist schwieriger zu beschreiben als die Farbe der Berge in der Gegend um Bou Saada und der Straße von Djelfa. Es handelt sich um ein Lila-Braun mit weißlich grauen Streifen und Schuppungen. Von Weitem wirkt die blasse karmin- oder weinrote Berglandschaft im Vordergrund fast durchscheinend, während die hinteren Kämme kräftig blau schimmern. Das Gelände erscheint steinig, zerklüftet und von erschreckender Unfruchtbarkeit. Nichts in dieser erstarrten, kargen Umgebung deutet auf eine so wichtige Siedlung wie El Hamel hin.

Ich gehe jetzt schlafen und ruhe mich aus, morgen muss ich nämlich früh raus, weil ich der Maraboutin einen Besuch abstatte. Wahrscheinlich reite ich morgen Abend nach Bou Saada zurück, werde versuchen, noch vor Sonnenuntergang dort zu sein. Danach habe ich eine ganze Woche Zeit, um mir Bou Saada ausführlich anzusehen, keinesfalls darf ich die Zeit sinnlos vergeuden. Wer weiß? Wie es scheint, komme ich in meinem Leben immer nur *zwei Mal* an denselben Ort: Tunis, der Sahel, Genf, Paris, das Souf-Gebiet … Wer weiß, ob das hier nicht meine letzte Reise nach Bou Saada ist?

Freitag in einer Woche breche ich mit den Arabern nach Had Sahari auf. Um nach Boghar zu kommen, brauche ich drei Tage, und noch einen bis Berrouaghia. Vielleicht schaffe ich es bis zur Zaouia der Aïssaouas in der Nähe von Loverdo: sagen wir zwei Tage, und noch einen für die Rückreise nach Algier, macht sieben Tage, also insgesamt zwei Wochen, bis ich wieder in Algier bin, wo ich auch mindestens fünf Tage bleiben muss. Bedeutet, dass ich in zwanzig Tagen wieder in Ténès bin, beziehungsweise am 18. Februar.

Am Ende werde ich von meinem armen Ouiha-Schatz also zwei ganze Monate getrennt gewesen sein, denn ich vergaß, dass ich ja auch noch bei Abd-el-Moumen, dem Stammesoberhaupt von Medea vorbeischauen wollte.

In der Stille bellen fern die Hunde, hin und wieder ist ganz in der Nähe das heisere Blöken eines Kamels zu hören …

Bou Saada, 31. Januar, Samstag, 1 Uhr mittags

Gestern sind wir gegen 3 Uhr abends aus El Hamel zurückgekehrt, Ben Ali und ich.

Immer, wenn ich Lella Zeyneb sehe, fühle ich mich danach jünger, ich lebe ohne ersichtlichen Grund auf und empfinde inneren Frieden. Gestern war ich im Laufe des Vormittags zwei Mal bei ihr. Sie ist sehr gütig und freundlich zu mir gewesen und hat sich gefreut, mich wiederzusehen.

Besuch am Grab von Sidi Mohammed Belkassem, ein ganz kleines, bescheidenes Grab in der großen Moschee, die sehr schön werden wird, wenn sie erst fertiggebaut ist. Danach zum Beten auf die Anhöhe gegenüber dem Grab der Gründerpilger von El Hamel.

Unter den väterlichen Blicken von Si Ahmed Mokrani mit Si Bel-Abbès in wildem Galopp über die Straße. Ein paar Frauen aus dem Freudenhaus kehrten gerade aus El Hamel zurück. Geschmückt und geschminkt, ziemlich hübsch, rauchten sie eine Zigarette mit uns. Ihnen zu Ehren ritten wir den ganzen Weg über Fantasias. Viel gelacht …

El Hamel überragt und begrenzt im Südosten sehr lange, breite und zerklüftete Schluchten, in ihrer Mitte ein hoher Kef und am Horizont ein Berg mit perfekter konischer Form, der wie eine Gmira aussieht. Dahinter erstreckt sich geheimnisvoll und endlos weit eine bläuliche Ebene … Die Häuser der Chorfa rund um die Zaouia sind von hohen Mauern umgeben, die bis zur Hälfte mit glattem Lehm verputzt sind, darüber ist das rechteckige Muster der ungebrannten Ziegel sichtbar. Mit den aneinandergereihten Vierecken und ihren flachen Terrassen über den quadratischen Höfen wirken die Häuser wie babylonische Festungen. Noch blühen die in jedem Garten reichlich vorhandenen Mandelbäume nicht.

… Die Legende der Pilger von El Hamel bringt mich zum Träumen. Sie ist mit Sicherheit eine der biblischsten Geschichten Algeriens …

Dieses Tagebuch, begonnen auf dem verhassten Boden der Verbannung, in einer der dunkelsten, schmerzlich ungewissesten und leidvollsten Phasen meines Lebens, endet hier.

Alles – auch ich selbst – hat sich von Grund auf verändert …

Seit einem Jahr bin ich wieder auf dem gesegneten Boden Afrikas, den ich nie mehr verlassen möchte. Trotz meiner Armut konnte ich herumreisen und unbekannte Gegenden meines Adoptivlandes kennenlernen … Mein geliebter Ouiha lebt, und finanziell geht es uns einigermaßen gut …

Dieses Tagebuch, mit dem ich vor eineinhalb Jahren im verabscheuten Marseille begonnen habe, endet heute, an einem milden, durchsichtig grauen und gewissermaßen nachdenklichen Tag in Bou Saada, einem entlegenen Winkel jenes Südens, nach dem ich mich dort, in Europa immer gesehnt habe!

In dem kleinen Zimmer hier im maurischen Bad – das gut zu mir und meiner Lebensweise passt – fühle ich mich zusehends heimischer. Bevor ich nach Boghar und in gänzlich unbekannte Gegenden reise, werde ich noch ein paar Tage hierbleiben: in diesem dürftig gekalkten Rechteck mit dem kleinen Fenster, das auf die Straße und die Berge geht, zwei Matten auf dem Fußboden, außerdem eine Leine, um meine Wäsche aufzuhängen, und eine kleine, zerschlissene Matratze, auf der ich beim Schreiben sitze. In der Ecke ein paar Tragekörbe; gegenüber der Eckkamin; und überall liegen meine beschriebenen Blätter herum … Das ist alles. Für mich reicht's.

Von all dem, was in den letzten achtzehn Monaten passiert ist, geben diese Seiten, die ich ja immer nur geschrieben habe, wenn mich das Bedürfnis überkam, etwas zu *formulieren*, nur bedingt etwas wieder … Für jemand Fremdes wären sie vermutlich komplett unverständlich. Für mich sind sie so was wie ein Überbleibsel meiner einstigen Verehrung für die Vergangenheit. Vielleicht kommt ja einmal der Tag, an dem ich aufhöre, irgendwelche Gedanken oder Eindrücke aufzuschreiben, um sie wenigstens eine Zeitlang zu verewigen. Im Augenblick jedenfalls ist es mir durchaus angenehm, wenn ich in diesen *Tagwerken* aus längst vergangenen Zeiten lesen kann.

… Tiefe Stille, die Stille des Südens, liegt über Bou Saada. Sicher, in dieser so weit von der dämlichen Rastlosigkeit des Tell-Gebietes entfernten Stadt ist die typische Lethargie des Südens deutlich zu spüren. Möge Gott dafür sorgen, dass Bou Saada noch lange unversehrt bleibt!

Ich werde ein neues Tagebuch beginnen. Was werde ich dort wohl alles hineinschreiben, und wo werde ich an dem noch fernen Tag sein, wenn ich das jetzt noch leere Heft beende wie heute dieses hier, in der Schicksalsstunde des noch unbestimmten Buches meines unbestimmten Daseins?

Das Geheimnis ist des Herrn, unseres Gottes, er allein weiß um die Aufrichtigkeit, mit der ich ihn bezeuge!

Editorische Notiz

Zu ihren Lebzeiten war Isabelle Eberhardt nur bescheidene literarische Anerkennung vergönnt. Die französischen und algerischen Zeitschriften, in denen sie ihre Reiseskizzen und Artikel veröffentlichte, hatten oft nur eine geringe Auflage und waren von mittelmäßiger Qualität. Erst die posthume Herausgabe ihrer Schriften machte sie einem breiteren Publikum bekannt.

Sie hat Reisebilder, Erzählungen, Berichte und einen Roman geschrieben. Mit den Tagebüchern beginnt sie 1900, nachdem sie schon seit Längerem beschlossen hatte, Schriftstellerin zu werden und einige ihrer Texte bereits veröffentlicht worden waren. Sie führt sie stetig und gleichsam nebenbei. Vieles von dem, was sie erlebt, fließt direkt in ihre Erzählungen und Berichte über die Einheimischen und ihre Lebensweise ein. In den Tagebüchern dagegen begegnet der Leser oft den Hintergründen ihrer Reisen, den privaten Ansichten der Autorin und ihrer Geistesverfassung als der Voraussetzung ihres Schreibens.

Isabelle Eberhardt hat bestimmte Passagen in ihren Tagebüchern auf Russisch oder Arabisch geschrieben, die schon bei der ersten Herausgabe ins Französische übersetzt wurden. Damals wurde auch eine Reihe von erklärenden Anmerkungen bzw. Zwischentexte durch den Herausgeber hinzugefügt. An einigen Stellen hat sie selbst beim späteren Wiederlesen ihrer *Journaliers* einzelne Sätze mit Kommentaren versehen. Diese späteren, von ihr selbst gemachten Zusätze und Einfügungen bringen hier und da die Chronologie leicht durcheinander.

In unserem Fall sollte eine den Lesefluss nicht allzu sehr beeinträchtigende Fassung entstehen, weshalb auf philologisches Beiwerk größtenteils verzichtet wurde.

Glossar

Asr: Nachmittagsgebet

Bordj (Plural Abradj): Fort an Wüstenstraßen, Zitadelle, militärischer Posten, Etappenort

Cadi: islamischer Richter

Caïd: Dorf- oder Stammesoberhaupt

Cherif: Hauptfluss in Algerien

Chott: auch: Schott; ausgetrockneter Salzsee

Deïra: Gebietsverwalter mit Polizeifunktion, in der Regel einem Caïd untergeordnet

Dhikr: Gebetsritual zur Vergegenwärtigung Gottes

Djerid: getrocknete Palmenzweige

El Djilani: (1077/78–1166) war ein Gelehrter, Prediger und Sufi, auf den der Qadiriyya-Orden zurückgeführt wird. Ihm werden Eigenschaften wie Toleranz und Nächstenliebe zugeschrieben. Generell gelten die Anhänger bis in die Gegenwart als tolerant und fortschrittlich, weit entfernt von Fanatismus, egal ob religiöser oder politischer Art.

Fantasia: festliche Reiterspiele bei den nordafrikanischen Berbern

Gmira: zu kleinen Pyramiden gehäufte Steine, die als Wegweiser an den Wüstenstraßen dienen

Guerba: Wassersack

Hakkam: hier: Französische Justizverwaltung, Beamter dieser Verwaltung

Koubba: Islamisches Grabmal, das von einer Kuppel überdacht wird, Mausoleum einer bedeutenden Persönlichkeit; Grabkapelle eines Marabouts, die oft als Pilgerstätte dient

Ksar: Traditionelle ländliche befestigte Siedlungen oder Speicherburgen der Berber, mehrere Ksar bilden ein Ksour

Lella Zeyneb: Maraboutin/Islamische Heilige

Maghreb: Westen, Abend; das Wort bezeichnet sowohl die Stunde als auch den Ort des Sonnenuntergangs; bei Isabelle Eberhardt oft verwendet als Angabe der Tageszeit: 6 Uhr abends (Abendgebet). Tunesien, Marokko und Algerien bezeichnet man als Maghreb-Staaten

Marabout: In bestimmten Teilen der islamischen Welt Heiliger, meist aus der Tradition des Sufismus (islamische Mystik); Weiser

Mektoub: »Es steht geschrieben«, arab.: Das Schicksal, das den Menschen von Allah vorbestimmt ist

Mihrab: Gebetsnische in der Moschee, nach Mekka ausgerichtet

Misbah: Lampe, Licht

Muezzin: Gebetsrufer, der die Gläubigen fünf Mal täglich zum Gebet ruft

Naïb: Statthalter; stellvertretender islamischer Richter

Oued: auch Wadi, Flussbett, das nur zeitweise Wasser führt

Oukil: eine Art Verwalter der Moschee

Oumara: Behälter aus Ziegenleder zum Wasserschöpfen

Qadiriyya: Sufi-Orden, islamische Bruderschaft, die sich auf den persischen Mystiker Abd al-Qadir-al-Djilani (1077/78–1166) zurückführt und einer der weitestverbreiteten Orden in der islamischen Welt ist, Isabelle Eberhardt wurde 1900 in diese – frankreichfreundlich gesinnte – Bruderschaft aufgenommen, die eigentlich nur Männern vorbehalten ist.

Seguia: offener Bewässerungskanal in Oasen

Souf: Oasengruppe in der algerischen Sahara inmitten einer Dünenlandschaft südöstlich von Biskra, nördlich des Großen Erg; auch der Name von Isabelles Pferd

Spahi: Soldat der aus Einheimischen bestehenden französischen Kavallerie in den nordafrikanischen Kolonien bzw. im tunesischen Sahel

Taam: Essen, Festmahl, auch im Sinne von Erntedankfest

Taleb: im weitesten Sinne Gelehrter, eigentlich islamischer Theologiestudent, Lehrer an religiösen Schulen, Mehrzahl: Tolba

Tidschaniyya: Sufi-Orden; islamische Bruderschaft in West- und Nordafrika, die in den 1780er Jahren gegründet wurde

Tunesischer Sahel: Region in Tunesien an der Mittelmeerküste

Turkos: oder Turcos ist der Spitzname der von 1842–1964 bestehenden algerischen und tunesischen Schützenregimenter des französischen Heeres, die offiziell *Tirailleurs algériens* bzw. *Tirailleurs tunisiens* (ab 1958 nur noch Tirailleurs) hießen. Sie wurden nach der Eroberung Nordafrikas aus Einheimischen gebildet.

Zaouia: religiöses Zentrum, Siedlung islamischer Bruderschaften, Kloster

Ziara: Pilger

Namen

Archavir: Kosename, den Isabelle ihrem Freund Rahib Bei gibt, einem jungen Armenier, der in Genf Attaché am türkischen Konsulat ist. Isabelle wird von ihm in den Islam eingeführt. 1899 Wiederbegegnung, sie verloben sich, doch die Beziehung endet kurz darauf, da er nicht in den Orient versetzt wird.

Arnaud: Anagramm des französischen Schriftstellers Robert Randau, mit dem Isabelle befreundet war

Augustin: Isabelles Bruder, der nach Jahren bei der Fremdenlegion mit seiner Frau und seiner kleinen Tochter in Marseille lebt

Lydia Paschkoff: eine russische Freundin der Mutter, Korrespondentin des *Figaro* in Sankt Petersburg, unterstützt Isabelles Bestrebungen, vom Schreiben zu leben

Slimène Ehnni: Isabelles Freund, Geliebter, später Ehemann. Zum Zeitpunkt ihres Kennenlernens 1900 in El Oued ist er Spahi und Unteroffizier. Isabelle gibt ihm mehrere Kosenamen: Zuizou (arab. Geliebter), Rouh (arab. Seele), Ouiha.

Der Weiße Geist: So bezeichnet Isabelle in den Tagebüchern ihre Mutter, die 1897 in Bône starb und von ihr dort beerdigt wurde.

Vera Popowa: Medizinstudentin aus Genf, deren scharfer Intellekt Isabelle beeindruckt

Wawa: Bezeichnung für Trofimowski, Isabelles inoffizieller Vater

Lateinische Aussprüche

Sursum Corda: Empor die Herzen! Leitet die Präfation im Hochgebet der Messe ein

Sapienti sat!: Geht auf einen Spruch bei Terenz zurück. Etwa: Für einen Klugen ist genug gesagt! Gemeint ist, dass der Eingeweihte keine weitere Erklärung braucht.

Literarisches

Aziyadeh: Titel eines Buches von Pierre Loti (1850–1923), einem der Lieblingsschriftsteller von Isabelle Eberhardt und vieler Franzosen zur damaligen Zeit, aus dessen Romanen sie oft zitiert

Perchè affrettar: ital., etwa: Warum die Ankunft des dunklen Tages beschleunigen?/ Lebe heute und erfreue dich an meinen Küssen! Zeilen aus dem Gedicht *Canto d'Igea* des italienischen Dichters Giovanni Prati (1815–1884)

Stawrogin, Nikolai: Hauptgestalt in F. Dostojewskis Roman »Böse Geister«

Die Reihe Die kühne Reisende
wird herausgegeben von Susanne Gretter

Bibliografische Information der Deutschen Nationalbibliothek
Die Deutsche Nationalbibliothek verzeichnet diese Publikation in der Deutschen Nationalbibliografie; detaillierte bibliografische Daten sind im Internet über http://dnb.d-nb.de abrufbar.

Die Übersetzung folgt der Ausgabe: Isabelle Eberhardt. Oeuvres complètes 1. Ecrits sur le sable (récits, notes et journaliers). © Éditions Grasset & Fasquelle, 1988.
Darin: Les Journaliers, S. 304–468
Covergestaltung: Anja Carrà, Weimar
Lektorat: Hans-Ulrich Müller-Schwefe, Berlin
Satz und Bearbeitung: SATZstudio Josef Pieper, Bedburg-Hau
Der Titel wurde in der Dante MT Pro gesetzt.
Gesamtherstellung: CPI books GmbH, Leck – Germany

ISBN: 978-3-7374-0044-2